Gemütliche Genusstouren

Wanderungen für Senioren
Fränkische Schweiz

30 entspannte Touren mit herrlichen Aussichten

J. BERG

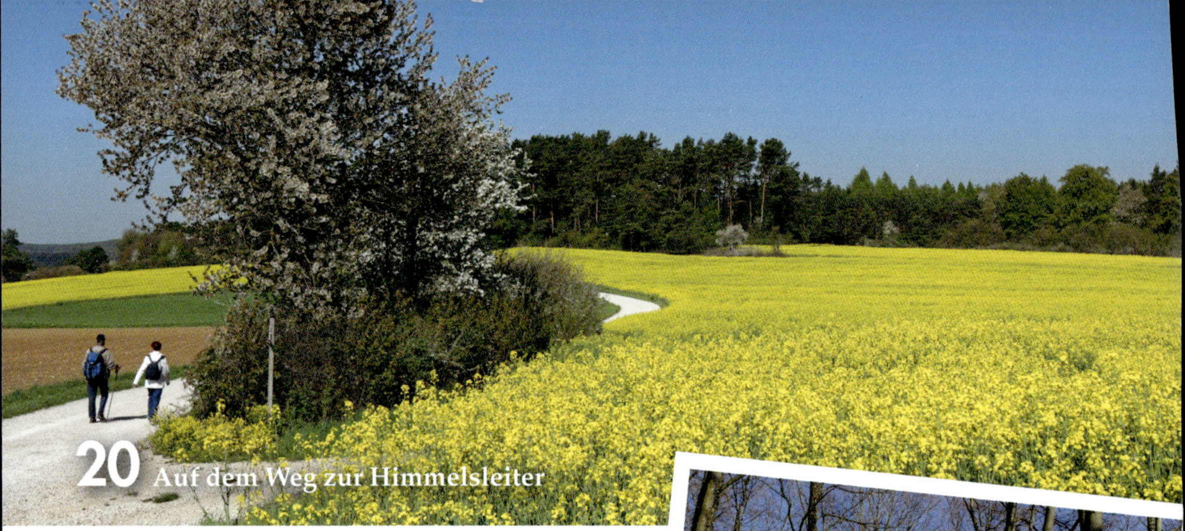
20 Auf dem Weg zur Himmelsleiter

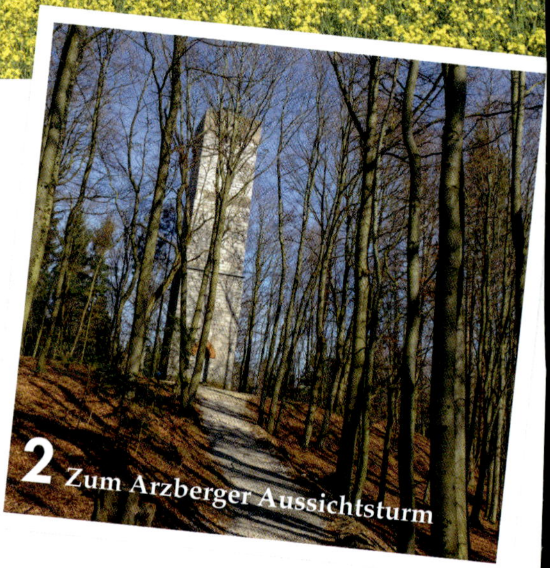
2 Zum Arzberger Aussichtsturm

Inhalt

Fränkische Schweiz 56

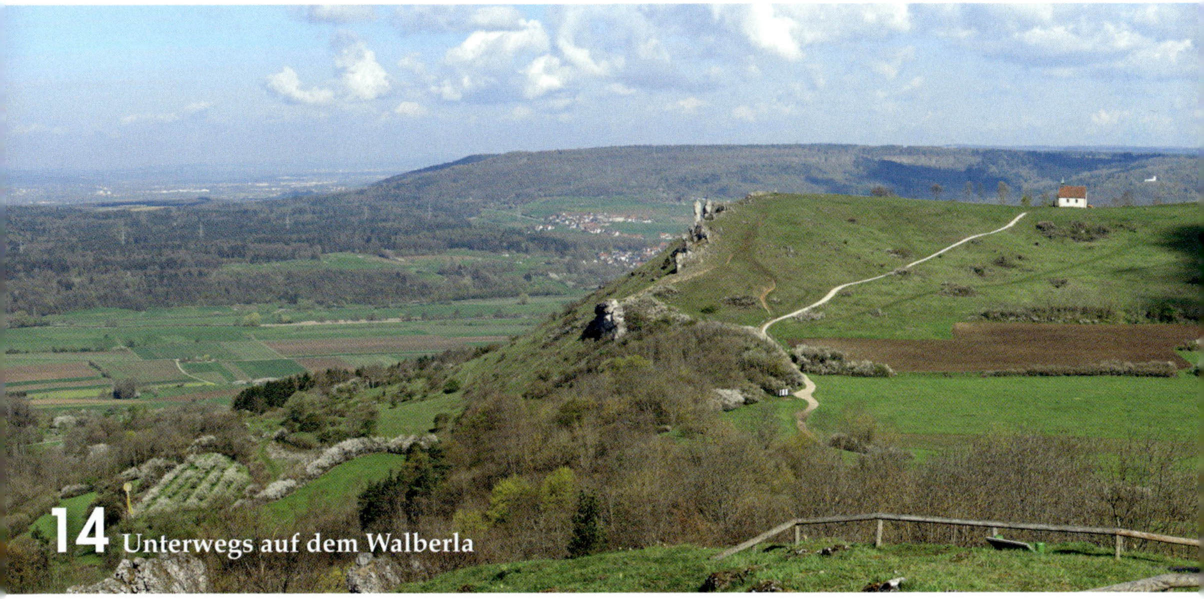

14 Unterwegs auf dem Walberla

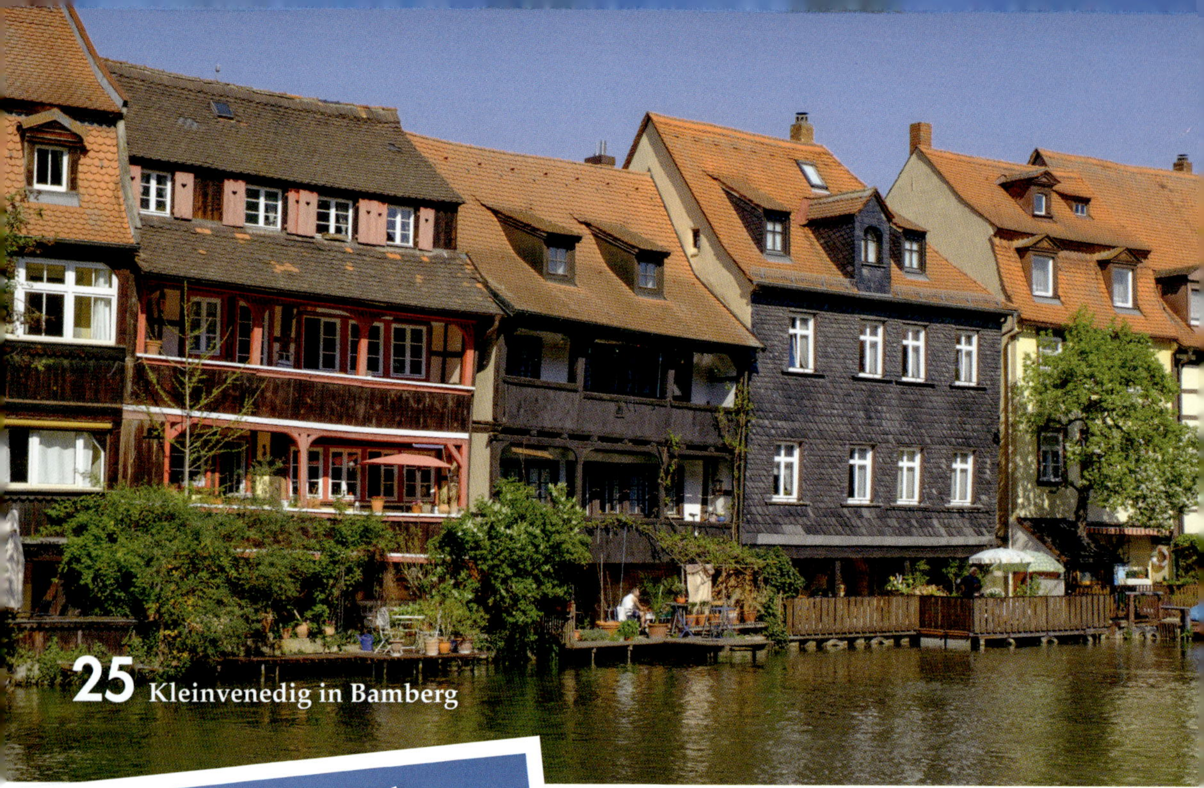
25 Kleinvenedig in Bamberg

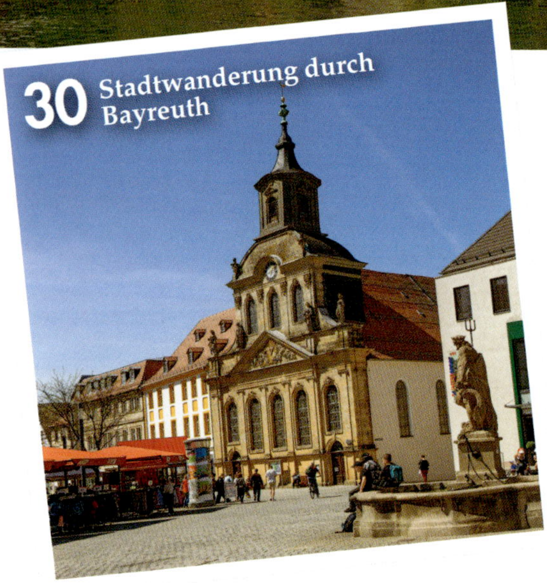
30 Stadtwanderung durch Bayreuth

Tourenüberblick

Tour													
1	An der Pegnitz bei Schwaig	1.30 Std.	20 Hm	6 km	•	•	•	•	•		•	•
2	Arzberg bei Hersbruck	1.45 Std.	150 Hm	5,5 km	•	•	•					
3	Rund um den Happurger See	1.30 Std.	25 Hm	5 km	•	•		•	•		•	•
4	Entlang der Pegnitz Teil 1	2.15 Std.	25 Hm	7,5 km	•	•	•	•	•		•	•
5	Entlang der Pegnitz Teil 2	3.45 Std.	100 Hm	12 km	•	•	•	•			•	•
6	Hirschbacher Ziegenweg	1.15 Std.	100 Hm	3 km	•	•						•
7	Petershöhle bei Hartenstein	2 Std.	150 Hm	4,5 km		•	•			•		•
8	Karstweg bei Neuhaus	2.15 Std.	155 Hm	4,5 km		•	•	•		•		•
9	Zur Burg Hohenstein	2 Std.	150 Hm	6 km	•	•	•	•				•
10	Veldensteiner Forst bei Plech	2.30 Std.	200 Hm	7 km		•	•					•
11	Neuhaus und Wasserschloss	1.15 Std.	30 Hm	5 km		•	•	•	•			•
12	Forchheim	1.30 Std.	10 Hm	4 km	•	•	•	•	•			•
13	Vexierkapelle, Retterner Kanzel	2.45 Std.	300 Hm	9,7 km			•	•				•
14	Auf das Walberla	2.30 Std.	200 Hm	4,5 km		•	•	•	•			•
15	Wallfahrtskirche St. Moritz	3.15 Std.	250 Hm	9,5 km			•					•
16	Schlossberg bei Egloffstein	3.45 Std.	320 Hm	12 km	•		•	•	•			•
17	Durch das Trubachtal	3 Std.	50/100 Hm	8,5 km	•	•	•	•	•			•
18	Gößweinstein bis Allersdorf	3.30 Std.	150 Hm	10 km	•		•	•				•
19	Gößweinstein bis Bösenbirkig	1.45 Std.	80 Hm	5 km		•	•	•				•
20	Durch das Püttlachtal	2.30 Std.	350 Hm	8 km	•	•	•	•				•
21	Durch das Klumpertal	4 Std.	200 Hm	13,5 km	•		•	•	•			•
22	Durch das Ahorntal	3 Std.	180 Hm	9,5 km	•	•	•	•				•
23	Um Waischenfeld	2.30 Std.	170 Hm	8 km	•	•	•	•	•			•
24	Buttenheim bis Senftenberg	3.30 Std.	300 Hm	12 km	•		•	•	•			•
25	Bamberg	2.15 Std.	50 Hm	7,5 km	•	•	•	•	•			•
26	Besinnungsweg bei Lohndorf	1.30 Std.	100 Hm	4,5 km	•	•	•	•	•			•
27	Von Scheßlitz auf den Gügel	3.30 Std.	260 Hm	9,5 km	•	•	•	•		•		•
28	Von Aufseß zum Kathi-Bräu	2.30 Std.	100 Hm	7 km	•	•	•	•				•
29	Hollfeld und Kainachtal	2 Std.	100 Hm	6 km		•	•	•		•		•
30	Bayreuth	1.15 Std.	10 Hm	4 km	•	•	•	•	•			•

Wanderspaß in der Fränkischen und Hersbrucker Schweiz

Am besten kann man die Fränkische und die Hersbrucker Schweiz natürlich zu Fuß erkunden. Nur so kommen wir den Naturschönheiten nahe und dürfen sie intensiv und in Ruhe erleben. Deswegen haben wir 30 Wanderungen zusammengestellt, die über die schönsten Wege in die fränkische Landschaft führen. Alle Touren sind dabei eher einfach und nicht zu schwer, sodass für jeden etwas dabei ist.

Mit ihren leicht hügeligen Landschaften, den Flusstälern, den stillen Wäldern und den beeindruckenden Felsformationen eignen sich die Hersbrucker und die Fränkische Schweiz bestens für genussvolle Wanderungen ohne Altersgrenzen.

Denn auch jenseits von 60 Jahren hat man Freude an der Bewegung in der Natur, und das kann man am besten beim Wandern! Die Zeit an der frischen Luft hilft, fit zu bleiben, und überdies gibt es jede Menge Naturerlebnisse und zusätzlich die eine oder andere Sehenswürdigkeit zu bestaunen. Und natürlich dürfen wir unsere sportliche Tat mit einer genussvollen Einkehr verbinden – und von diesen gibt es gerade in Franken jede Menge.

Am Ende des Tages ist eines garantiert: Alle fühlen sich glücklich und zufrieden und haben noch dazu etwas für ihre Gesundheit getan.

In diesem Sinn wünschen wir Ihnen viele angenehme Wandertage in Franken mit wunderbaren Begegnungen und schönen Erlebnissen, die hoffentlich lange in bester Erinnerung bleiben.

Lisa und Wilfried Bahnmüller

Weites Land in der Hersbrucker Schweiz bei Arzberg (Tour 2)

Die Schweiz in Franken

Wie kommt die Schweiz nach Franken? Diese Frage stellt sich automatisch, wenn man von der Fränkischen oder von der Hersbrucker Schweiz liest. Die Antwort erhält man, wenn man das Rad der Geschichte etwa 200 Jahre zurückdreht. Das war die Zeit, als die ersten Touristen ins Tal der Wiesent kamen und begeistert davon in Büchern oder Zeitschriften erzählten. 1807 tauchte der Begriff »Schweiz« für diese fränkische Landschaft zum ersten Mal in einem Reisebericht auf und war damit unausrottbar in die Welt gesetzt. Rasch wurde der Begriff auch für andere ähnliche Landschaften in Deutschland verwendet – Hersbruck im Tal der Pegnitz wollte von dem werbewirksamen Kuchen auch etwas abbekommen und so entstand flugs neben der Fränkischen auch die Hersbrucker Schweiz.

Geologie

Ihre wunderschöne Landschaft haben die Fränkische und Hersbrucker Schweiz aber einem noch viel länger zurück-

An der Pegnitz bei Velden (Tour 5)

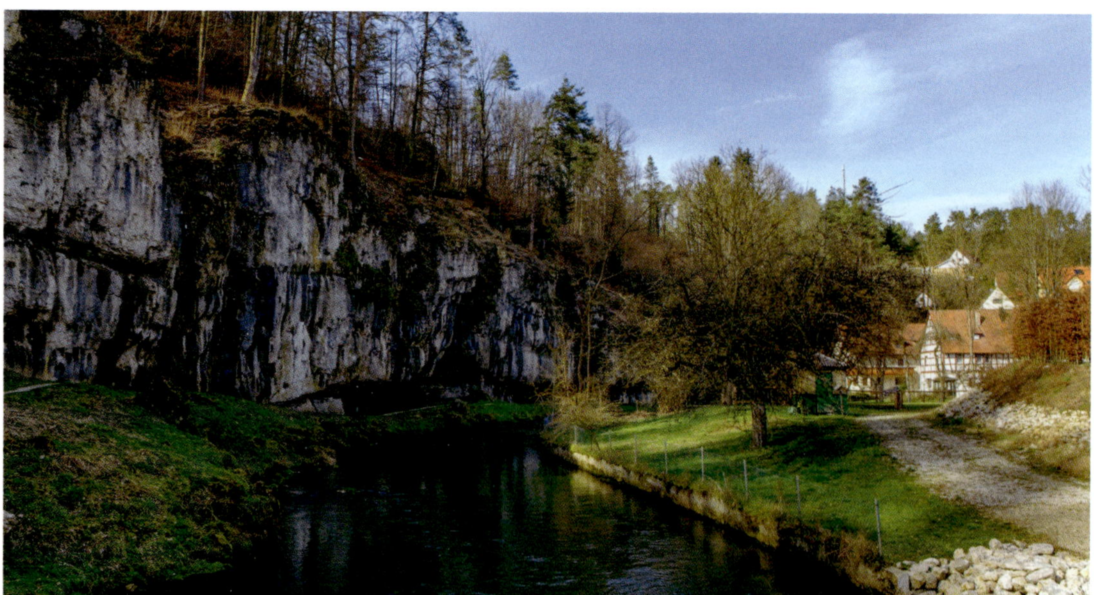

liegenden Ereignis in der Geschichte zu verdanken. Das gesamte Gebiet war einst ein Meer, in dem viele Tiere und Pflanzen lebten. Nach ihrem Tod sanken die Reste zu Boden und bildeten im Laufe der Zeit Schichten aus Kalkstein. Aufgrund der Kontinentalverschiebung wurde der Meeresboden nach oben gedrückt, das Wasser floss ab, und ab diesem Zeitpunkt begann die Verwitterung. Bäche gruben tiefe Täler in das Land und auch Regen und Wind begannen das Land zu formen. Da Kalk im Regenwasser leicht löslich ist, konnte sich das Wasser auch in die Tiefe graben. So entstanden Höhlen aller Art. Das hatte jedoch zur Folge, dass die umliegenden Hochflächen sehr wasserarm waren. Höfe, Siedlungen und Dörfer hatten ständig unter Wassermangel zu leiden, bis in den 1950er-Jahren eine zentrale Trinkwasserversorgung gebaut wurde.

Zwei Flüsse – zwei Täler

Zwei lange Täler durchziehen unser Wandergebiet. Im Süden ist es die Pegnitz mit den Orten Lauf, Hersbruck, Neuhaus und Pegnitz. Im Norden hingegen formte die Wiesent das Tal, in dem Forchheim, Ebermannstadt, Gößweinstein, Waischenfeld und Hollfeld liegen. Das ganze Land ist bestens für den Fremdenverkehr erschlossen. Gelegenheit zur Übernachtung findet man nicht nur in den Städten, sondern in allen größeren Dörfern. Auch für die Camper gibt es reichlich Campingplätze und Stellplätze. Fast überall stehen Gasthäuser, die oft ihre eigene Brauerei im Haus haben. Franken ist für seine vielen Hausbrauereien berühmt, die alle ein ausgezeichnetes Bier auf den Tisch stellen.

Charakterzüge

Typisch sind auch die vielen Burgen und Ruinen, die immer an Punkten stehen, die eine weite Sicht über das Tal gewährten – so konnte jeder Burgherr sein Land bestens kontrollieren. Noch etwas ist charakteristisch für die Fränkische und Hersbrucker Schweiz: ihre zahlreichen Höhlen. Es gibt gut erschlossene, für die man Eintritt bezahlen muss. Das lohnt sich, denn man betritt eine fremde Welt mit Stalagmiten und Stalaktiten – obskure Kalkgebilde –, die meist durch geschickte Beleuchtung richtig zur Geltung kommen. Es gibt aber auch große und kleine Höhlen, in die man einfach hineingehen kann. Das ist spannend, denn man fühlt sich wie ein Pionier. Gut, wer hier eine Taschenlampe dabeihat, aber trotzdem muss man aufpassen, denn das Betreten erfolgt immer auf eigene Gefahr!

Noch etwas Besonderes hat das Land zu bieten: Unübersehbar sind die vielen, häufig skurrilen Felsformationen. Türme, Pilze, Nadeln, Säulen und seltsam geformte Buckel aus hartem Felsen ragen vielerorts unvermittelt aus dem Boden in den Himmel. Die Fantasie gibt ihnen oft ausgefallene Namen, die manchmal mit überirdischen Mächten in Verbindung gebracht werden. Dabei ist die Erklärung dieser Formen sehr einfach. Sie bestehen aus härteren Gesteinsschichten als die Umgebung und sind bei der Erosion der Erdoberfläche einfach stehen geblieben.

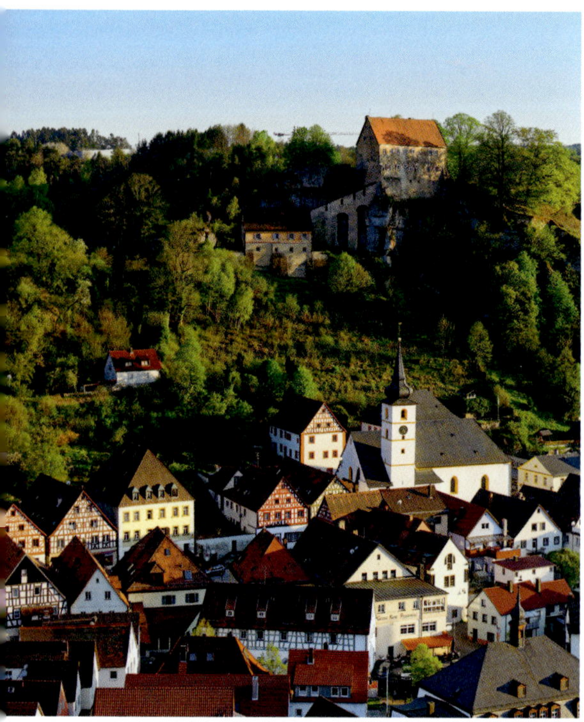

Pottenstein liegt im Herzen der Fränkischen Schweiz.

Wandern ohne Altersgrenzen

Für das »Wandern im besten Alter« gibt es einige Verhaltensregeln zu beachten und zu beherzigen, was vor allem für absolute Wanderanfänger wichtig ist. Dieses Buch führt zwar nicht in alpine Regionen, aber auch Franken ist sehr hügelig und, wie in der Einleitung beschrieben, von vielen Felsen durchzogen. So verlaufen unsere Routen nicht immer auf breiten Wanderwegen, sondern auch auf Pfaden, steinigen Wegen und Waldstrecken. Manchmal muss man sogar schwindelfrei oder trittsicher sein – das ist aber aus dem Tourencharakter zu entnehmen. Viele gute, allgemeine Tipps gibt es übrigens auf der Website des Deutschen Alpenvereines: www.alpenverein.de.

Touren

> ### Schwierigkeitsgrade
>
> - **Leicht:** eher kurze Runden, die keine oder kaum Trittsicherheit erfordern und nur wenige Steigungen beinhalten
> - **Mittel:** Touren mit längeren Auf- und Abstiegen, die eine gewisse Kondition und zumindest etwas Trittsicherheit erfordern
> - **Schwierig:** Diese Touren richten sich an unsere »rüstigen Senioren«. Auf weniger stark frequentierten Wegen stehen auch felsige sowie mit Wurzeln überzogene Abschnitte an. Eine gute Kondition am Berg ist erforderlich. Alle Touren dieser Kategorie lassen sich durch Varianten entschärfen bzw. abkürzen.

Selbstverständlich wissen wir, dass jeder von uns die Anstrengung bei einer Wanderung unterschiedlich stark empfindet. Aus eigener Erfahrung können wir auch sagen, die erste Tour in jeder neuen Saison ist immer die schwerste! Wir haben uns sehr bemüht und 30 Touren zusammengestellt, von denen wir überzeugt sind, dass sie keinerlei Schwierigkeiten beinhalten. Aber bei einer so großen Bandbreite an verschiedenen Touren ist eine Einteilung in die drei Bereiche »leicht – mittel – schwer« nicht einfach. Wir haben uns entschieden, dass Touren, die mehr Höhenmeter beinhalten, automatisch mehr Kondition erfordern und somit von uns immer als schwieriger eingestuft wurden. Der trainierte Wanderer mag vielleicht über diese Einstufung schmunzeln, aber grundsätzlich gilt ja beim Wandern immer, Rücksicht auf den Langsameren und Schwächeren zu nehmen. Deshalb gilt für alle, die noch nicht viel Wandererfahrung haben: unbedingt mit den einfachen Touren beginnen! Steigern kann man sich immer.

Gehzeiten und Höhenangaben

Wir haben uns sehr um genaue Zeit- und Höhenangaben bemüht. Alle aufgeführten Zeiten verstehen sich als reine Gehzeit. Pausen und Zeit für Besichtigungen sind nicht mit eingerechnet. Ein ausreichendes Zeitfenster für Unvorhersehbares wie Wetteränderungen, unpassierbare Wege oder ungeplante Umwege sollte man immer einkalkulieren. So kommen wir sicher vor Einbruch der Dunkelheit ans Ziel.

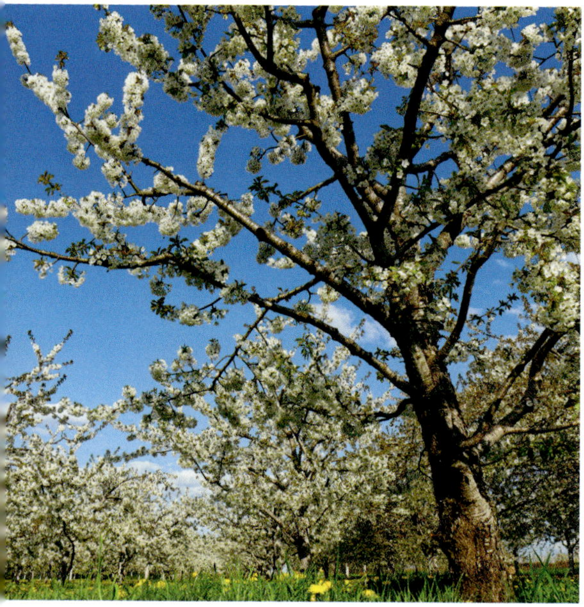

Eine besonders schöne Jahreszeit zum Wandern in der Fränkischen Schweiz ist das Frühjahr, wenn unzählige Obstbäume blühen.

Ausrüstung

Feste Wanderstiefel (oder Trekkingschuhe) sind Grundvoraussetzung für sicheres Wandern. Falsches Schuhwerk (Halbschuhe, Turnschuhe etc.) bieten niemals genügend Halt und sind Auslöser für viele Unfälle. **Teleskopstöcke** sind vor allem beim Abstieg bequem und entlasten die Gelenke. Bei der Auswahl des **Rucksackes** ist es am besten, sich ein passendes Modell von einem Fachhändler empfehlen zu lassen. Neuartige Belüftungssysteme verhindern einen verschwitzten Rücken, und Kleinigkeiten wie Kartenmaterial oder Trinkflaschen sind in Außenfächern immer griffbereit. Die Hüftgurte oder Brustriemen gehören verschlossen, denn nur so nützt man den Tragekomfort aus und entlastet überdies den Rücken. **Bequeme Wanderkleidung** aus Funktionsmaterial ist praktisch und spart Ersatzwäsche, denn sie trocknet schneller. Grundsätzlich gilt das »Zwiebelprinzip«: Unterhemd–T-Shirt–Bluse/Hemd–Pullover–Jacke. Vor allem eine wärmende Jacke wie z. B. ein Windstopper oder eine Wetterschutzjacke darf in unseren Breitengraden eigentlich nie fehlen. Für einige der Touren darf man im Sommer seine Badesachen einpacken. Darüber hinaus sollte man **Sonnenschutz** – Sonnencreme sowie eine Kopfbedeckung oder Sonnenbrille – immer dabeihaben. Praktisch ist auch ein Insektenabwehrmittel, am besten mit Zeckenschutz (Beine einsprühen nicht vergessen!). Vernünftig ist ein **Handy** sowie ein winziges **Erste-Hilfe-Täschchen** mit Rettungsfolie (Fachhandel), das gut im Rucksack liegt und nicht viel Platz wegnimmt.

Wanderkarten

Die Karten im Buch zusammen mit der Beschreibung im Text sind eigentlich ausreichend. Wer aber die Tour verlängern oder abkürzen will, dem tut eine zusätzliche Wanderkarte zur Orientierung gut. Wir haben sehr gute Erfahrungen mit den Kompasskarten gemacht, die noch dazu den Vorteil haben, dass sie bei uns fast überall erhältlich sind. Die drei Karten Südliche Fränkische Schweiz Nr. 171, Nördliche Fränkische Schweiz Nr. 165 und Nürnberg Nr. 163, alle im Maßstab 1:50 000, decken das ganze Gebiet ab.

Einkehr und Verpflegung

Zu einer Wanderung gehört eine leckere Brotzeit. Es gibt wunderschöne Picknick- und Raststellen entlang der Wege. In fast allen Dörfern kann man sich dazu mit einer echten fränkischen Brotzeit bei einem Bäcker oder Metzger eindecken. Beinahe jede Wanderung führt aber auch an einer Einkehrmöglichkeit vorbei. Ruhetage können sich genauso wie Öffnungszeiten ändern und es gibt auch Betriebsferien. Deshalb haben wir immer etwas Notproviant, der aus Obst, Keksen oder einem Müsliriegel besteht, dabei. Vor allem Getränke dürfen wir nicht vergessen: minimum ein Liter pro Person!

Fast überall finden wir Einkehrmöglichkeiten, wo wir die fränkische Küche genießen können.

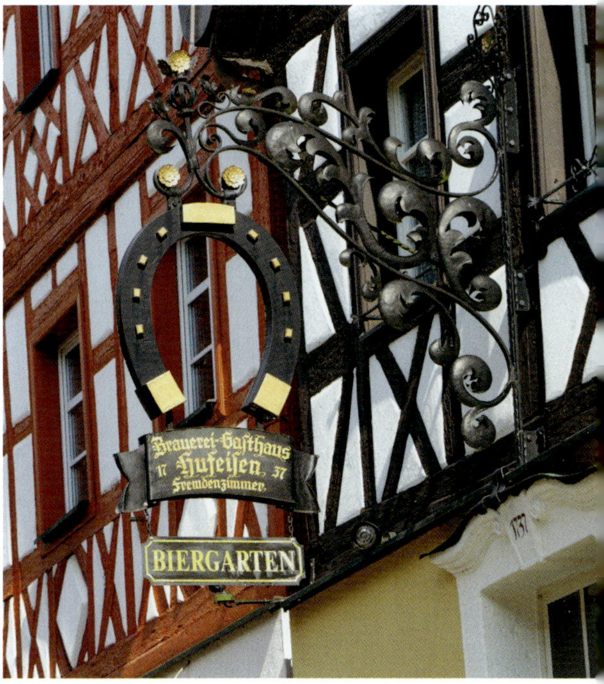

Sicherheit

Bei der Tourauswahl sollte man seine eigene Leistungsfähigkeit – und die der Begleiter – berücksichtigen. Wandern gilt als gesundheitsfördernd, trotzdem müssen wir bei Herzkreislauf-, Atemwegs- und Stoffwechselproblemen sowie Bluthochdruck mehr aufpassen. Bitte unbedingt auf die Warnsignale des Körpers achten. Besser wandert man nie alleine, denn falls etwas passiert, kann die Begleitung Hilfe holen. Alleine deshalb ist die Mitnahme eines Handys sinnvoll (Notruf 112). Fast ganz Bayern ist mit einem zuverlässigen flächendeckenden Empfangsnetz ausgerüstet.

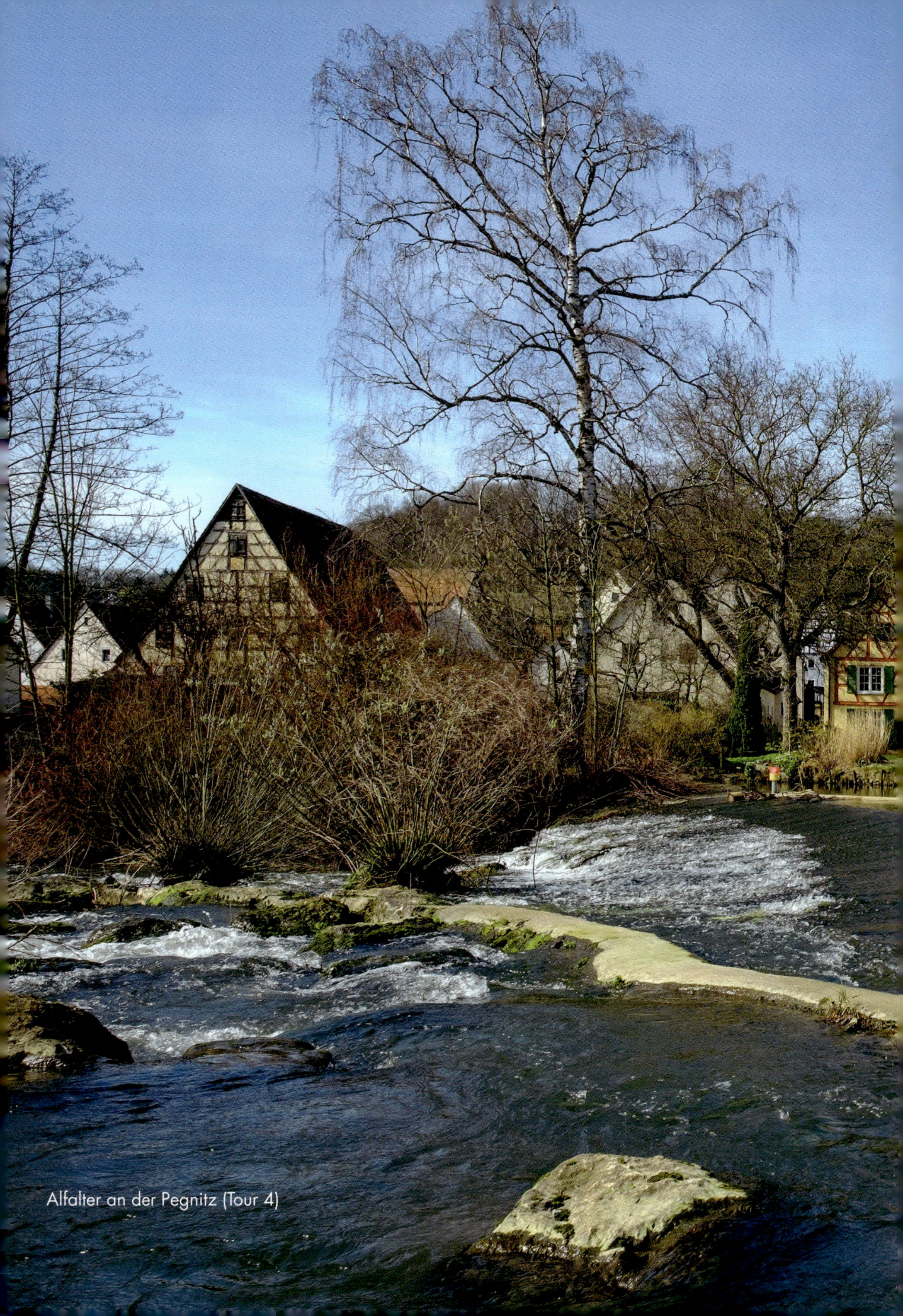

Alfalter an der Pegnitz (Tour 4)

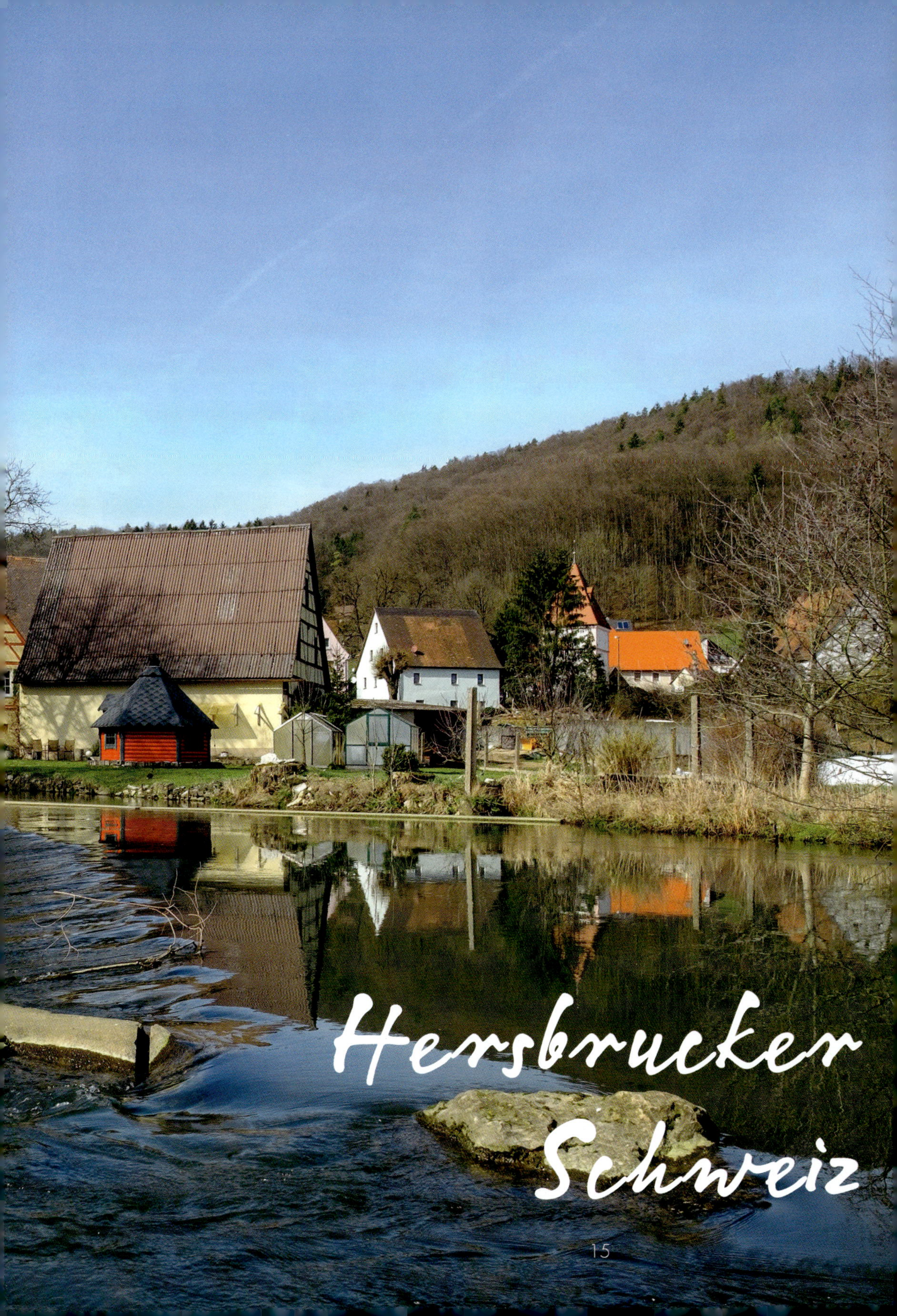

Hersbrucker Schweiz

1 Entlang der Pegnitz bei Schwaig

Zwischen Natur und Seniorenspielplatz

leicht

1.30 Std.

20 Hm

6 km

Altehrwürdige knorrige Bäume säumen die Ufer und strecken ihre Äste über die Pegnitz. Der Flusslauf gibt unserem Wanderweg die Richtung vor. So passen wir unseren Schritt der trägen Geschwindigkeit des Pegnitzwassers an und wandern gemächlich dahin.

Rechte Seite oben: Ruhig fließt die Pegnitz bei Schwaig.

Rechte Seite unten: Kirche Maria Magdalena am Schloss Behringersdorf

Flussaufwärts Wir beginnen unsere Wanderung beim Schwaiger Sportgelände am Hallenbad Pegnitzaue. Für ein kurzes Stück folgen wir noch der Straße nach Osten und verlassen somit Schwaig. Nach einem kleinen Waldstück biegen wir vor einer Hecke links auf einen Pfad ein, der sich nach rechts wendet und damit einige Häuser umgeht. Kurz darauf stoßen wir auf einen größeren Feldweg, dem wir nach links folgen. Dabei queren wir noch ein Bächlein und sind dann schon auf den sonnigen Feldern entlang der Pegnitz unterwegs. Der Fluss ist in diesem Abschnitt von urwüchsigen Bäumen gesäumt. Kreuz und quer wachsen hier alte Weiden, stützen sich gegenseitig oder drohen ins Wasser zu fallen. Diese wilde Natur ist ein einmaliger Anblick.

Behringersdorf Wir wandern jedoch nicht lange flussabwärts, sondern queren bald nach links die Pegnitz. Hier befand sich einst das Gaulboot, das Behringersdorfer Flussbad. Bevor es Freibäder gab, waren diese alten Flussbäder ein beliebtes Sommervergnügen.

Das Neue Schloss in Behringersdorf

Die Baugeschichte um das Neue Schloss gleicht manchen Geschichten aus der heutigen Zeit, die einige von uns kennen oder ähnlich erlebt haben. 1715 reichte ein Herr von Tucher einen Bauantrag ein – er wollte eine Orangerie für seine Gartenpflanzen bauen. Das wurde ihm genehmigt. Doch zwei Jahre später stellte das Bauamt fest, dass auf dem Bauplatz ein großes Herrenhaus entstand. Jetzt begann ein Streit mit dem Bauamt, der ganze 100 Jahre dauerte, den aber am Ende die Familie Tucher gewann.

Nach der Brücke geht es links zum Ortsrand von Behringersdorf, wo wir uns nochmals links halten und stets der Markierung »Roter Kringel« folgend ein Pferdegestüt passieren. Wenig später laufen wir durch die Straße Am Stangenbrunn zur Maria-Magdalena-Kirche. Dahinter liegt das Neue Schloss der Familie Tucher, das von außen gut zu sehen ist.

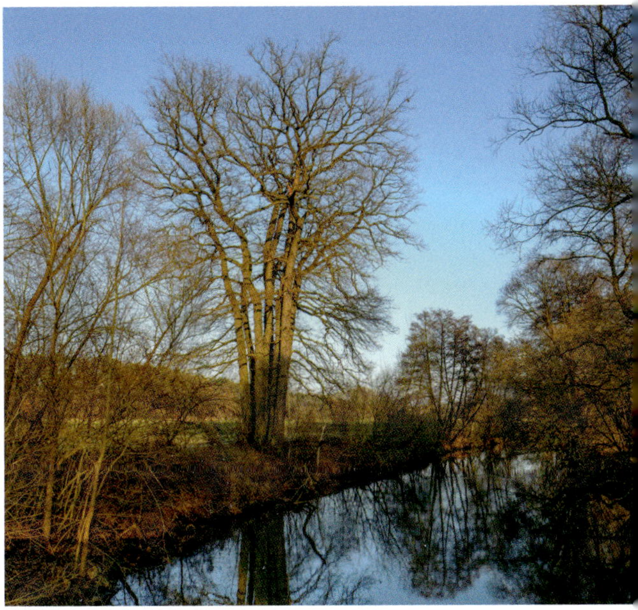

Flussabwärts Wir folgen der Straße und passieren dabei die Kirche und das Schloss. Dann wendet sich die Autostraße in einer Linkskurve in südliche Richtung. Unser Wanderweg begleitet die Straße, ist jedoch durch die Schlossmauer von ihr getrennt. Wir nähern uns wieder der Pegnitz, dort zweigt rechts ein größerer Feldweg ab, dem wir nun folgen wollen. (Wer jedoch schon müde ist, bleibt einfach weiter entlang der Straße auf dem Fuß- und Radweg. Das wäre der schnellste Weg zurück nach Schwaig, wo wir nur noch links durch den Mittelbügweg zum Ausgangspunkt müssten.)
Alle anderen folgen dem rechten Weg, weiter flussabwärts. Wieder überraschen die vielen alten Bäume. Kurz vor der nächsten Brücke erreichen wir die »Sieben Schwestern«, eine eng zusammenstehende Baumgruppe von sieben hochgewachsenen Eichen – ein echtes Naturdenkmal.

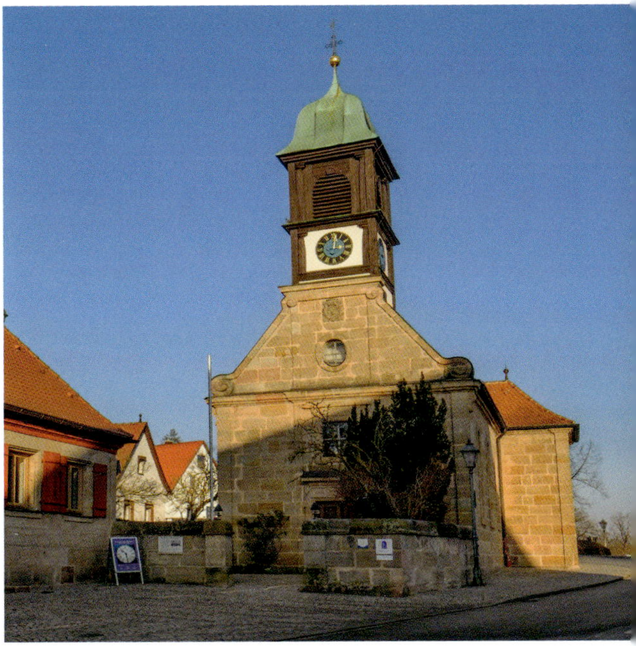

Seniorenspielplatz Gleich danach queren wir die Pegnitz und erreichen Malmsbach mit seinem ehemaligen Wasserschloss. Auch der dahinterliegende denkmalgeschützte Falkhof

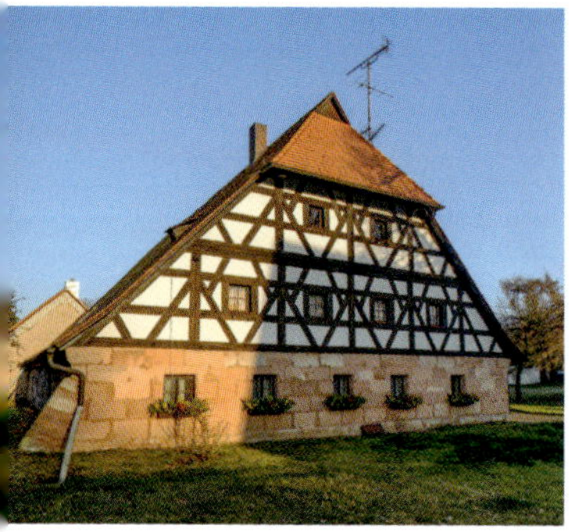

Der historische Falkhof, ein Fachwerkhaus, steht in Malmsbach.

Das ehemalige Wasserschloss in Malmsbach

verdient Beachtung, dann weist uns die Beschilderung am Gasthof Roter Löwe in die Mustleitenstraße. Jetzt geht es durch die Neubausiedlung. Wir könnten einfach der Straße folgen, schöner ist es jedoch, nach dem freien, noch unverbauten Wiesenstück links zwischen den Häusern abzubiegen. Am Ende der Minisackgasse (Wanderschild) beginnt dann wieder ein richtiger Wanderweg, der um die Häuser herumführt und uns schließlich zu einem herrlichen Seniorenspielplatz führt. Richtig gelesen – ein Spielplatz für Senioren. Genau genommen ein generationenübergreifender Spielplatz, der sich direkt neben dem Wanderweg befindet. Kräftigungsübungen an verschiedenen Geräten oder Gleichgewichtsschulung auf der Wackelbrücke machen bei diesem Fitnessparcours jedem Spaß.
Nach dem Training ist es auch nicht mehr weit zu wandern. Hinter dem Spielplatz stoßen wir auf die Behringersdorfer Straße, in die wir rechts einbiegen. Wir gehen minimal bergauf, wechseln an der Ampel die Straßenseite und biegen links in den Mittelbügweg ein, der uns zum Ausgangspunkt zurückbringt.

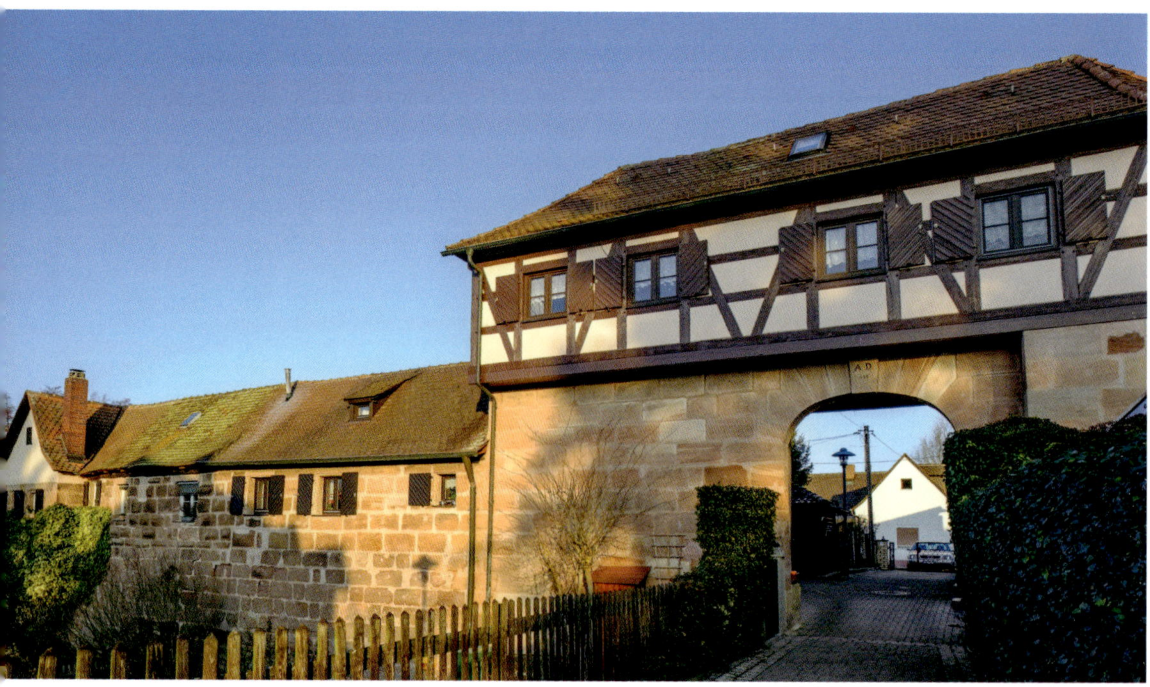

Wichtiges zur Tour

Tourencharakter
Sehr leichte, fast ebene Wanderung auf Feldwegen entlang der Pegnitz. Gut ausgeschildert als Schwaiger Rundgang mit einem roten Kringel auf weißem Grund

Ausgangs- und Endpunkt
Schwaig, Hallenbad Pegnitzaue
GPS 49.475520, 11.204807

Höchster Punkt
Behringersdorfer Straße, 316 m

Anfahrt
Bus/Bahn: Mit der S-Bahn ab Nürnberg nach Schwaig. Von dort auf der Behringersdorfer Straße nach Norden wandern, dann rechts in den Mittelbügweg zum Schwimmbad gehen

Auto: Von der A3 Ausfahrt Nürnberg/Mögelsdorf, östlich der Autobahn liegt schon Schwaig, das Schwimmbad befindet sich im Mittelbügweg.

Einkehr
Unterwegs mit einem kleinen Abstecher liegt das Hotel-Restaurant Weißes Ross (Montag Ruhetag) in Behringersdorf. Am Ende der Tour gibt es in Schwaig den Gasthof Roter Löwe, der durchgehend geöffnet hat.

Informationen
www.schwaig.de

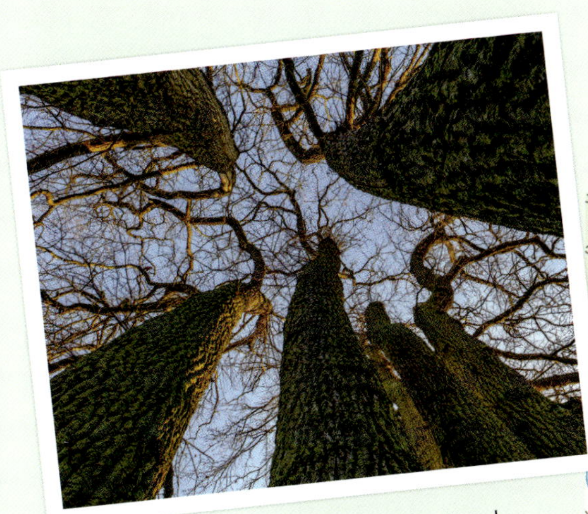

Mächtige Bäume säumen die Pegnitz und sind Naturdenkmäler.

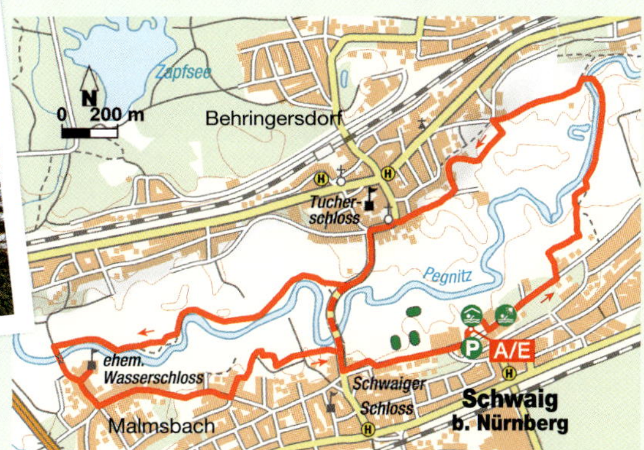

2 Auf den Arzberg bei Hersbruck

Über den Aussichtsturm zur Edelweißhütte

- leicht
- 1.45 Std.
- 150 Hm
- 5,5 km

Durch lichte Buchenwälder wandern wir zum Aussichtsturm Arzberg oberhalb von Hersbruck. Über die Edelweißhütte mit ihrem schönen Biergarten geht es auf einsamen Feldwegen zurück.

Auf den Arzberg Wir überqueren vom Wanderparkplatz die Landstraße und halten uns dabei etwas rechts. Gleich im Wald beginnt nach links der Aufstieg. Unter unseren Füßen raschelt das Buchenlaub des vergangenen Herbstes und die Vögel zwitschern frech dazu. Wir folgen nun dem blauen Punkt (und der grünen 5) geradeaus und erreichen am Waldrand einen quer verlaufenden Feldweg. In diesen biegen wir links ein, nun wechseln sich Wald und Felder ab. An einer großen freien Fläche treffen wir nochmals auf einen quer verlaufenden Weg. Diesmal biegen wir nach rechts und folgen dann der Linkskurve am Wasserschutzgebiet wieder in den Wald hinein. Jetzt steigt der Weg steiler an. Geradeaus queren wir einen Forstweg, dann erreichen wir schon die ersten moosbewachsenen Steine unterhalb des Arzberges. Der Turm ist zwischen den Bäumen schon zu sehen und mit einem finalen Aufschwung schnell zu schaffen. Wobei final nicht ganz stimmt, denn wir wollen im 1885 erbauten Aussichtsturm noch 117 gusseiserne Wendeltreppenstufen zur Aussichtsplattform hinauf. Bei klarer Sicht ist der Rundumblick wirklich sensationell.

Im Wald finden wir Steine, die Schlossmauern gleichen.

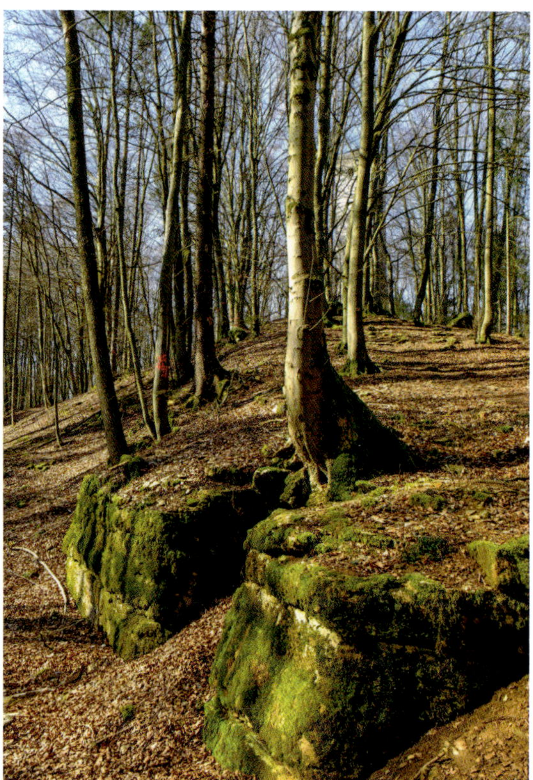

Arzbergturm

Gegen eine Gebühr kann man den Arzbergturm bei schönem Wetter von Mai bis Oktober am Wochenende/Feiertag von 10.00–18.00 Uhr besteigen. Wenn er geöffnet ist, weht auf dem Turm eine Fahne.

Edelweißhütte Vom Turm aus folgen wir einfach dem sanft abfallenden, breiten Forstweg. Nun lotst uns ein rotes Kreuz auf weißem Grund zuverlässig durch den Wald. Ein klein wenig geht es im Zickzack, im Großen und Ganzen aber nach Süden. Dabei sind alle kritischen Stellen hervorragend markiert. So steigen wir schließlich an einer Zufahrtsstraße zu einer Waldlichtung zur Edelweißhütte hinunter. Der Einkehr steht nun nichts im Wege, ein schattiger Platz im Biergarten ist schnell gefunden. Für kalte Tage wartet eine warme Stube mit Kachelofen auf uns. Obendrein gibt es beste fränkische Küche und im Sommer sogar Eis.

Der Arzbergturm lässt sich besteigen.

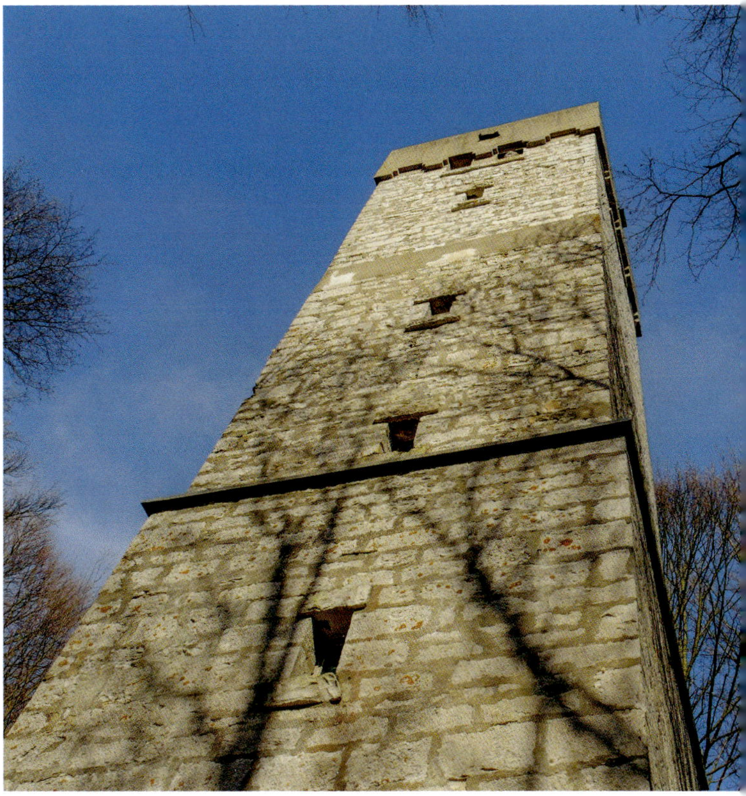

Weite Feldwege Nach der Rast folgen wir dem Zufahrtssträßchen, das zur Edelweißhütte führt. Alle Abzweigungen ignorierend erreichen wir so den kleinen Weiler Deckersberg. Gleich nach den ersten Häusern biegen wir links ein und halten uns dann kurz rechts und sofort wieder links. Wir verlassen auf einem Feldweg den Ort, die Wegnummer 5 gibt wieder die Richtung vor. Schnurgerade steigt der Weg nun an Streuobstwiesen vorbei zum Waldrand hinauf. Dort gehen wir geradeaus in den Wald, halten uns dann schnell rechts und wandern bald abwärts, bis wir unweit

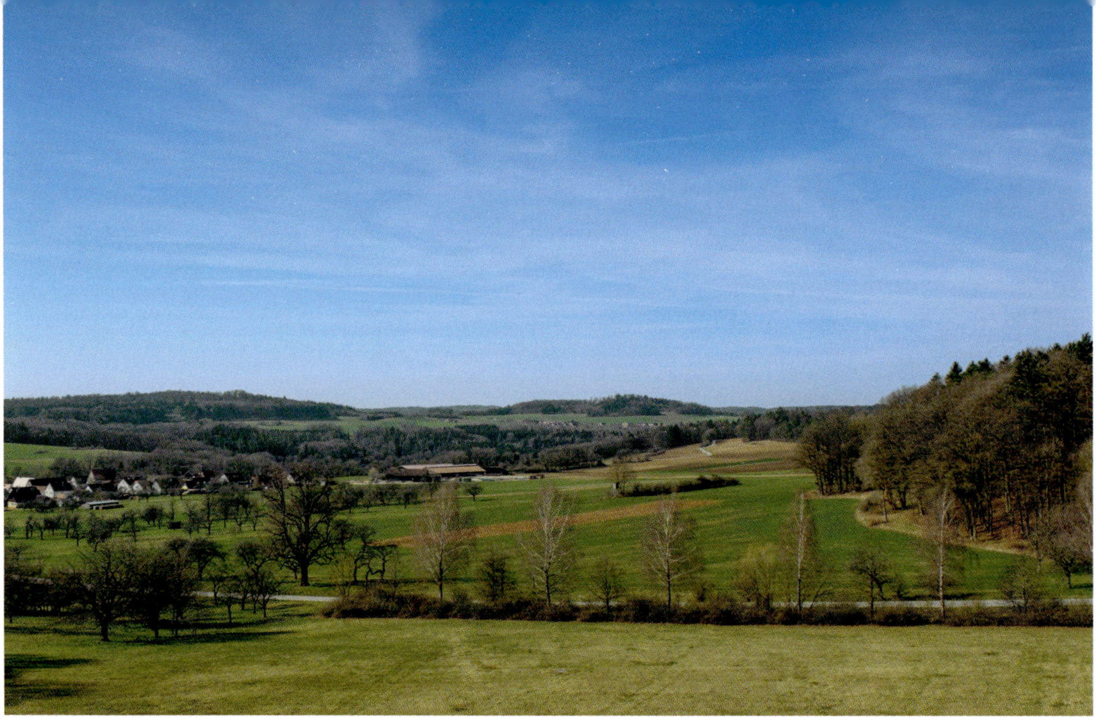

Weitblick bei Deckersberg

Links unten: Neben der Edelweißhütte gibt es eine Jugendfreizeitstätte.

Rechts unten: In der Edelweißhütte kehren wir ein.

des Startplatzes im Buchenwald wieder auf den bekannten Hinweg treffen. In wenigen Minuten sind wir so am Wanderparkplatz zurück. Jetzt ist sicherlich noch Zeit, zum Oberbecken hinaufzusteigen, das jedoch schon lange nicht mehr als Pumpspeichersee betrieben wird. Trotzdem hat die öde Wildnis am Beckenboden ihren Reiz, außerdem ist die Aussicht von seinem Rand über das Hersbrucker Land herrlich.

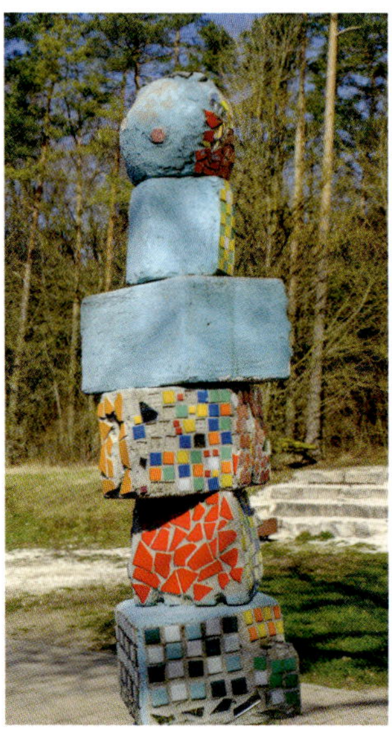

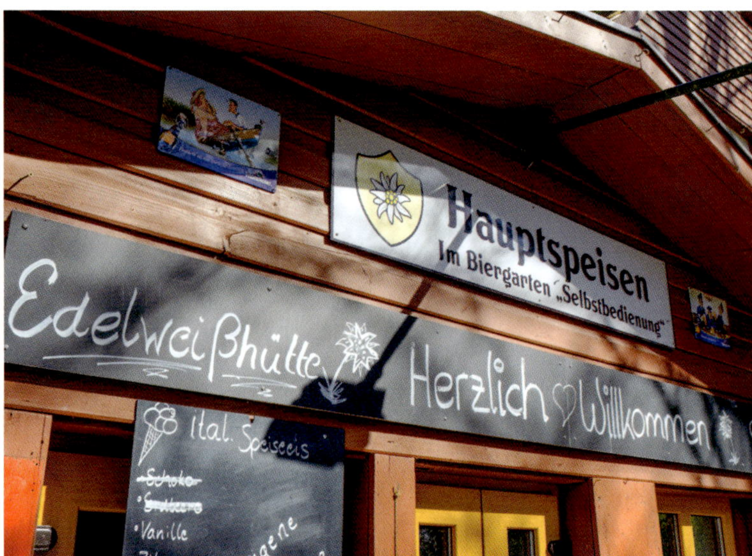

Wichtiges zur Tour

Tourencharakter
Schattige Wanderung auf Waldwegen. Zum Aussichtsturm etwas steiler ansteigend, dafür relativ sacht im Abstieg. Gut ausgeschildert mit einem blauen Punkt und einem roten Kreuz auf weißem Grund

Ausgangs- und Endpunkt
Parkplatz Oberbecken bei Happurg
GPS 49.477851, 11.457484

Höchster Punkt
Arzberg, 612 m

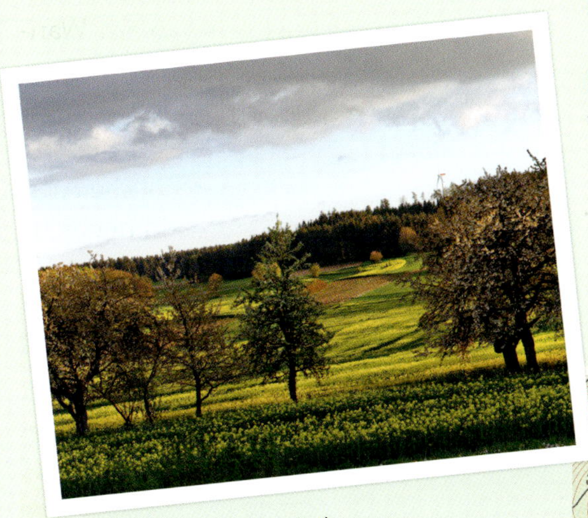

Streuobstwiesen im Abendlicht

Anfahrt
Bus/Bahn: Mit der Bahn nach Hersbruck, weiter mit dem Bus 364 nach Deckersberg. Dann die Wanderung von dort starten (Bus fährt jedoch sehr selten)
Auto: Von der A 9 Ausfahrt Lauf/Hersbruck, auf der B 14 über Hersbruck zum Happurger See, dort rechts hinauf Richtung Deckersberg. Der Wanderparkplatz liegt am Waldrand beim ehemaligen Staubecken.

Einkehr
Edelweißhütte (Montag und Dienstag Ruhetag), geöffnet meist von 11.00–22.00 Uhr

Informationen
www.hersbruck.de

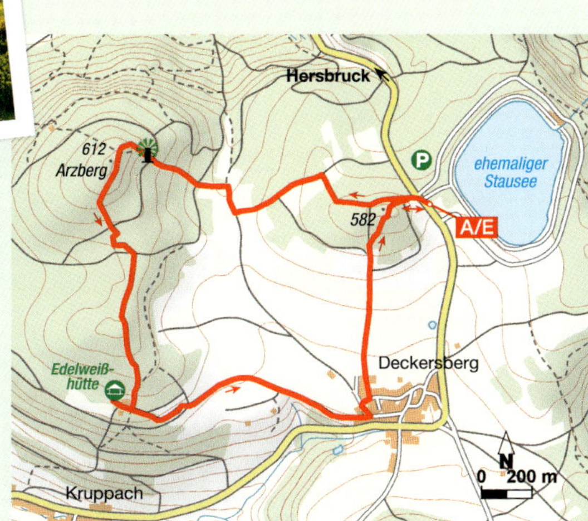

3 Rund um den Happurger See

Ein Ganzjahresvergnügen

- leicht
- 1.30 Std.
- 25 Hm
- 5 km

Die Wanderung rund um den Happurger Stausee ist immer ein Vergnügen. Im Frühling steht das Wasser hoch und umspült mächtige Weiden. Im Sommer kann man baden, und im Herbst leuchten die Berghänge in allen Farben. Im Winter lassen wir uns den Wind um die Nase pfeifen und kehren dann auf einen warmen Tee ein.

Happurger Geschichtsweg Verlaufen können wir uns nicht, der See mit seinem Uferweg gibt die Richtung vor. So wandern wir vom Parkplatz am Café-Restaurant Seeterrassen vor zum Wasser und legen nach rechts los. Wir umrunden den See gegen den Uhrzeigersinn, wobei das natürlich andersherum genauso schön ist. Rund um den See hat der Tourismusverein Infotafeln aufgestellt. Sie berichten Wissenswertes aus der Lokalgeschichte. Das ist ein weiterer Pluspunkt für diese Wanderung, die dadurch noch interessanter wird. Überhaupt gibt es einiges zu schauen. Viele Wasservögel tummeln sich im See. Die Ufer sind gesäumt von mächtigen Weiden und Erlen, die zum Teil ganz schön nasse Füße bekommen, denn im Frühjahr steht das Wasser hoch im Stau-

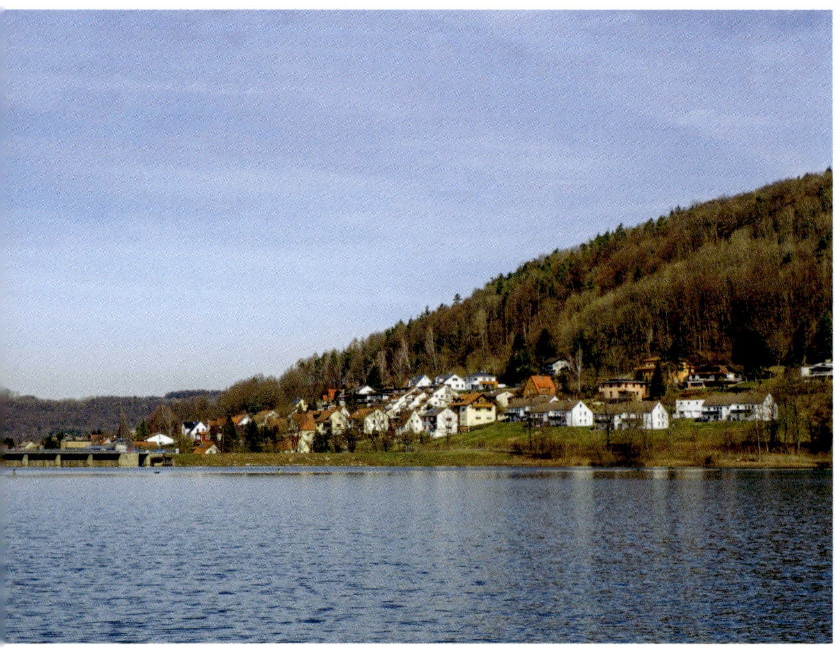

Das Dorf Happurg liegt direkt am Stausee.

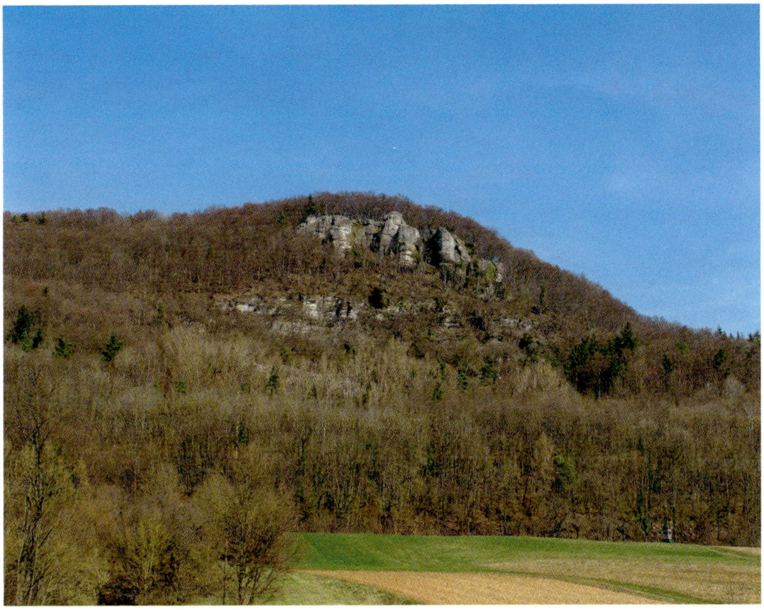

Die Houbirg über dem Happurger See

see. Bald überqueren wir den Kainsbach und wenig später, unweit von Förrenbach, den Happurger Bach. Dann sind wir schon am Ostufer unterwegs und schreiten auf Happurg zu.

Fast völlig flach geht es um den See.

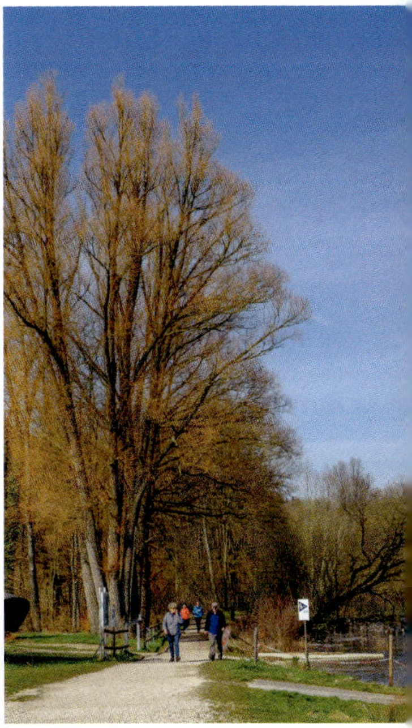

Am Fuße der Houbirg Jetzt wandern wir am Fuße des geschichtsträchtigen Bergrückens Houbirg entlang. Der relativ flache Berg war bereits von den Kelten bewohnt, die dort ein Oppidum, eine Befestigungsanlage mit Wall, errichteten. Aber Knochenfunde zeigen, dass dieser Platz bereits schon sehr viel früher, wahrscheinlich in der Bronzezeit, besiedelt war. Sehr traurig hingegen ist die jüngere Geschichte des Berges aus den Jahren 1944 und 1945. Unter dem Tarnnamen »Esche 1« mussten bei unmenschlichen Arbeitsbedingungen Zwangsarbeiter aus dem KZ-Außenlager Hersbruck, einem Außenlager des KZ Flossenbürg, in den Houbirg das Stollensystem »Doggerstollen« graben. In den unterirdischen Gängen sollte ein BMW-Flugzeugmotorenwerk entstehen. Bei den Bauarbeiten kamen 4000 Häftlinge ums Leben. Heute sind die Stollen zugemauert, aber zumindest profitieren Fledermäuse von den düsteren unterirdischen Gemäuern.

Happurg So erreichen wir etwas nachdenklich vorbei an der Staumauer den Ort Happurg. Der schnellste Weg zurück ist links über den Happurger Bach, den man an einem Wehr queren kann. Er führt uns zum stillgelegten Kraftwerk am Happurger Stausee mit seinem Umspannwerk und von dort aufwärts zum Rad- und Wanderweg parallel zur Autostraße. Wir können aber auch gerne noch eine Schleife durch das Dorf zum Marktplatz zurücklegen oder mit einem Abstecher nach rechts in zusätzlichen 20 Minuten die Andachtsstätte Doggerwerk besuchen. Sie ist über den Höhenweg zu erreichen. Nach der Besichtigung queren wir auf irgendeinem der Stege im Ort ebenfalls den Bach und erreichen dann über die Kainsbacher Straße auch den Fuß- und Radweg. Dieser verläuft zum Glück mit etwas Abstand zur Autostraße, sodass wir fast völlig verkehrsberuhigt zum Ausgangsort zurückkehren.

Bummel durch Hersbruck

Nach der Wanderung lohnt sich auf jeden Fall noch ein Besuch in der benachbarten Stadt Hersbruck, die durch ihre ungewöhnlich hübsche Altstadt, die Stadttore und das malerische Schloss einen ganz besonderen Charme besitzt.

Hersbruck mit seiner schönen Altstadt (links) und dem Schloss (rechts) lohnt einen Besuch.

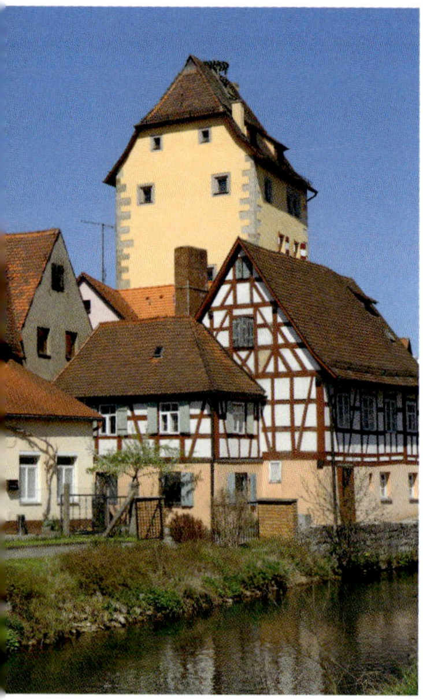

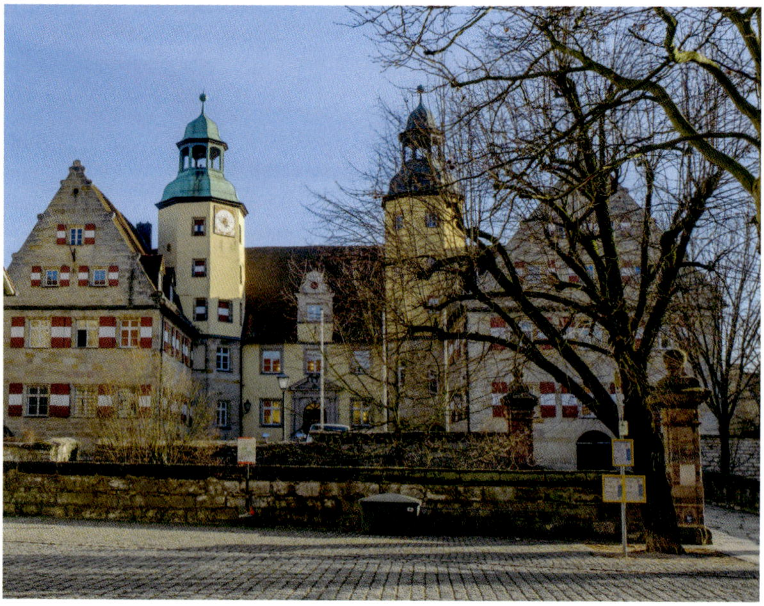

Wichtiges zur Tour

Tourencharakter
Sehr einfache, fast ebene Wanderung rund um den Happurger Stausee. Viel Sonne! Im Sommer Badesachen nicht vergessen

Ausgangs- und Endpunkt
Café-Restaurant Seeterrassen am Westufer des Happurger Sees
GPS 49.482224, 11.476406

Höchster Punkt
Startplatz, 370 m

Anfahrt
Bus/Bahn: Mit der Bahn nach Hersbruck, weiter mit dem Bus 364 nach Happurg, Haltstelle Marktplatz. Dann die Wanderung von dort starten

Auto: Von der A9 Ausfahrt Lauf/Hersbruck, auf der B 14 über Hersbruck zum Happurger See. Der Startplatz liegt direkt am großen Parkplatz an der St 2236 Richtung Förrenbach.

Einkehr
Direkt am Startplatz liegt das Café-Restaurant Seeterrassen, hervorragend geeignet, um nach der Wanderung den Tag perfekt ausklingen zu lassen (im Winter nur an den Wochenenden/Feiertagen geöffnet). In Happurg gibt es Brotzeiten in der Metzgerei Süß (hervorragende fränkische Landmetzgerei) oder beim Bäcker Wacker am Marktplatz.

Informationen
www.hersbruck.de

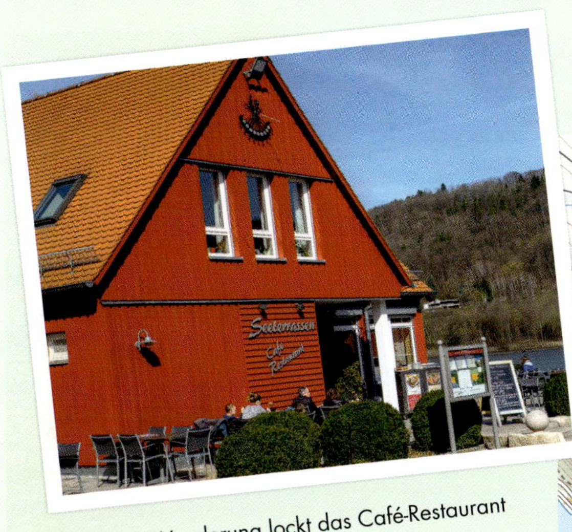

Nach der Wanderung lockt das Café-Restaurant Seeterrassen.

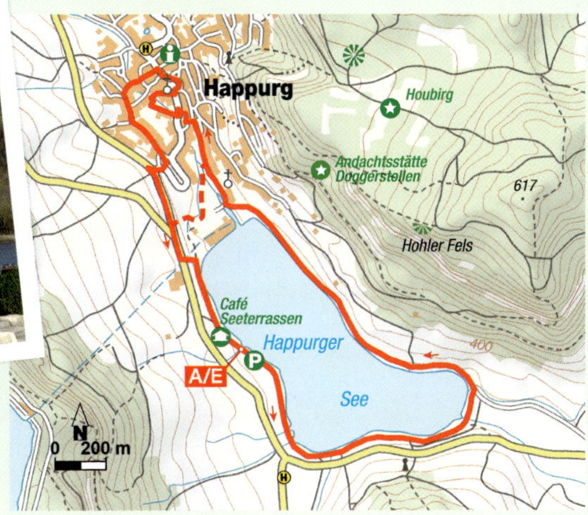

4 Entlang der Pegnitz: erster Teil

Von Hohenstadt nach Vorra

leicht

2.15 Std.

25 Hm

7,5 km

Mal sanft und träge, dann wieder grummelnd und manchmal rauschend begleitet uns die Pegnitz auf ihrem Weg durch die Hersbrucker Alb. Wer die Augen unterwegs offen hält, entdeckt am Ufer des Wasserlaufes und auf den angrenzenden Wiesen und Feldern eine wunderschöne Flora und Fauna.

Erstes Ziel: Eschenbach Vom Bahnhof von Hohenstadt beginnen wir unsere Wanderung nach links Richtung Norden. Wenige Schritte später sind wir mitten in der Natur, und der Weg führt über die Felder. Rechts von uns fließt die Pegnitz, der wir uns mal mehr und mal weniger nähern. Ihr Ufer ist von dicken Weiden, Erlen und Eschen gesäumt. Vor uns liegen die Häuser von Eschenbach, auf die wir einfach zusteuern. Wir erreichen den Ort an seinem

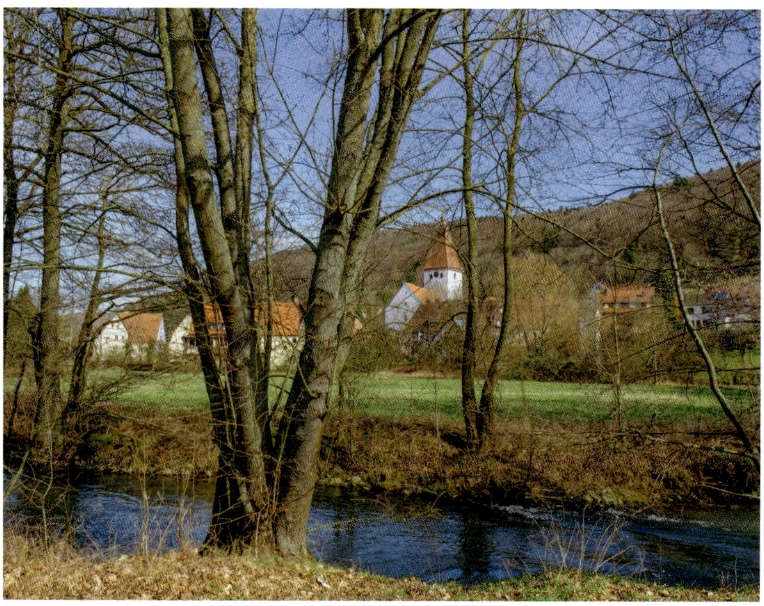

Eschenbacher Schloss

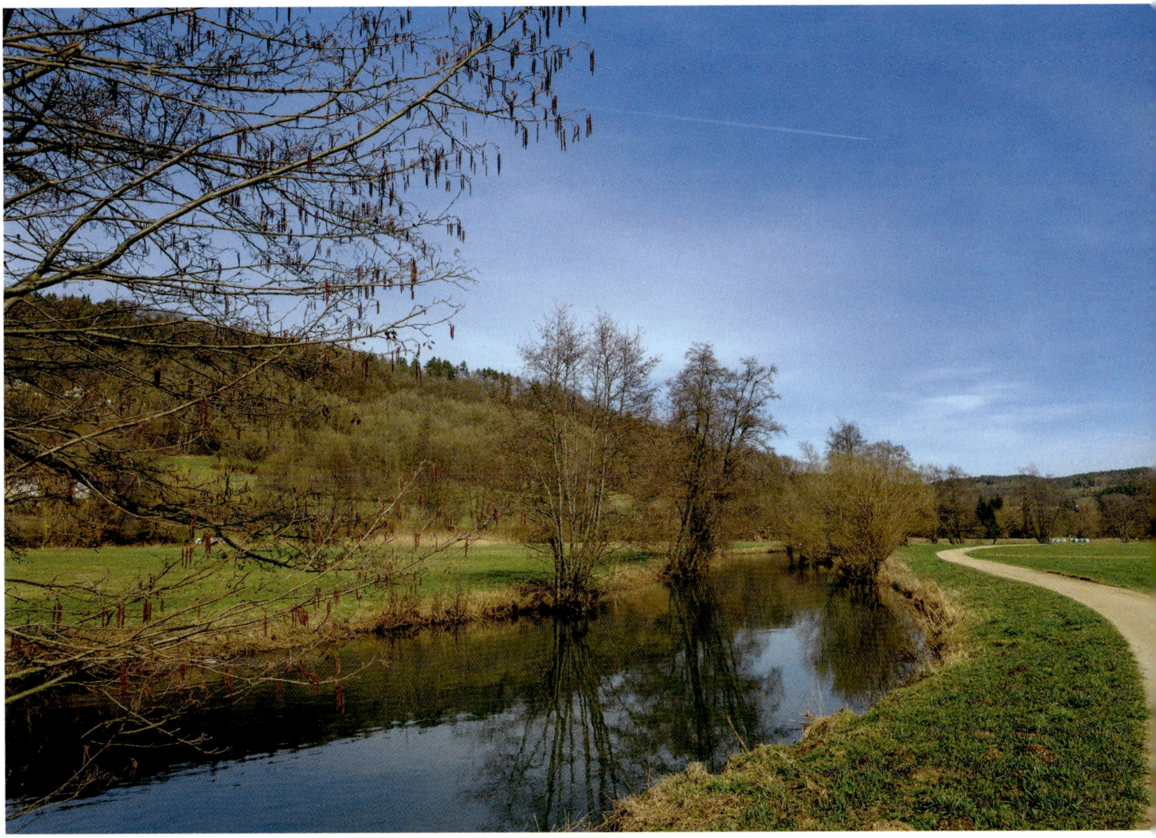

Sehr sonnig führt der Weg entlang der Pegnitz.

Sportplatz. In die Fahrstraße biegen wir rechts ein, queren die Pegnitz und folgen danach gleich links der leicht ansteigenden Straße (Radwegschild Neuhaus). Am Ende der Bebauung von Eschenbach wird unser Weg wieder zu einem Feldweg, der uns nun im Auf und Ab entlang der Gleise führt.

Über Alfalter nach Vorra Die Pegnitz erahnen wir bei diesem Streckenabschnitt nur, denn wir wandern ein gutes Stück oberhalb der Talsohle. Kurz vor Alfalter queren wir die Gleise und nähern uns wieder dem Fluss. Dabei bleiben wir jedoch am rechten Ufer und biegen noch vor der Pegnitzbrücke auf den Wanderweg nach rechts ein. Jetzt sind wir wieder direkt am Wasser. An der kleinen Staustufe lockt eine Rastbank – auf jeden Fall ein schönes Plätzchen zum Verschnaufen. Danach geht es einfach weiter flussauf-

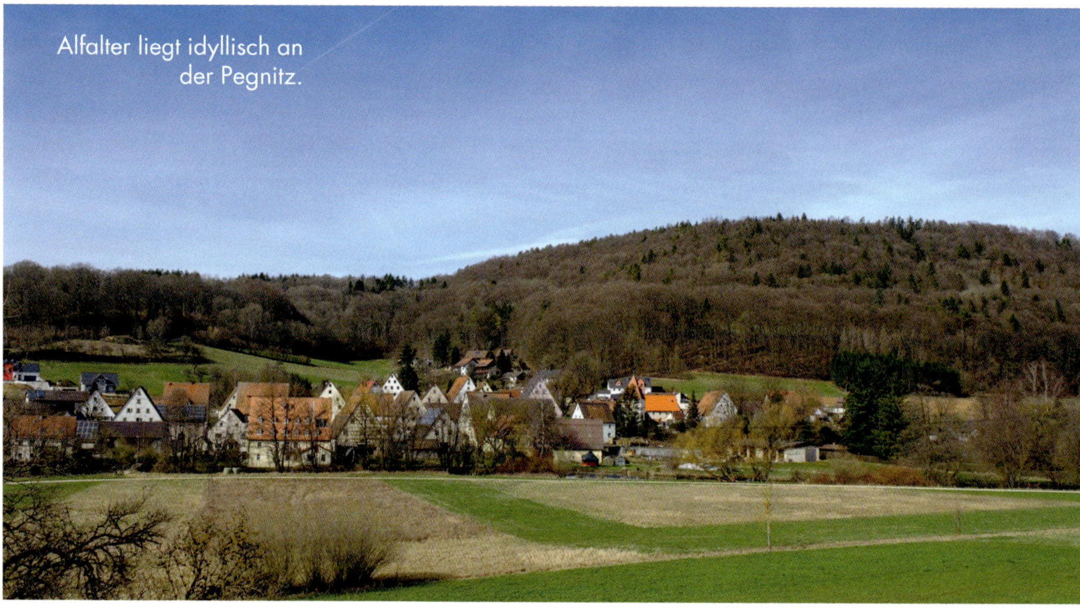

Alfalter liegt idyllisch an der Pegnitz.

wärts. Gut, wer jetzt einen Sonnenschutz dabeihat, denn es gibt hier keinen Schatten. Wir passieren den Weiler Düsselbach und kurz darauf unterqueren wir die Bahn. Jetzt wird es etwas schattiger und schließlich erreichen wir auf der Straße Am Schloßpark das Ziel unserer Tour, Vorra. Die Straße endet unweit der etwas trutzigen Marienkirche in der größeren Hirschbacher Straße. Auf ihr geht es nach links, am Schloss vorbei und über die Pegnitz. Die nächste Straße rechts ist bereits die Bahnhofstraße, die uns zum Bahnhof bringt, sofern uns nicht vorher der Biergarten Inselblick ausbremst. Eine schöne Alternative ist auch das nette Café im Dorfladen Vogelbeere.

Schloss Vorra

Die Grundmauern von Schloss Vorra mit seinem prächtigen Park gehen auf das Jahr 1601 zurück. Damals kaufte Carl von Tetzel im Ort ein Bauernhaus sowie einige Grundstücke und ließ es zu einem Schloss umbauen. 1780 wurden der Schlossbau und alle Nebengebäude durch ein Feuer komplett zerstört. Das heutige Schloss entstand 1890 durch den neuen Besitzer, Freiherr von Soden. Ein schwieriges Unterfangen, denn der weiche Boden in der Nähe der Pegnitz war nicht dafür geeignet. Dennoch konnte der Bau 1891 vollendet und der Schlosspark angelegt werden. In den Kriegsjahren wechselten dann die Besitzer. Heute gehört das Schloss zum Schullandheimwerk Mittelfranken, einem Verein, der Bildungsangebote für Schulklassen anbietet.

Wichtiges zur Tour

Tourencharakter
Sonnige Wanderung mit sehr wenig Schatten, meist eben entlang der Pegnitz. Den Rückweg treten wir mit der Bahn an, die fast stündlich verkehrt. Wer genügend Ausdauer besitzt, kann bis zum nächsten Bahnhof in Rupprechtstegen weiterwandern, das sind aber noch einmal weitere sechs Kilometer (siehe Tour 5). Alternativ kann man den Bus z. B. ab Artelshofen nehmen.

Ausgangspunkt
Hohenstadt (Mittelfranken), Bahnhof
GPS 49.517433, 11.491823

Endpunkt
Vorra, Bahnhof

Höchster Punkt
Ortsausgang Eschenbach, 363 m

Anfahrt
Bus/Bahn: Mit der Bahn nach Hohenstadt (Mittelfranken)
Auto: Von der A 9 Ausfahrt Lauf/Hersbruck, auf der B 14 über Hersbruck nach Hohenstadt. Der Bahnhof liegt nördlich des Ortes, es gibt einige Parkplätze.

Einkehr
In Vorra gibt es den Biergarten Inselblick, direkt an der Pegnitzinsel (Dienstag Ruhetag), sowie ein sehr nettes Café im Dorfladen Vogelbeere. Beide liegen in der Bahnhofstraße. Alternativ die Pizzeria Toni in der Hauptstraße.

Informationen
www.vorra.info

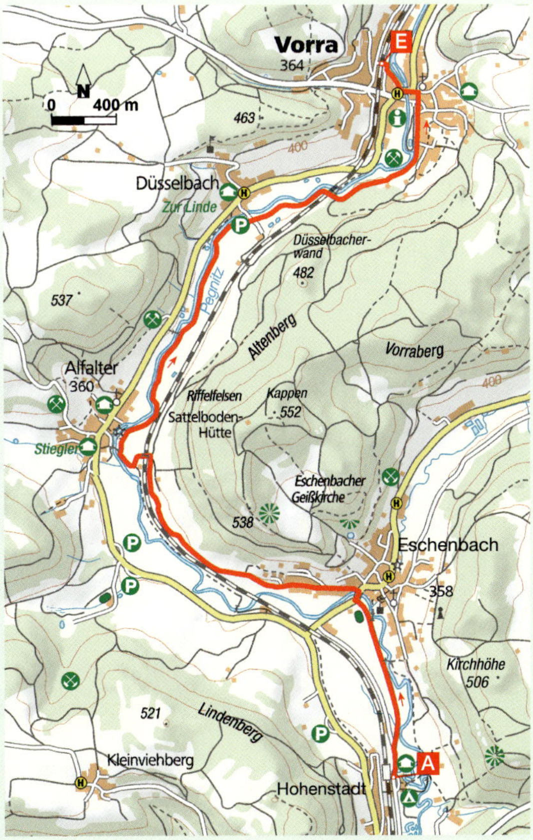

5 Entlang der Pegnitz: zweiter Teil

Alles im und am Fluss

- mittel
- 3.45 Std.
- 100 Hm
- 12 km

Von Vorra wandern wir nach Velden. Unser ständiger Begleiter ist dabei die Pegnitz – die Lebensader im Tal, die alles am Laufen hält. Mit jedem Schritt folgen wir ihrem Strömen, Rauschen und Fließen und fühlen uns in ihren Bann gezogen.

Über Artelshofen nach Rupprechtstegen Der Bahnhof in Vorra liegt etwas nördlich des Ortes. Das passt perfekt, denn genau in diese Richtung beginnen wir unsere Wanderung oder setzen sie nach der Tour 4 fort. So folgen wir der Bahnhofstraße vorbei an den Tennisplätzen und wandern zwischen den Bahngleisen und der Pegnitz nach Artelshofen. Der kleine Weiler beeindruckt durch die prächtige Mühle im Fluss und sein wunderschönes Schloss, das einer privaten

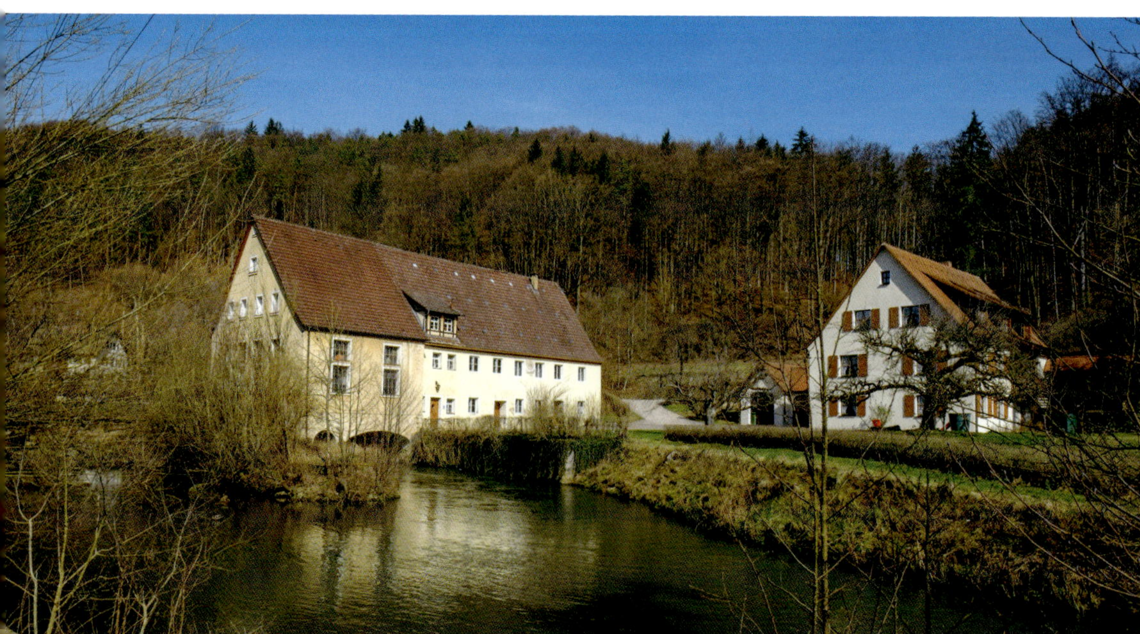

Viele Mühlen, wie hier bei Artelshofen, liegen an der Strecke.

Stiftung gehört. Wer jetzt schon Hunger verspürt, quert an der Brücke die Pegnitz und kann gut im Gasthaus Pechwirt einkehren. Ansonsten bleiben wir auf der ursprünglichen Uferseite und setzen direkt an der Brücke den Weg auf einem kleinen Pfad fort, der unmittelbar am Fluss entlangläuft. Er wendet sich etwas nach links und stößt dann auf einen breiteren Feldweg, dem wir nach rechts flussaufwärts folgen. Nun sind wir wieder völlig einsam unterwegs, nur ein paar Radfahrer teilen sich die Strecke mit uns. Der Fluss und damit auch unser Weg wenden sich nach links und über uns kreuzt die Eisenbahn den Wanderweg. Kurz danach queren wir auf einer Brücke die Pegnitz, setzten aber sofort unseren Weg nach links fort. Nach den Schrebergärten erleben wir das gleiche Spiel erneut: Wir queren den Fluss, dem wir weiter treu folgen, und kurz darauf kreuzt erneut die Bahn über unseren Köpfen. Vor uns sehen wir die zwei mächtigen Enzendorfer Felsen am ehemaligen Hochufer. Unser Weg biegt ziemlich genau auf der Höhe der Felsen nach links, für ein kurzes Stück weg vom Fluss. Aber dann nähern wir uns schon wieder der Pegnitz und erreichen den Ortsrand von Enzendorf. Mit einem Schwenk nach links umgehen wir ein paar Privatgrundstücke und folgen der Radwegbeschilderung durch den Ort, den wir etwas oberhalb der Pegnitz verlassen. Kurz darauf erreichen wir die wunderschöne Harnbachmühle, einen mehr als idyllischen Platz, an dem wir uns gut für eine Pause niederlassen können. Weiter geht es immer noch mit dem Fluss zu unserer Rechten und wir erreichen kurz hinter dem großen Altenheim Rupprechtstegen, wo wir die Möglichkeit haben, die Wanderung am Bahnhof zu beenden.

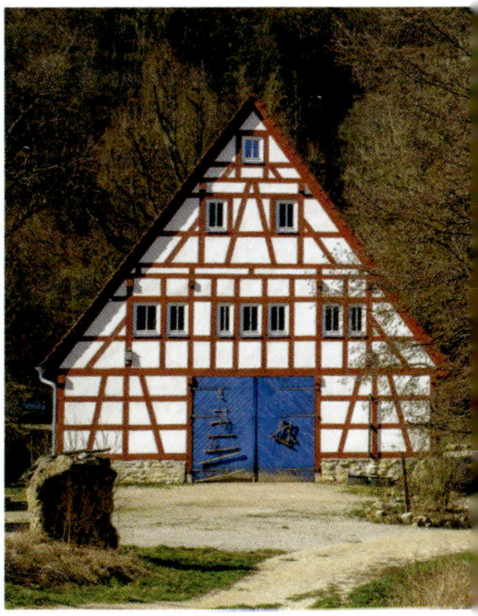

Die Harnbachmühle wird vom Verein Mühlenkraft e.V., der sich um Inklusion bemüht, betrieben.

In Rupprechtstegen können wir die Wanderung abkürzen.

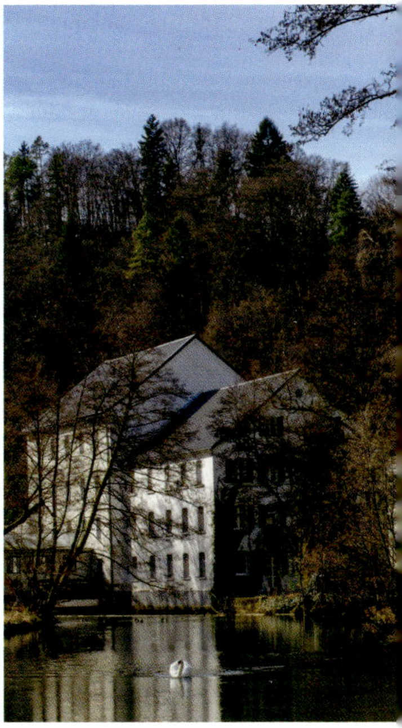

Flusswindungen bis Velden In Rupprechtstegen stoßen wir auf die größere Autostraße, die durch das Pegnitztal führt. Um wieder auf unseren Wanderweg zu kommen, gehen wir auf ihr minimal nach rechts, queren dabei den Fluss und biegen dann sofort wieder links ein. Geradeaus liegt der Bahnhof, übrigens mit einer sehr netten Einkehrmöglichkeit im abgestellten Rastwaggon Rupprechtstegen. Wir passieren den Spielplatz und schon hat uns der Flusslauf wieder. Eine

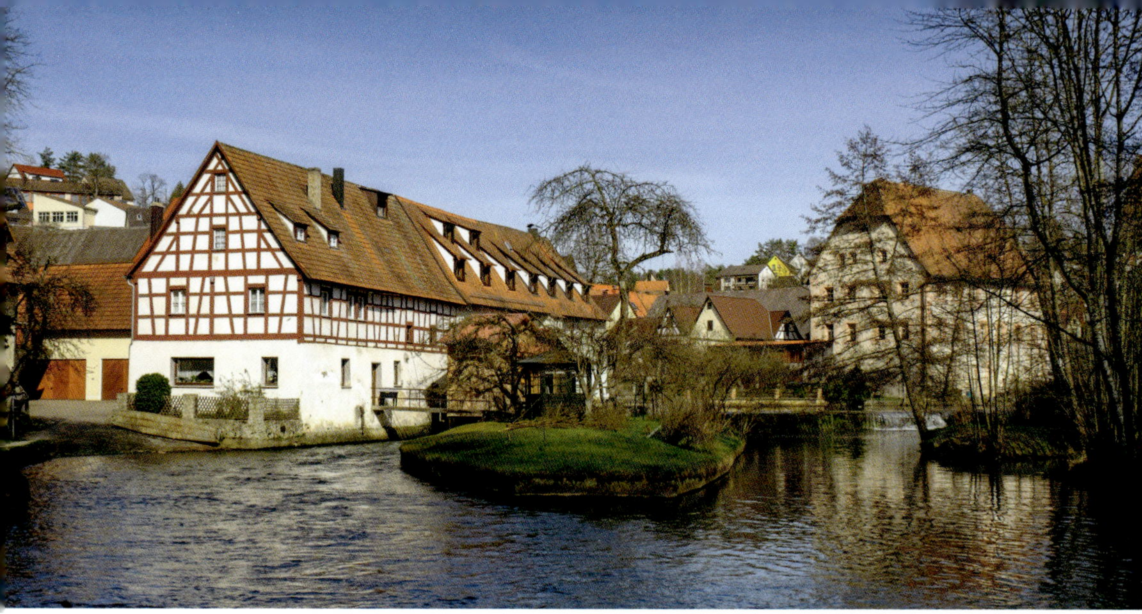

In Velden endet unsere Streckenwanderung.

wunderschöne Wegstrecke liegt vor uns. Die Pegnitz windet sich nun durch das Tal, während wir auf beiden Seiten des Flusses in den Berghängen jede Menge wilde und bizarre Steinformationen entdecken. Wieder kreuzt die Bahn unsere Strecke, sogar zweimal, dann erreichen wir den klitzekleinen Weiler Lungsdorf, einen beliebten Startplatz für Kanu- und Kajakfahrer. Nun queren wir die Pegnitz und wandern ein Stück rechts durch den Ort. Gleich nach der Kurve weist uns ein Schild nach links auf den Wanderweg nach Velden. Somit verlassen wir den Fluss und kürzen zum Finale steiler aufwärts eine Flussschleife ab. Vorbei an den Sportplätzen erreichen wir Velden, eines der schönsten Dörfer an der Pegnitz. Bevor wir die Heimreise mit der Bahn antreten, können wir im Ort noch die vielen hübschen Fachwerkhäuser und Mühlen bewundern. Der Bahnhof liegt etwas westlich des Zentrums, dafür folgen wir einfach der Pegnitz noch ein Stück.

Verlängerung der Tour

Wer ganz besonders viel Energie besitzt, kann sogar noch bis Neuhaus a.d. Pegnitz weiterwandern. Dafür geht es in Velden an der Straßenbrücke über die Pegnitz vorbei am Aussichtspavillon in den Schießmauerweg. Der schmale Wanderpfad führt zunächst ganz nahe am Wasser entlang, wendet sich dann nach der Eisenbahnquerung etwas nach rechts aufwärts. Unweit des Steinbruches queren wir dann den Fluss und die Straße und wandern etwas oberhalb am Hang weiter, um die Straße und den Steinbruch zu umgehen. Dann geht es wieder über die Pegnitz und nun bleiben wir einfach dem Flusslauf treu, der uns über Engenthal und Finstermühle nach Neuhaus bringt.

Wichtiges zur Tour

Tourencharakter
Etwas längere Streckenwanderung im ganz leichten Auf und Ab entlang der Pegnitz. Den Rückweg treten wir mit der Bahn an, die fast stündlich verkehrt. Abkürzungsmöglichkeit in Rupprechtstegen.

Ausgangspunkt
Vorra Bahnhof
GPS 49.562826, 11.493640

Endpunkt
Velden Bahnhof

Höchster Punkt
Übergang nach Velden, 444 m

Anfahrt
Bus/Bahn: Mit der Bahn nach Vorra im Pegnitztal
Auto: Von der A 9 Ausfahrt Lauf/Hersbruck, auf der B 14 über Hersbruck nach Vorra. Der Bahnhof liegt nördlich des Ortes, es gibt einige Parkplätze.

Einkehr
In Artelshofen liegt der Gasthof Pechwirt, (Montag und Mittwoch Ruhetag), der sehr für seine Fleischgerichte gelobt wird. In Rupprechtstegen gibt es den Rastwaggon, (Montag und Dienstag Ruhetag), ein griechisches Lokal. In Velden am Ende der Tour gibt es mehrere Gasthäuser.

Informationen
www.velden.de

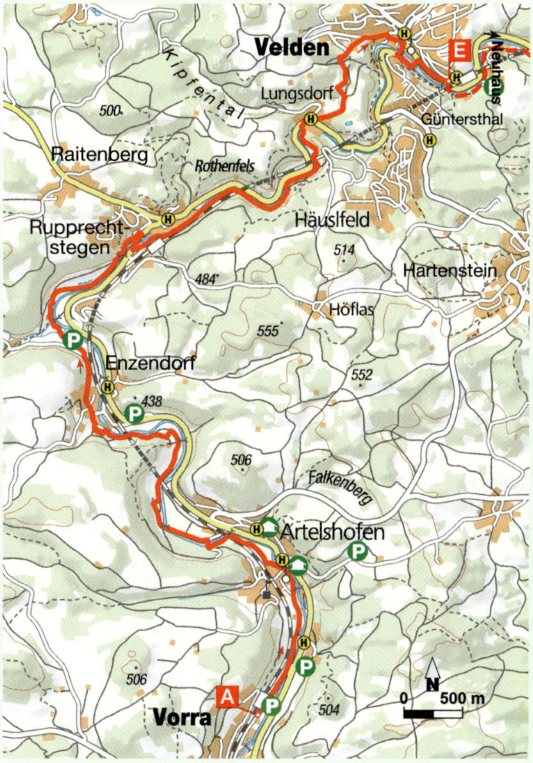

6 Hirschbacher Ziegenweg

Aussichtsreich über dem Hirschbachtal

leicht

1.15 Std.

100 Hm

3 km

Der Hirschbacher Ziegenweg besteht eigentlich aus zwei Teilen, die sich wie die Zahl »8« miteinander verbinden. Die kürzere Runde führt entlang des Themenweges zu einem wunderbaren Aussichtsplatz über dem Tal. An den Hängen finden wir viele seltene geschützte Blumen, die dort ideale Lebensbedingungen vorfinden.

Zur Ziegelhütte Vom Hirschbacher Dorfplatz mit seinem Gasthof Goldener Hirsch geht es in die Straße Im Reichental. Vorbei an der Gärtnerei mit ihrer wildromantischen Deko folgen wir dem Teersträßchen, das kurz hinter dem Wanderparkplatz ansteigt. Wir bleiben auf dem wenig befahrenen Asphaltsträßchen und ignorieren die abzweigenden Wanderwege. Rechts des Weges steht bald die erste

Links unten: Viele Wanderwege führen durch das Hirschbachtal.

Rechts unten: Hirschbach von oben

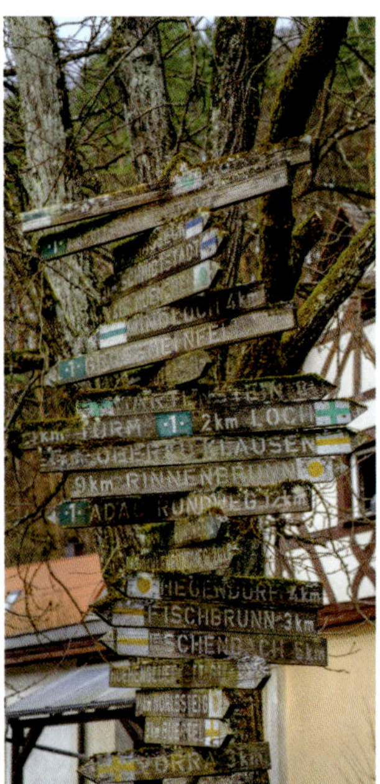

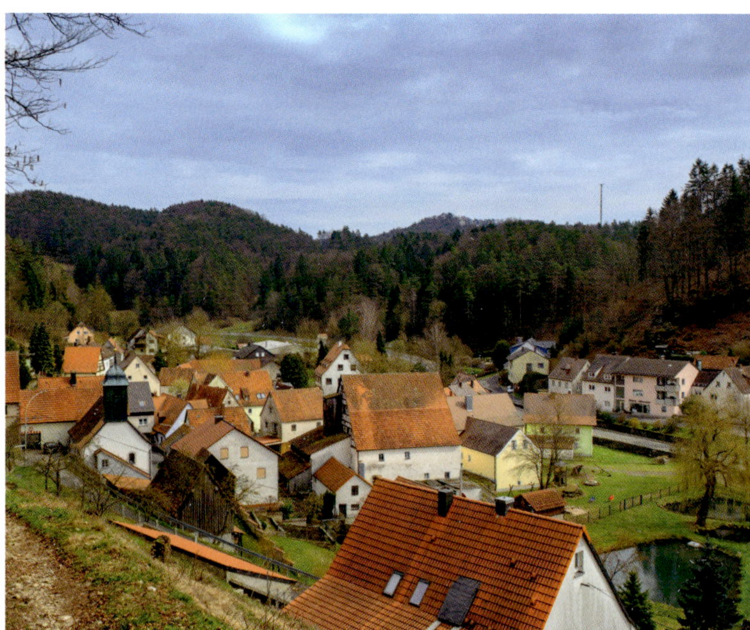

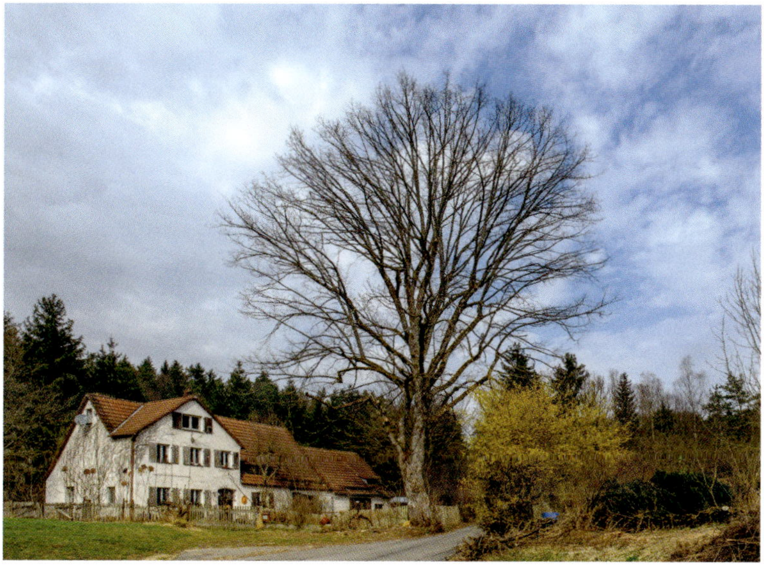

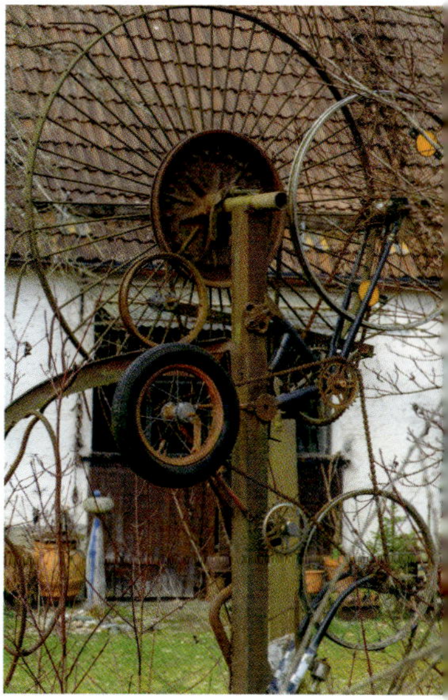

Die ehemalige Ziegelhütte (links) und ihr Kunstwerk (rechts) im Garten

Thementafel, und kurz darauf freuen wir uns schon über die erste Rastbank. Wenig später erreichen wir die ehemalige Ziegelhütte, einen Hof, in dem früher Ziegel gebrannt wurden. Heute bezaubert er mit seinem verwunschenen Garten. Weiter folgen wir dem Sträßchen, das immer noch leicht ansteigt.

Hirschbachtal

Das Hirschbachtal zählt zu den schönsten Wanderregionen der Hersbrucker Schweiz. In seinen Wäldern verstecken sich wilde Felsformationen und Höhlen. Wanderer und Kletterer lieben diese Region, die durch ihre Kargheit genauso geprägt ist wie durch den munter plätschernden Hirschbach.

Zum Turm Dann haben wir jedoch den Großteil des Anstieges geschafft, und wir verlassen das Teersträßchen vor dem Trinkwasserspeicher nach rechts. Jetzt sind wir auf einem Feldweg unterwegs (grüner Ring) und halten uns nach ca. 50 Metern links. Entlang eines Feldes kommen wir in den Wald und erreichen leicht rechtshaltend den Turm (Privat) mit seinem Aussichtsplatz. Von dort genießen wir die einmalig schöne Sicht über Hirschbach und das Tal. Aber Achtung! Nach Süden fällt der Hang steil ab. Wer genau hinsieht, erkennt die ersten seltenen Pflanzen auf den Magerrasen. Je karger der Boden,

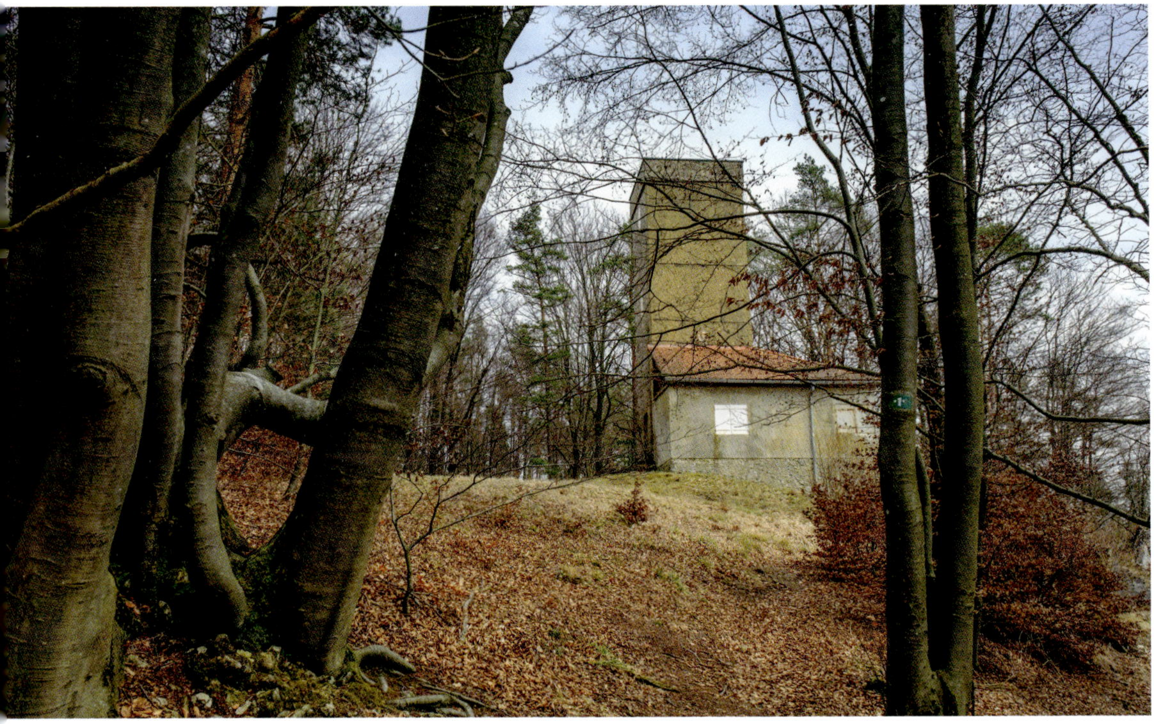

Der private Aussichtsturm kann leider nicht bestiegen werden.

umso üppiger blühen die Blumen. Jetzt wird klar, warum sich hier an den Hängen niemals eine intensive Landwirtschaft durchsetzen konnte. Die mageren Steilhänge eignen sich wirklich nur für die Ziegenhaltung. Aber nur durch die Beweidung mithilfe der zähen und alten Haustierrasse können sich viele der seltenen Blumen überhaupt am Leben halten. Ansonsten setzt, ähnlich wie auf Almwiesen in den Alpen, eine rasche Verbuschung ein, die den artenreichen Blühpflanzen keinen Lebensraum lässt.

Abstieg Vom Turm folgen wir zunächst der Hangkante, vorbei an einer Rastbank, und steigen dann durch den lichten Mischwald mit seinen Buchen und Kiefern ab. Vorbei an der nächsten Infotafel wendet sich der Weg langsam nach links, wird wieder breiter und erreicht dann an der Hammerleite bereits Hirschbach. Direkt vor der kleinen Kirche St. Wolfgang wenden wir uns nach rechts und die Dorfstraße Sommerseite bringt uns zurück zum Dorfplatz, unserem Ausgangspunkt.

Wichtiges zur Tour

Tourencharakter
Anfangs führt die Wanderung über ein kleines geteertes Sträßchen, anschließend über Feldwege und im Bereich des Aussichtspunktes auch über kleine Pfade mit ein paar Steinen. Gut ausgeschildert mit grünem Ring auf weißem Grund. Die Wanderung ist vor allem im Frühjahr schön, wenn alles blüht.

Ausgangs- und Endpunkt
Hirschbach, Dorfplatz
GPS 49.555634, 11.536297

Höchster Punkt
Aussichtsplatz am Turm, 492 m

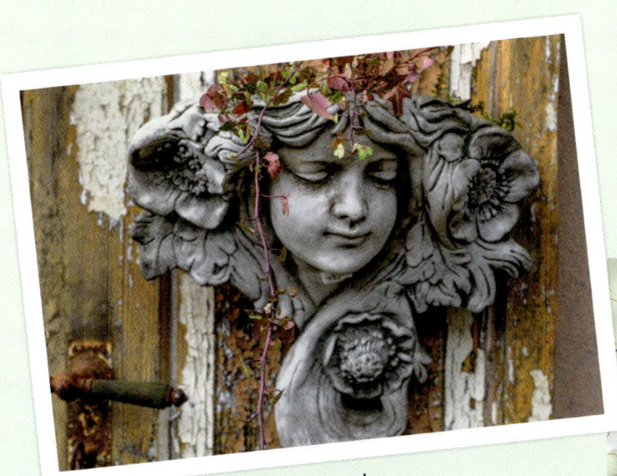

Gartendekoration in Hirschbach

Anfahrt
Bus/Bahn: Mit der Bahn nach Hohenstadt (Mittelfranken) und von dort weiter mit dem Bus ins Hirschbachtal nach Hirschbach, Haltestelle Dorfplatz
Auto: Von der A 9 Ausfahrt Lauf/Hersbruck, auf der B 14 über Hersbruck Richtung Neustadt an der Pegnitz. Bei Eschenbach ins Hirschbachtal abbiegen und gleich am Ortsbeginn links zum Wanderparkplatz Reichental einbiegen. Die Wanderung von dort beginnen

Einkehr
Gasthaus Goldener Hirsch, ein historischer Fachwerkgasthof aus dem Jahre 1630, eine Spezialität sind die hausgeräucherten Forellen aus dem Hirschbach. Den wunderschönen Biergarten ziert eine mächtige Linde (Montag und Dienstag Ruhetag).

Informationen
www.hirschbachtal.de

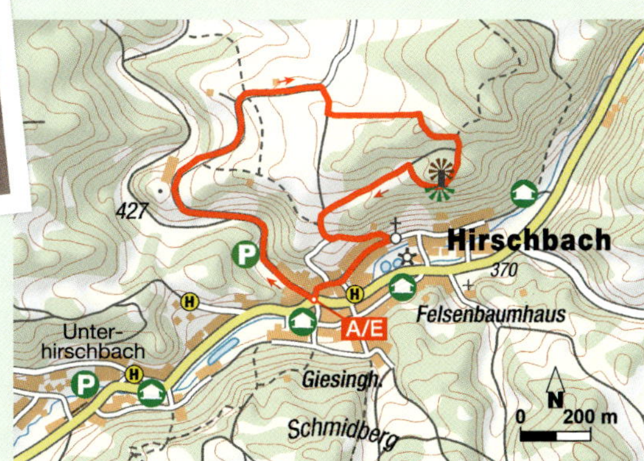

7 Zur Petershöhle bei Hartenstein

Höhlen- und Felsenwege

- mittel
- 2 Std.
- 150 Hm
- 4,5 km

Das Dorf Hartenstein liegt auf einem kleinen Plateau oberhalb des Pegnitztales. Über dem Ort wachen die Burg Hartenstein und der Hirtenberg, von denen man jeweils eine tolle Aussicht über die Frankenalb genießen kann. Unser Hauptziel ist jedoch die Petershöhle, in der bedeutende prähistorische Relikte gefunden wurden.

Zur Marienkapelle Auf der Hauptstraße in Hartenstein wandern wir mit der Kirche im Rücken nach rechts und passieren die Gemeindeverwaltung. Leicht ansteigend verlassen wir den Ort und biegen beim Ortsschild links in die kleinere Straße ein (Schild »Kreuzweg/Frauenberg«). Gleich darauf halten wir uns erneut links auf den Feldweg, der uns entlang der Kreuzwegstationen führt. Wer möchte, kann noch vor der Lichtung links zum Hirtenstein hinaufsteigen. Der Weg ist jedoch sehr steil. Eine

Links unten: Erhaben steht Burg Hartenstein über dem Ort.

Rechts unten: Von der Burg genießen wir einen schönen Blick.

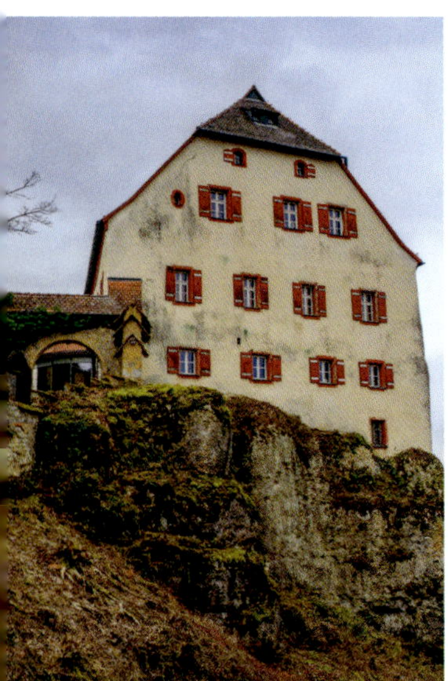

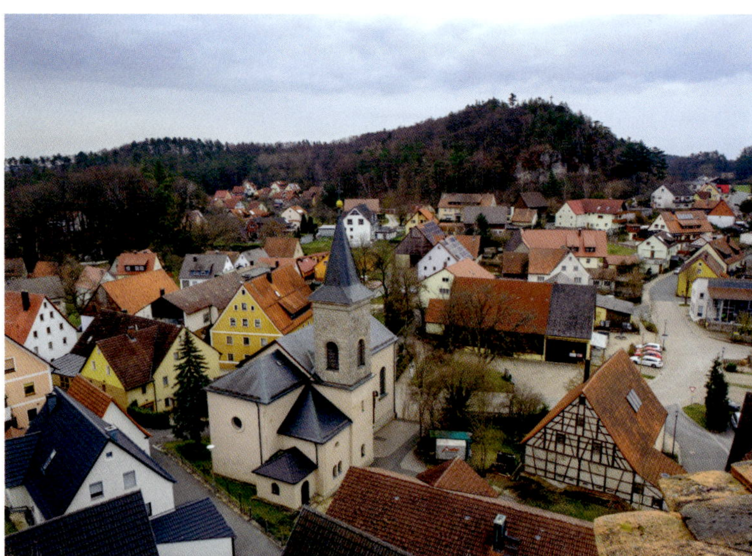

zweite Wegalternative anstelle des Forstweges bietet sich wenige Meter später an. Direkt in der Kurve an der Wiese bei der Kreuzwegstation »Christus fällt unter das Kreuz« finden wir ein Schild am Baum »Hainkirche«. Hier wandern wir für wenige Meter in den Wald hinein, bewundern die ersten großen Felsen und steigen dann rechts auf einem schmaleren Pfad bergauf, der nun gleichzeitig als Naturlehrpfad mit einem Eichhörnchen ausgeschildert ist. Ob man weiter auf dem breiten Weg entlang der Kreuzwegstationen aufwärtssteigt oder den Pfad benutzt, ist natürlich Geschmackssache, aber wir mögen nun mal kleinere Wanderwege lieber. Egal wie, es dauert nicht lange und wir erreichen die kleine Kapelle mitten im Wald. Ein schöner Platz zum Innehalten, es gibt sogar Rastbänke und Tische.

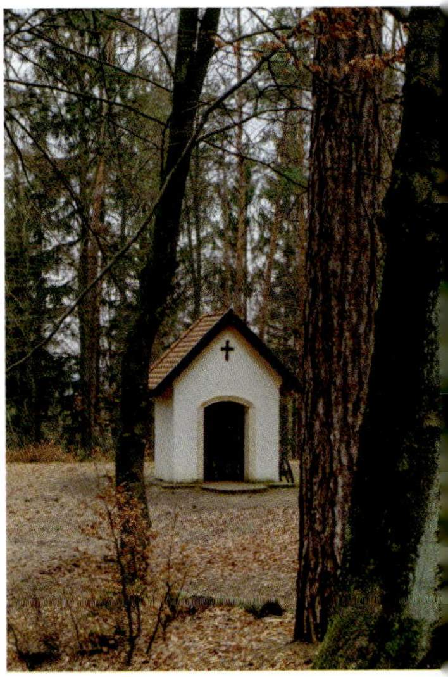

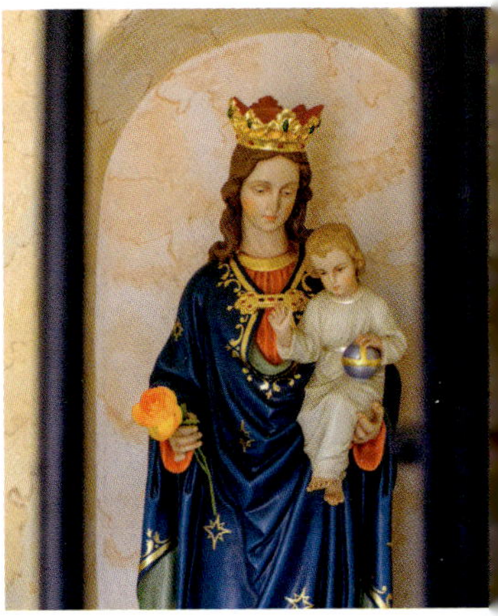

Naturlehrpfad und Hainkirche Nach einer ersten Verschnaufpause wandern wir hinter der Kapelle entlang eines Drahtzaunes weiter. Vorbei an einem Barfußparcours kommen wir an einen querenden Forstweg. Der Naturlehrpfad führt auf der anderen Seite einfach geradeaus weiter. Von hieraus kann man nach rechts einen Abstecher zur Karsthöhle Hainkirche unternehmen. Der Weg dorthin biegt 200 Meter später erneut rechts ab und führt dann in die mehrteilig durchbrochene Felsformation. Nach der Besichtigung, die sehr spannend ist, geht es zurück zur Abzweigung und dann ebenfalls auf dem Naturlehrpfad weiter.

Ganz oben: Die kleine Marienkapelle liegt mitten im Wald.

Oben: In ihrem Inneren steht eine schöne Muttergottes mit Kind.

Mit dem blauen Punkt zur Petershöhle Ab jetzt lotst uns der blaue Punkt. Der Waldweg steigt leicht an, vorbei am Holzxylophon erreichen wir die »Horchkabinen« im Wald. Eine Mitmachattraktion des Naturlehrpfades, in der wir uns in hölzerne Kabinen setzen können, um die Sinne für die Geräusche des Waldes zu öffnen. Eine spannende und interessante Erfahrung. Nach dieser Station wird der Weg schmaler und ist an einigen Stellen von Steinen durchsetzt. Er führt nun zunächst an der Hangkante entlang und umrundet schließlich einige Felsen in einer Linkskurve. Ein kurzes Stück geht es mit etwas Konzentration abwärts, dann erreichen wir einen kleinen Sattel oberhalb

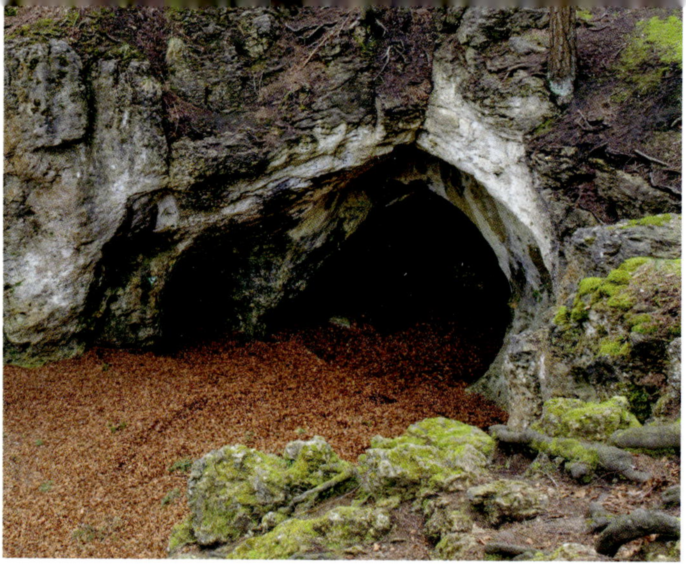

der Petershöhle. Zu ihrer Erkundung können wir natürlich absteigen, der Weg ist jedoch sehr ausgetreten und auch hier müssen wir vorsichtig sein. Die Höhle ist frei zugänglich, sollte aber zwischen dem 30. September und dem 1. April nicht betreten werden, um die Fledermäuse nicht zu stören.

Petershöhle

Die Petershöhle trägt ihren Namen nach ihren Entdeckern Dr. Kuno Peters und seinem Sohn. 1914 haben sie die Höhle zum ersten Mal betreten und das fast komplette Skelett eines Höhlenbären gefunden. In den Jahren danach wurden weitere Tierreste aus der Vorzeit gefunden, aber auch Werkzeuge, die man eindeutig den Neandertalern zuordnen konnte.

Nach Hartenstein Nach der Besichtigung wandern wir vom Sattel in südlicher Richtung weiter (blauer Punkt). Der Pfad steigt wieder an, und nun geht es auf der anderen Seite der vorher umrundeten Felsen retour. Bald senkt sich der Weg und wendet sich nach rechts. Schließlich verlassen wir an einer Wiese mit den Trimm-dich-Geräten den Wald. In wenigen Schritten kommen wir zu einem breiteren Feld- und Forstweg, dem wir nun nach links folgen. Er steigt noch einmal an, aber kurz darauf stehen wir an der Jugendherberge am Ortsrand von Hartenstein. Jetzt nur noch der Straße Salzecke in Wanderrichtung folgen, sie bringt uns zur Hauptstraße, auf der wir ebenfalls nach links in die Ortsmitte zurückkehren.

Für die Petershöhle brauchen wir eine Taschenlampe.

Burg Hartenstein Es ist sicher noch genug Energie übrig, um zur Burg Hartenstein hinaufzusteigen. Hier lohnen nicht nur die hervorragende Gastwirtschaft Touché im Burgareal mit Ritterstüberl oder der herrlich weitläufige Burggarten, sondern auch die tolle Aussicht. Und wer an einem Wochenende wandert, kann obendrein das Burgmuseum mit der Ausstellung »Hauen, Stechen und Hofieren« besuchen.

Wichtiges zur Tour

Tourencharakter
Am Beginn nur leicht ansteigend über Forstwege. Im zweiten Teil schmalere Pfade, die Trittsicherheit voraussetzen. Markierung: blauer Strich, dann blauer Punkt auf weißem Grund. Eine Taschenlampe (bzw. genügend Akku für das Licht auf dem Handy) wäre für die Petershöhle schön. Dorthin aber steiler Abstieg!

Ausgangs- und Endpunkt
Hartenstein, Hauptstraße
GPS 49.595856, 11.523400

Höchster Punkt
Marienkapelle, 543 m

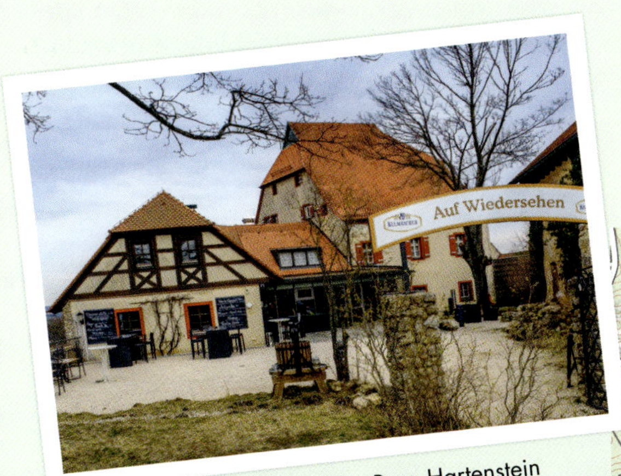

Biergarten im Burggelände der Burg Hartenstein

Anfahrt
Bus/Bahn: Mit der Bahn nach Hersbruck, weiter mit dem Bus nach Hartenstein in die Dorfmitte
Auto: Von der A 9 Ausfahrt Lauf/Hersbruck, auf der B 14 über Hersbruck weiter Richtung Neustadt an der Pegnitz. Bei Artelshofen rechts aufwärts nach Hartenstein. Parkplätze in der Ortsmitte

Einkehr
Unterwegs keine. Im Anschluss gibt es in der Ortsmitte den Gasthof Goldenes Lamm mit einer sehr guten fränkischen Küche. Sehr hübsch sitzt man aber auch oben an der Burg Hartenstein im Restaurant Touché (Montag Ruhetag). Die Aussicht vom Biergarten ist unübertroffen.

Informationen
www.frankentourismus.de

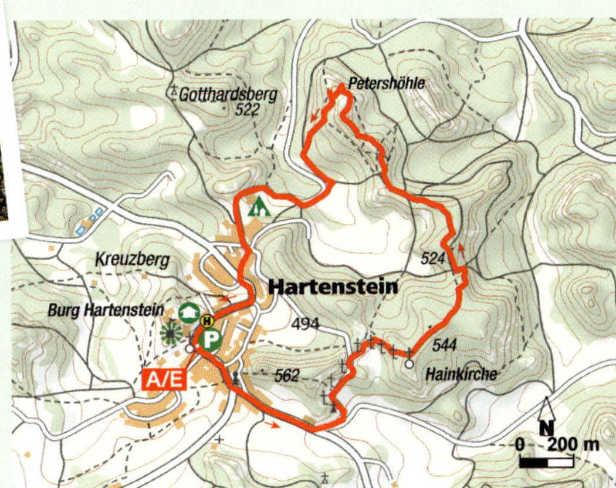

8 Der karstkundliche Weg bei Neuhaus

In einer anderen Welt

mittel

2.15 Std.

155 Hm

4,5 km

Was für ein Erlebnis! Der karstkundliche Weg bei Neuhaus an der Pegnitz vereint viele landschaftliche Höhepunkte und Überraschungen. Zwischen bizarren Steinformationen und dicken Moospolstern windet sich unser Weg durch den Wald – fast wie in einer anderen Welt.

Längere Variante Der karstkundliche Rundweg ist hervorragend ausgeschildert. Ein grüner Punkt auf weißem Grund dient fast auf der ganzen Strecke zur Orientierung. Jung Gebliebene und alle, die sich so fühlen, starten normalerweise zu der Rundtour am Bahnhof in Neuhaus. Dann ist die gesamte Wanderung gut zwölf Kilometer lang. Die kürzere Tour, wie wir sie beschreiben, beinhaltet jedoch ebenfalls viele Höhepunkte und Überraschungen.

Maximiliansgrotte So beginnen wir am Parkplatz oberhalb des Gasthauses Grottenhof und steigen die wenigen Meter im Wald hinauf zur Maximiliansgrotte. Der Eingang liegt hinter dem Infohäuschen. Eine kostenpflichtige Führung dauert etwa ein halbe Stunde. Am eher unscheinbaren Grotteneingang ahnt man noch nicht, welche wunderschöne und großartige Kalksteinwelt sich in der Erde verbirgt. Es gibt spektakuläre Tropfsteinformationen zu bewundern.

Nach dem Besuch machen wir uns auf den Weg und folgen nun stets der Markierung des grünen Punktes. Wichtig ist nur, dass wir uns nach Osten aufmachen, damit wir nicht dem Rundweg in

Höhlenforschung

Die Maximiliansgrotte ist von Ostern bis November, immer Mittwoch bis Sonntag geöffnet. Führungen finden zur vollen Stunde 10 bis 17 Uhr (um 13 Uhr ist Mittagspause, nur Sonntag durchgehend) statt.

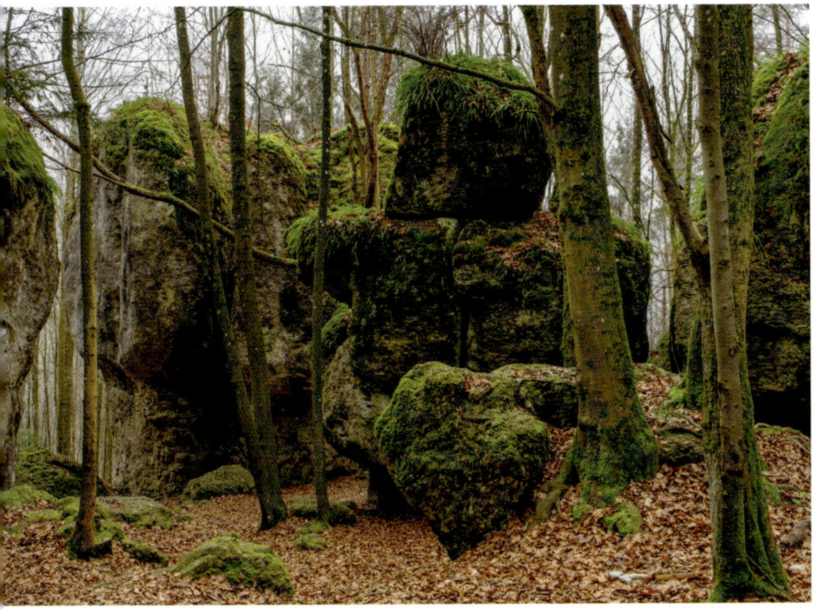

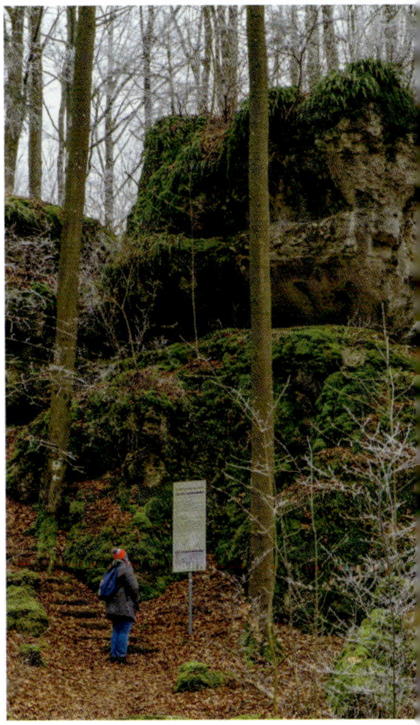

falscher Richtung folgen. Deshalb gehen wir beim Eingang der Maximliansgrotte am Infohaus vorbei und dann immer der Nase nach. Vom dichten Wald umgeben, müssen wir nur auf die offen liegenden Wurzeln achten.

Links: Die Steinerne Stadt ist einer der Höhepunkte der Wanderung.

Oben und unten: An der Weißingkuppe verläuft unser Weg durch die Felsen.

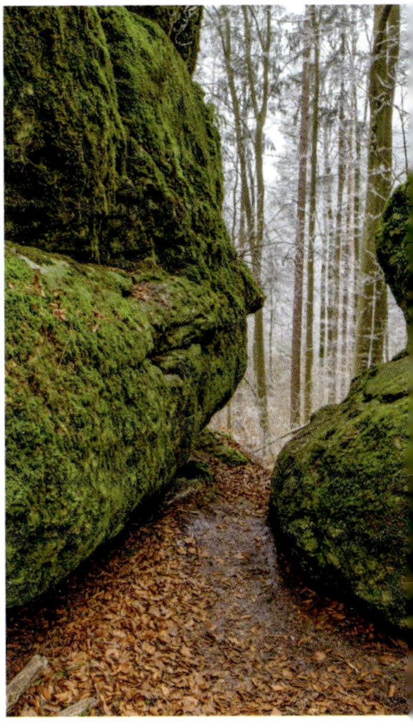

Zur Weißingkuppe Bald queren wir eine Forststraße und steigen dann über Stufen zum Felsenriff der Weißingkuppe hinauf. Felsblöcke türmen sich übereinander und unser Weg schlängelt sich wildromantisch mitten durch die mit Moos bewachsene Felsenwelt. Auf der anderen Seite fällt das Gelände rechts von uns steil ab und wir wundern uns schon, wie wir den Abstieg wohl bewältigen sollen. Aber keine Angst, zunächst geht es noch am Kamm entlang, und dann haben die Wegebauer die Strecke so geschickt angelegt, dass wir in einem Bogen gefahrlos absteigen können. Ein gutes Stück später stoßen wir auf einen Forstweg, dem wir nach links folgen. Er mündet kurz darauf in einen querenden Forstweg. Mit einem kurzen Links-Rechts-Schwenk sind wir wieder auf einem Pfad unterwegs.

Die Steinerne Stadt Wenige Schritte später queren wir noch einmal eine Forststraße und bleiben damit auf dem kleineren Weg. Dieser teilt sich kurz darauf. Nun halten wir uns links und wandern relativ steil aufwärts. Versprochen: Bergab ist es dann weniger steil! Links von uns erheben sich nun die großen Felsen der Steinernen Stadt. Gerne tummeln sich hier Kletterer und erobern die »Ungeheuer«. Aber auch von unten sind diese Felsriesen ein überwältigender Anblick, wie bei einer fantastischen Reise in eine andere Welt. So kommen wir zu den »zwei Brüdern«, einem Rondell aus Felsen, in dem sich zwei Felsen aneinander lehnen. Man kann unter ihnen durchwandern. Wir lassen uns viel Zeit für die Besichtigung und umrunden dabei die Blöcke in einer Linkskurve. Dann steigen wir abwärts und treffen erneut auf eine Forststraße.

Vogelherdgrotte Auf ihr geht es nach rechts, bis uns der grüne Punkt wieder nach links auf einen kleineren Weg schickt. Jetzt steigen wir noch einmal aufwärts und erreichen die Vogelherdgrotte, eine große Höhle, durch die wir hindurchwandern. Kurz nach der Höhle müssen wir ein bisschen aufpassen. Nun verlassen wir nämlich den klassischen Rundweg mit dem grünen Punkt. Wir steigen nach links und folgen auf einem kleineren Pfad der Beschilderung »rotes Kreuz auf weißem Grund« zum Parkplatz Grottensee. Kurz geht es noch einmal für wenige Meter steil hinauf, dann senkt sich der Weg und führt am Waldrand abwärts zu einem Sträßchen. Dieses queren wir mit einem Rechts-Links-Schwenk und sind schon wieder im lichten Wald unterwegs. Noch einmal linkshaltend steigt der Weg ein letztes Mal an. Dann erreichen wir unweit des Gasthauses Grottenhof wieder einen Forstweg. Auf ihm geht es die letzten Meter rechts zurück zu unserem Ausgangspunkt.

Durch die Vogelherdgrotte wandern wir mitten hindurch.

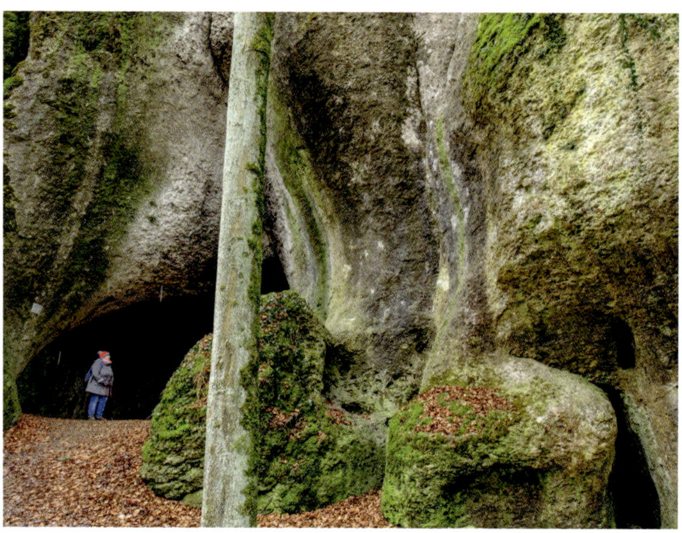

Wichtiges zur Tour

Tourencharakter
Etwas längere schattige Wanderung mit einigem (teils steilerem) Auf und Ab. Wanderstöcke sind hilfreich. Trittsicher sollte man sein, gerade im Bereich der Felsformationen. Gut ausgeschildert als karstkundlicher Weg mit einem grünen Punkt auf weißem Grund.

Ausgangs- und Endpunkt
Krottensee, Parkplatz Grottenhof
GPS 49.628526, 11.589733

Höchster Punkt
Bei der Weißingkuppe, 528 m

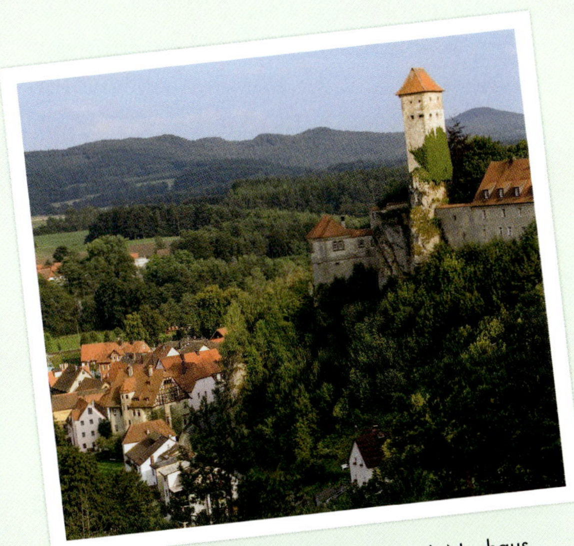

Nach der Wanderung besuchen wir noch Neuhaus an der Pegnitz mit seinem Schloss.

Anfahrt
Bus/Bahn: Mit der Bahn nach Neuhaus an der Pegnitz, weiter mit dem Bus 339 (nur sonn- und feiertags 1.5.–1.11.) zur Bushaltestelle Maximiliansgrotte/Grottenhof. Man kann die Wanderung auch ab dem Bahnhof starten, dann ist sie jedoch um fünf Kilometer länger, das wäre sogar die offizielle gesamte Rundstrecke des Weges.
Auto: Von Neuhaus in den Ortsteil Krottensee fahren, dort der Beschilderung zur Maximiliansgrotte folgen. Direkt am Ausgangspunkt darf man nur parken, wenn man anschließend im Gasthaus einkehrt. Alternativ gibt es etwas weiter unten am Beginn der Allee einen Wanderparkplatz.

Einkehr
Unterwegs keine, der Gasthaus Grottenhof liegt am Ende der Tour.

Informationen
www.neuhaus-pegnitz.de

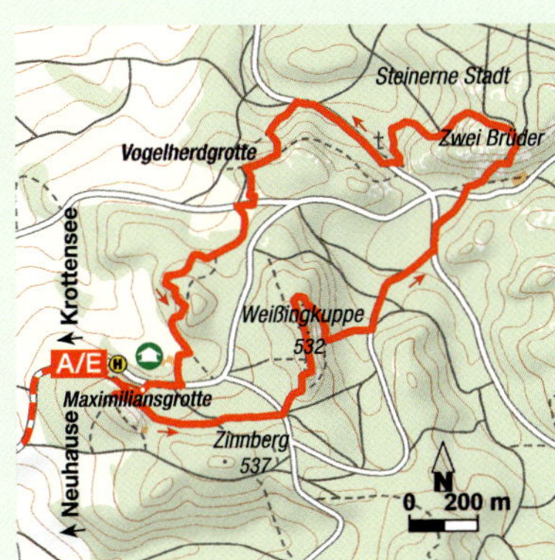

9 Zur Burg Hohenstein

Eine kurze Sonntagstour

leicht
2 Std.
150 Hm
6 km

Stille Wege führen zur Burg Hohenstein, einem der schönsten Aussichtspunkte in der Hersbrucker Schweiz. Am besten an einem Sonntag kommen, denn da hat die Burg geöffnet. Weitere Pluspunkte: Gleich zwei Cafés liegen am Wanderweg! Ansonsten freuen wir uns über die abwechslungsreiche, landwirtschaftlich geprägte Landschaft.

Über den Paul-Pfinzing-Weg Wir verlassen den Weiler Treuf und wandern in westlicher Richtung auf der Straße aus dem Ort. Nach dem kleinen Waldstück biegen wir rechts in den leicht ansteigenden Feldweg ein, er ist nach Hohenstein beschildert. Wir sind nun auf einem Abschnitt des Paul-Pfinzing-Weges unterwegs. Paul Pfinzing (1554–1599) war ein Kartograf aus Nürnberg, der den Pfinzing-Atlas über das Nürnbergische Territorium schuf. Ein knapp 100 Kilometer langer Weitwanderweg durch die Hersbrucker Schweiz wurde nach ihm benannt. Wir folgen dem »schwarzen P auf gelbem Grund«, aber nur ein kurzes Stück. Kaum haben wir die Kuppe des Hügels erreicht, liegt die Burg Hohenstein in Sichtweite vor uns, und wir wandern leicht abwärts zu einer Teerstraße. Dieser folgen wir nach links zum Parkplatz der Hohensteiner Skilifte (alternativer Startplatz). Dort wandern wir in den Feldweg und erreichen aufwärts am Feuerwehrhaus den Ortsrand von Hohenstein.

Abkürzen der Tour

Eine deutlich kürzere Variante zur Burg Hohenstein lässt sich vom Parkplatz an den Skiliften starten. Dann hat man bestimmt genug Energie für eine Burgbesteigung. Für den Rückweg folgt man dann einfach dem Teersträßchen und kommt so ebenfalls in den Genuss einer Rundwanderung.

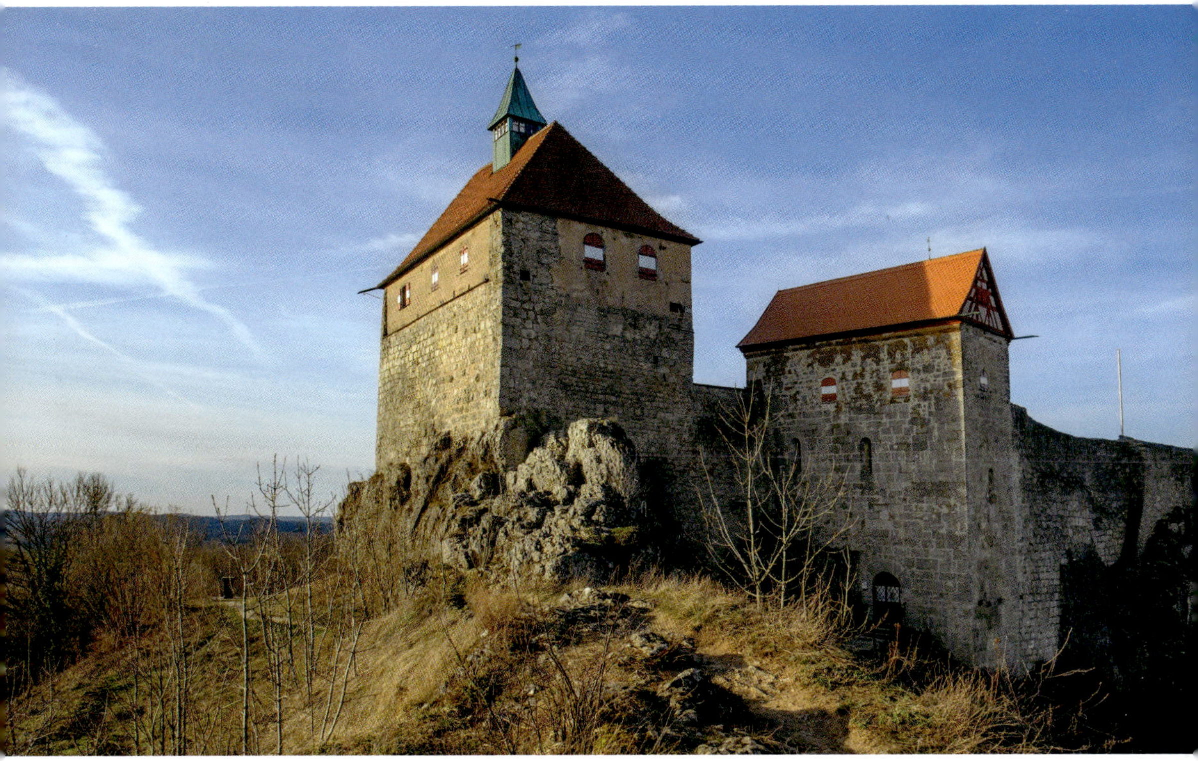

Die Burg Hohenstein ist Ziel unserer Wanderung.

Burg Hohenstein Nach rechts sind wir schnell in der Ortsmitte, wo wir es uns mit Kaffee und Windbeutel im Café Hohenstein Hof gemütlich machen können. Wobei es sicherlich einfacher ist, ohne einen gut gefüllten Bauch zuerst auf die Burg Hohenstein zu steigen. Der Weg beginnt gegenüber der Bushaltestelle und führt relativ steil bergauf. Nach dem Tordurchgang am Langhaus erwarten uns noch Stufen. Aber es lohnt sich! Nicht nur für eine Besichtigung (März–November Sonntag/Feiertag 11–17 Uhr), sondern auch wegen der sensationellen Aussicht über das Nürnberger Land. Diese ist immer frei zugänglich, man benötigt nur etwas Trittsicherheit.

Waldwege nach Treuf Nach dem Abstieg von der Burg machen wir uns auf den Rückweg. Dafür folgen wir der Ortsstraße über die Rechtskurve durch Hohenstein. Nach knapp 300 Metern biegen wir links in den Feldweg ein, der mit der Markierung »gelbes Kreuz/rotes X« versehen ist.

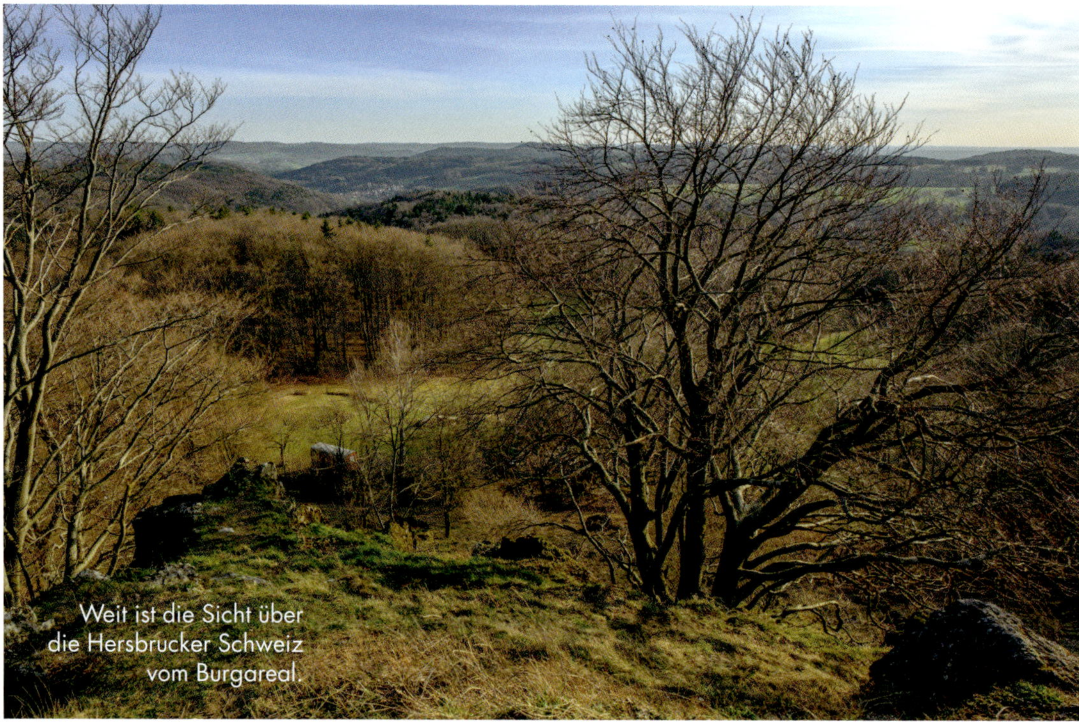

Weit ist die Sicht über die Hersbrucker Schweiz vom Burgareal.

Der Wanderweg bringt uns, einmal rechtshaltend, durch einen Wald zur Teerstraße, die wir geradeaus queren, um weiter dem »roten X« zu folgen. Nun sind wir völlig einsam unterwegs. Wald und Felder sowie einige Felskuppen wechseln sich ab, bis wir unweit der Häuser von Kreppling wieder auf ein asphaltiertes Sträßchen stoßen. Diesem folgen wir nur noch nach rechts und kommen an einigen spannenden Felsformationen vorbei direkt nach Treuf zurück. Jetzt haben wir uns eine Rast verdient und freuen uns über leckere hausgemachte Kuchen, Flammkuchen, Pizza und Enzensteiner Bier!

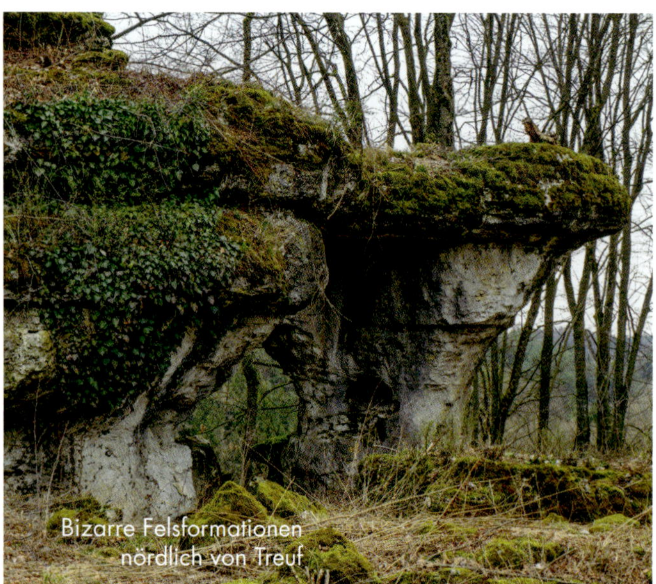

Bizarre Felsformationen nördlich von Treuf

Wichtiges zur Tour

Tourencharakter
Kurze abwechslungsreiche Wanderung auf kleinen, kaum befahrenen Nebenstraßen, Wald- und Forstwegen. Im Bereich der Burg Hohenstein erwarten uns Treppenstufen und ein steiler An-/Abstieg.

Ausgangs- und Endpunkt
Treuf, Bauernhofcafé Braun
GPS 49.588782, 11.443738

Höchster Punkt
Burg Hohenstein, 623 m

Anfahrt
Bus/Bahn: Mit der Bahn nach Hersbruck, weiter mit dem Bus 338 über Kirchensittenbach nach Treuf oder gleich nach Hohenstein und die Wanderung von dort aus beginnen
Auto: Von der A 9 Ausfahrt Lauf/Hersbruck, auf der B 14 über Hersbruck Richtung Kirchensittenbach. In Aspertshofen rechts über Stöppach nach Treuf. Im kleinen Weiler parken

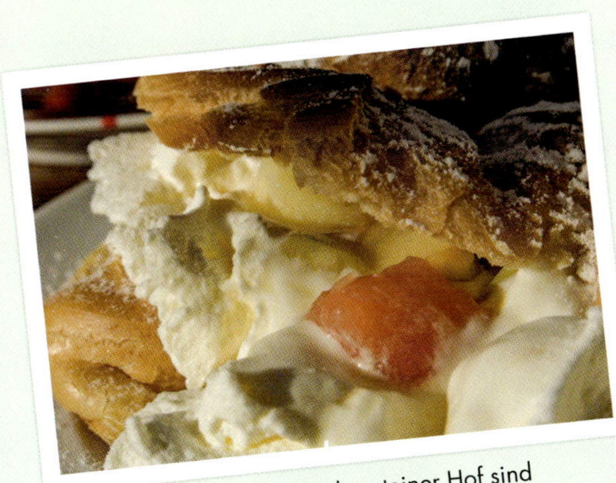

Die Windbeutel im Café Hohensteiner Hof sind weithin bekannt.

Einkehr
Direkt am Startplatz liegt das Bauernhofcafé Braun in Treuf. Eine Spezialität sind dort die leckeren Pizzen und Flammkuchen (Freitag/Samstag/Sonntag/Feiertage). Es gibt ein nettes Stüberl, bei schönem Wetter sitzt man aber auch gerne draußen. In Hohenstein lockt das Café Hohensteiner Hof mit riesigen mit Sahne gefüllten Windbeuteln, die es zum Glück auch in einer cholesterinfreundlicheren kleinen Größe gibt.

Informationen
www.burg-hohenstein.com

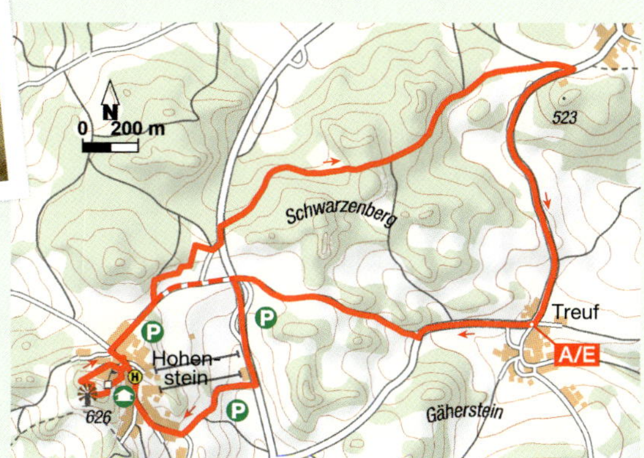

10 Im Veldensteiner Forst um Plech

Höhlenromantik pur

- mittel
- 2.30 Std.
- 200 Hm
- 7 km

Viele bizarre Felsformationen und gleich drei Höhlen: die Fleischhöhle, das Felsenloch und die Raumhöhle liegen auf unserer Tour durch den südlichen Veldensteiner Forst. Die blank liegenden Felsen mit ihren skurrilen Formen sind typisch für die Fränkische Schweiz.

Plech Der etwas seltsam klingende Name unseres Ausgangsortes Plech hat tatsächlich etwas mit Eisen zu tun, allerdings nichts mit dem modernen Blech, wie wir es heute kennen. Er kommt von »blaejen« und das bedeutete im Mittelhochdeutschen so viel wie einem Schmelzofen Luft zuführen, also ihn anblasen. Im 15. Jahrhundert wurde bei Plech tatsächlich Eisen abgebaut, auch wenn man heute davon nichts mehr sieht und nur noch Straßennamen wie Erzbergsteig oder Am Erzberg daran erinnern.

Gemeindebrunnen in Plech

Im Plecher Gasthof Zur Traube liegt im Keller der alte Gemeindebrunnen, der von 1537 bis 1541 gebaut wurde. Der Brunnen ist bis zu seiner Tiefe von 50 Metern mit Klinkersteinen gefasst und heute noch voll funktionsfähig. Er ist während der Öffnungszeiten des Gasthofes jederzeit zu besichtigen.

Gelber Winkel Unsere Wanderung beginnt in Plech am Platz vor der Schule. Eine gelbe Markierung führt uns an das Ende der Schulstraße, dann links in die Kreuzsteinstraße und nach gut 100 Metern in spitzem Winkel zurück und bergabwärts. Unten stoßen wir auf eine breitere Straße, auf der wir nach links zum Waldrand gehen. Hier beginnt unser eigentlicher Höhlenweg als schmaler Pfad. Er steigt zuerst etwa 30 Höhenmeter steil an und schlängelt sich dann mit vielen Biegungen bergauf. Zum Glück sind alle Abzweigungen mit dem Wegweiser »gelber Winkel« versehen, sodass keine Zweifel entlang des Weges entstehen. Kurz nachdem wir den ersten Anstieg hinter uns haben, stoßen wir auf eine massive Felswand.

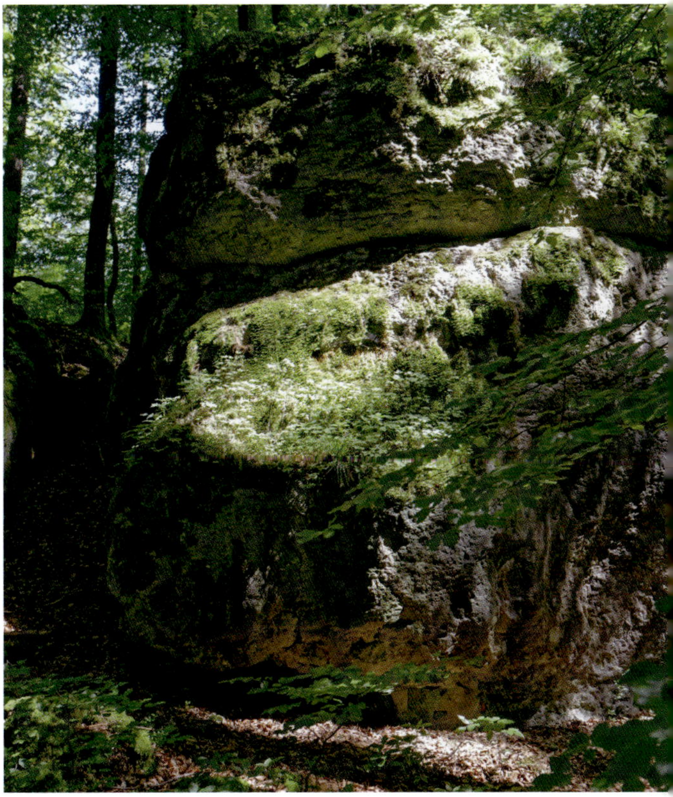

Die Plecher Klippen – ein Fenster in die Geschichte

Plecher Klippen Das sind die Plecher Klippen, die uns ein Fenster in die Vergangenheit öffnen. Vor 150 bis 200 Millionen Jahren, in der Zeit des Jura, lag hier ein großes Meer, in dem Tiere lebten, die Kalkgehäuse oder Kalkschilde trugen. Starben diese ab, so sanken sie auf den Grund und bildeten im Laufe der Jahrmillionen gewaltige Kalkschichten. Aufgrund geologischer Verschiebungen hob sich der Meeresboden, und das Meer trocknete aus. So entstanden hohe Berge und Täler, die durch Erosion wieder abgetragen wurden. Da sich Kalk leicht durch Wasser lösen lässt, entstanden innerhalb der Felsen Höhlen. Im Laufe der Zeit wurden durch Verwitterung die Eingänge zu den Höhlen freigelegt.
Wunderbar, dass wir entlang unseres Weges immer wieder auf bizarre Felsauswaschungen stoßen, um die sich unser Weg nun schlängelt. Ziemlich am Ende der Plecher Klippen kommen wir an das Fleischloch, eine tiefe Höhle, die sich etwa 60 Meter in den Felsen hineinzieht.
Der Weg führt uns weiter und nach einer schmalen Wiese, die im Juni mit wunderschönen Disteln bewachsen ist, erreichen wir die Autostraße nach Neuhaus.

Zu den Rohenlöchern und zurück Der Straße folgen wir knapp 100 Meter nach links und nehmen dann die Forststraße, die auf der anderen Straßenseite in den Wald führt. Bei der ersten Abzweigung halten wir uns rechts, kommen zum Waldrand und folgen dann nach links dem Weg

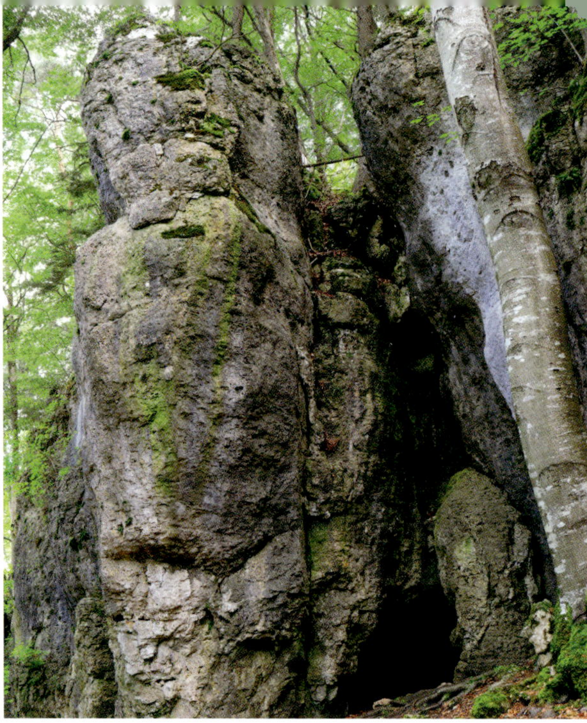

Bemooster Fels an der Saalburggrotte

zwischen Wiese und Wald. Kurz darauf schickt uns links ein Wegweiser zur Saalburggrotte, die wir nicht weit vom Waldrand entfernt finden. Das ist wieder ein aus dem Waldboden aufragender Fels, den man mit etwas Fantasie für eine versteinerte Burg halten kann. Zurück am Weg kommen wir zu einer Wegverzweigung. Rechts geht es nach Viehhofen, hier werden wir zurückwandern. Nach links führt der Abstecher in wenigen Schritten zu den Rohenlöchern, zwei großen Karsthöhlen, die bereits den Menschen der Jungsteinzeit Unterschlupf boten. Nach der Besichtigung geht es zurück an die Abzweigung.

Viehhofen Jetzt müssen wir uns nochmals plagen und etwa 50 Höhenmeter aufsteigen, bis wir Viehhofen erreicht haben. Am Platz in der Ortsmitte nehmen wir den Weg nach rechts und folgen diesem ein gutes Stück über Felder und durch kleine Wäldchen zu einer T-Kreuzung. Wir gehen nach rechts und nehmen kurz darauf bei einer weiteren T-Kreuzung wieder den rechten Abzweig. Jetzt geht es immer zwischen Wald und Feld weiter. Am Schild »Judenfriedhof« bei der nächsten Verzweigung können wir unsere Wanderung noch um 30 Minuten verlängern. Wenn wir auf den Umweg verzichten, folgen wir einfach weiter unserer Straße nach Plech hinein. Sie wird zur Hauptstraße und kurz hinter dem Rathaus geht es rechts in die Schulstraße zum Ausgangspunkt zurück.

Immer wieder erwarten uns sonnige und völlig einsame Wegabschnitte.

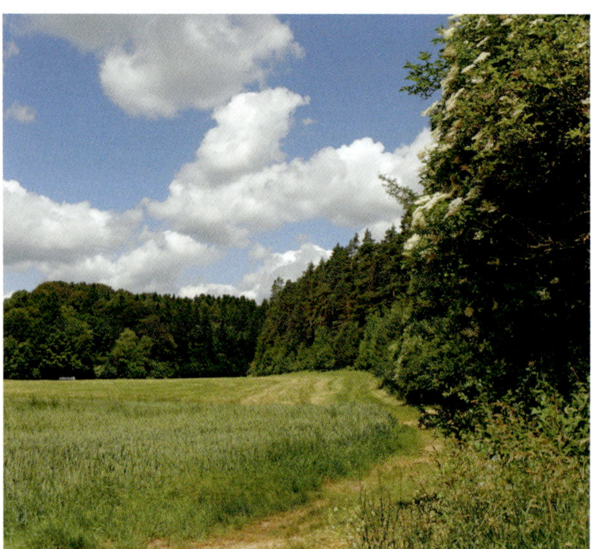

Wichtiges zur Tour

Tourencharakter
Einfache Wanderung auf gut ausgeschilderten Wanderwegen, Pfaden und Nebenstraßen, die im Auf und Ab durch viel Wald führen. Wandermarkierung ist ein gelber Winkel.

Ausgangs- und Endpunkt
Plech, Schulstraße
GPS 49.65117, 11.47183

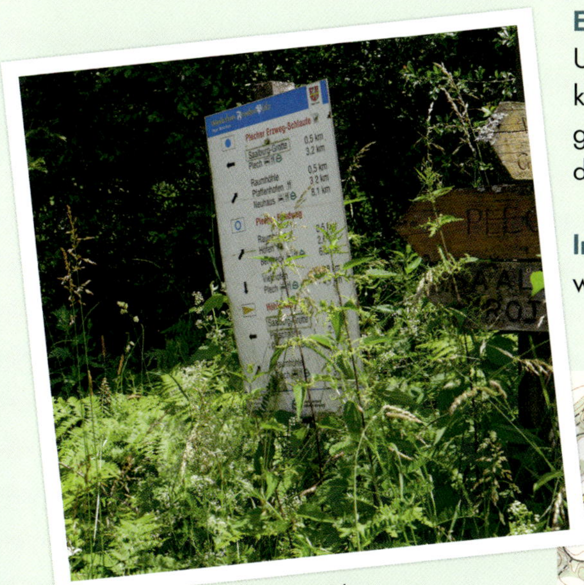

Die Wege sind gut ausgeschildert.

Höchster Punkt
Fleischhöhle, 485 m

Anfahrt
Bus/Bahn: Plech liegt an der Buslinie 311 Nürnberg–Pegnitz.
Auto: Autobahn A9, Ausfahrt Plech, weiter nach Plech. In der Ortsmitte links in die Schulstraße. Öffentlicher Parkplatz vor den Schulen

Einkehr
Unterwegs keine Einkehr, Getränke und eine kleine Brotzeit mitnehmen. In Plech Landgasthof Zur Traube mit einer hervorragenden traditionellen fränkischen Küche

Informationen
www.plech.de

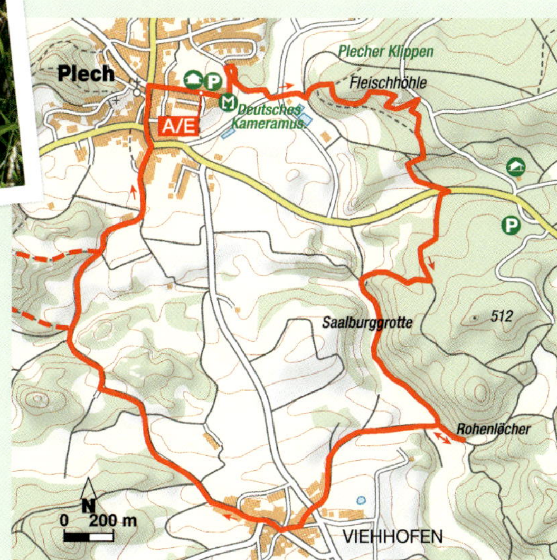

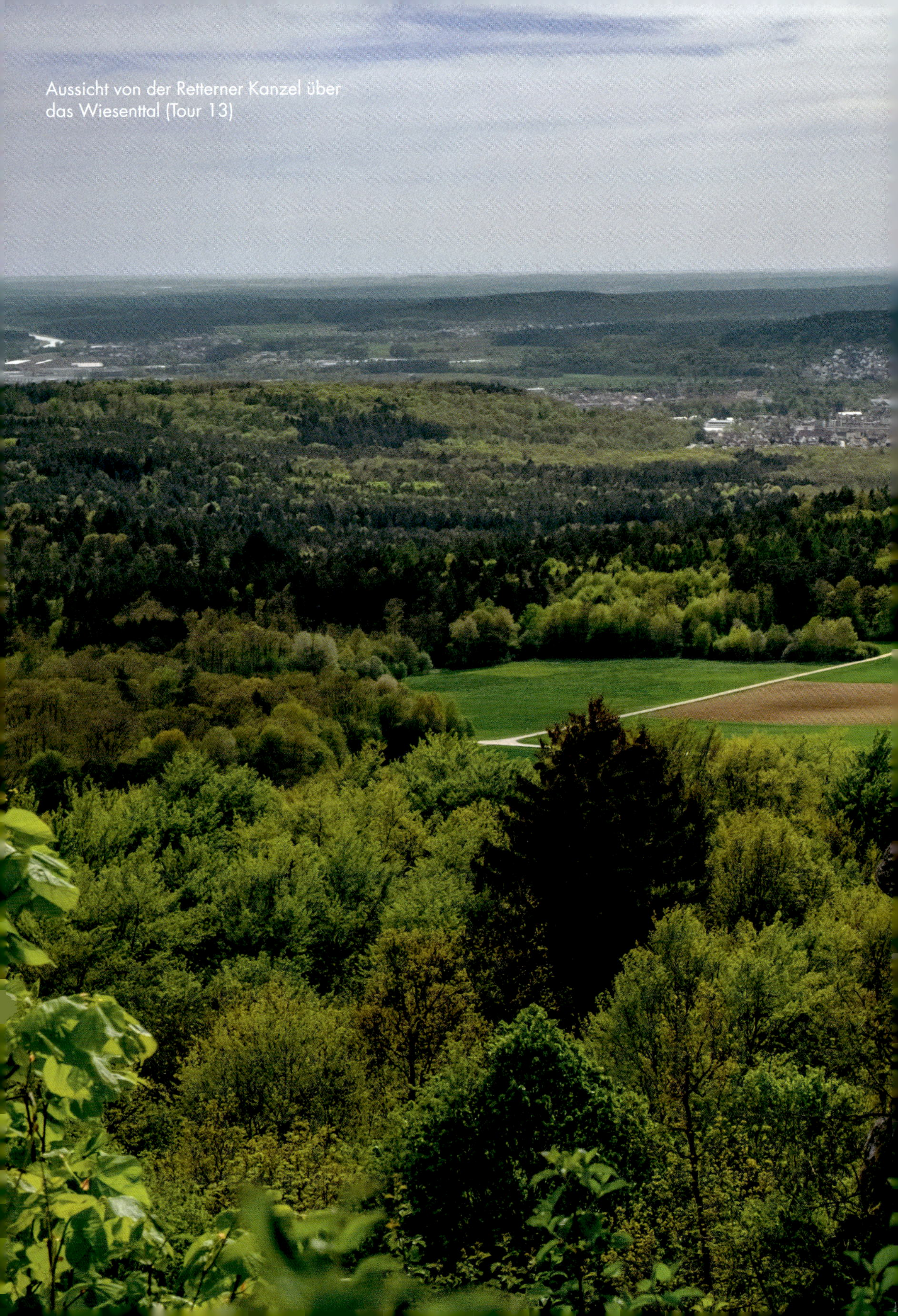

Aussicht von der Retterner Kanzel über das Wiesenttal (Tour 13)

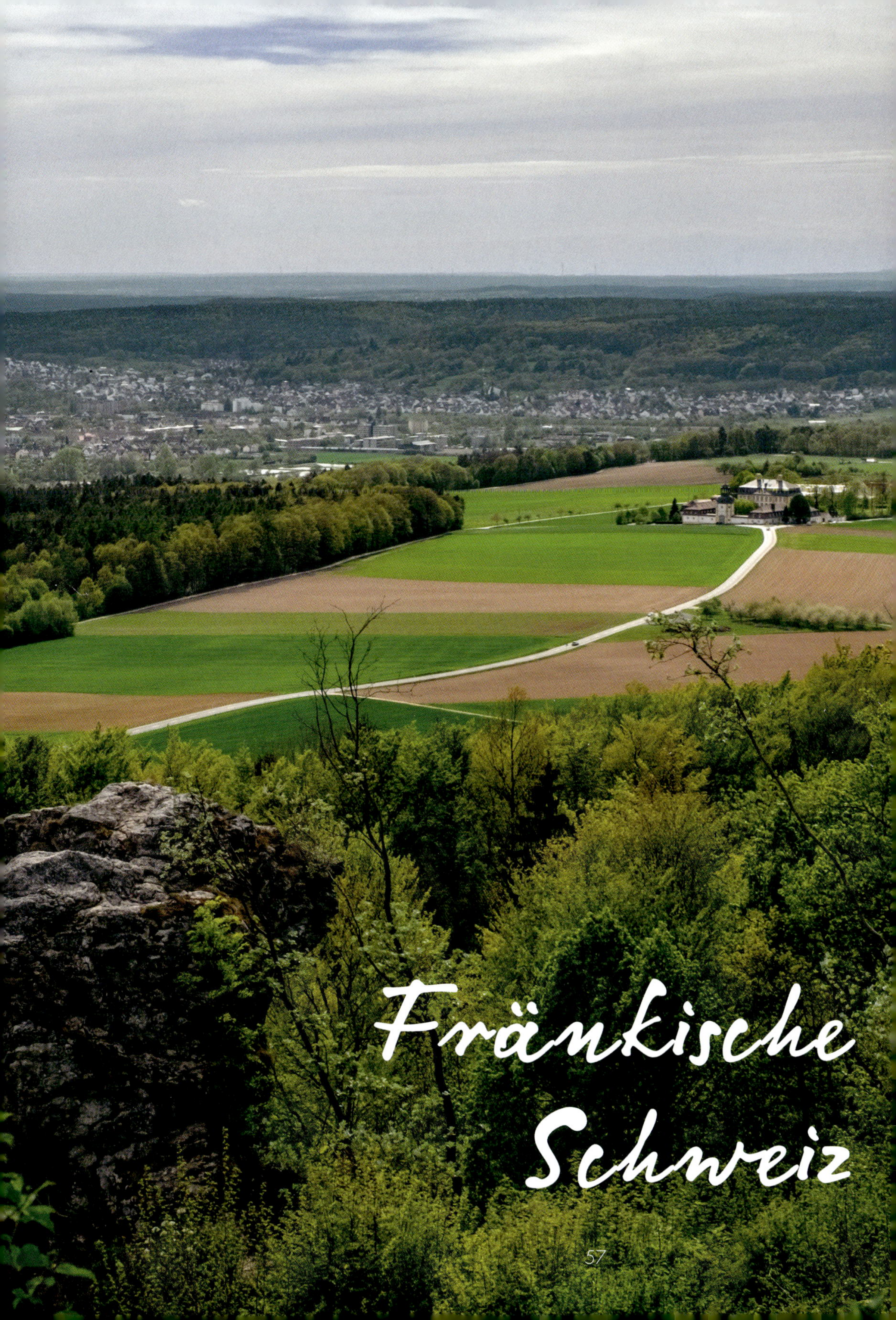

Fränkische Schweiz

11 Neuhaus und sein Wasserschloss

Fränkische Teichwirtschaft

- leicht
- 1.15 Std.
- 30 Hm
- 5 km

Franken ist berühmt für seine Fischzucht. Seit Jahrhunderten schon werden Fische als Nahrungsmittel in Teichen gezüchtet. Die kurze Wanderung führt vorbei an diesen Teichen und gibt einen Einblick in die traditionsreiche Teichwirtschaft.

Genau genommen liegt Neuhaus bei Adelsdorf nicht mehr in der klassischen Fränkischen Schweiz. Wir haben diese Wanderung jedoch durch Zufall entdeckt und sie sehr genossen, denn sie enthält vieles, was zu einer typischen fränkischen Landschaft zählt: Fischzucht, Bierkeller und ein Schloss.

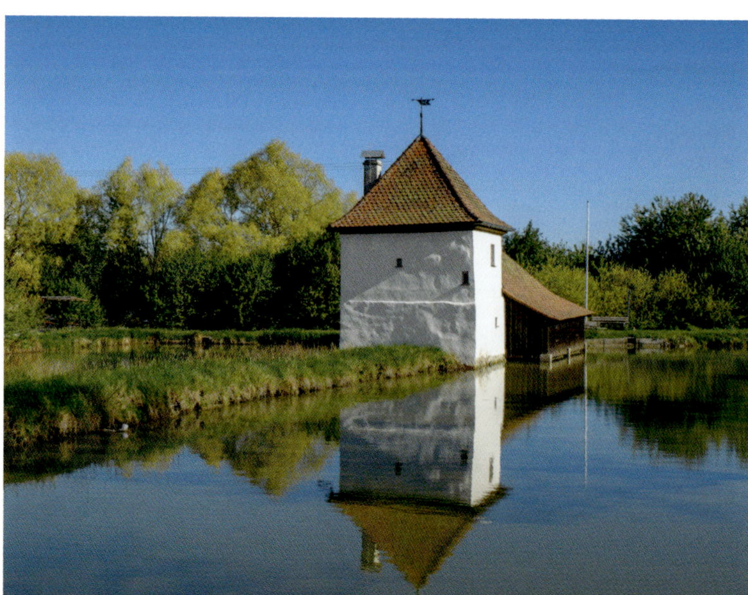

Das Neuhauser Fischereimuseum spiegelt sich im Teich.

Fischereimuseum Wir beginnen unsere Wanderung an der Bushaltestelle in Neuhaus bei der Volks- und Raiffeisenbank. Von dort aus folgen wir der Adelsdorferstraße nach Norden und treffen auf eine quer verlaufende Straße. Uns gegenüber liegt das kleine Fischereimuseum Unterer Aischgrund an den ersten zwei Teichen, von denen wir heute natürlich noch einige mehr besuchen werden. Das Museum ist in einem historischen Fischhaus untergebracht (Anfang Mai–

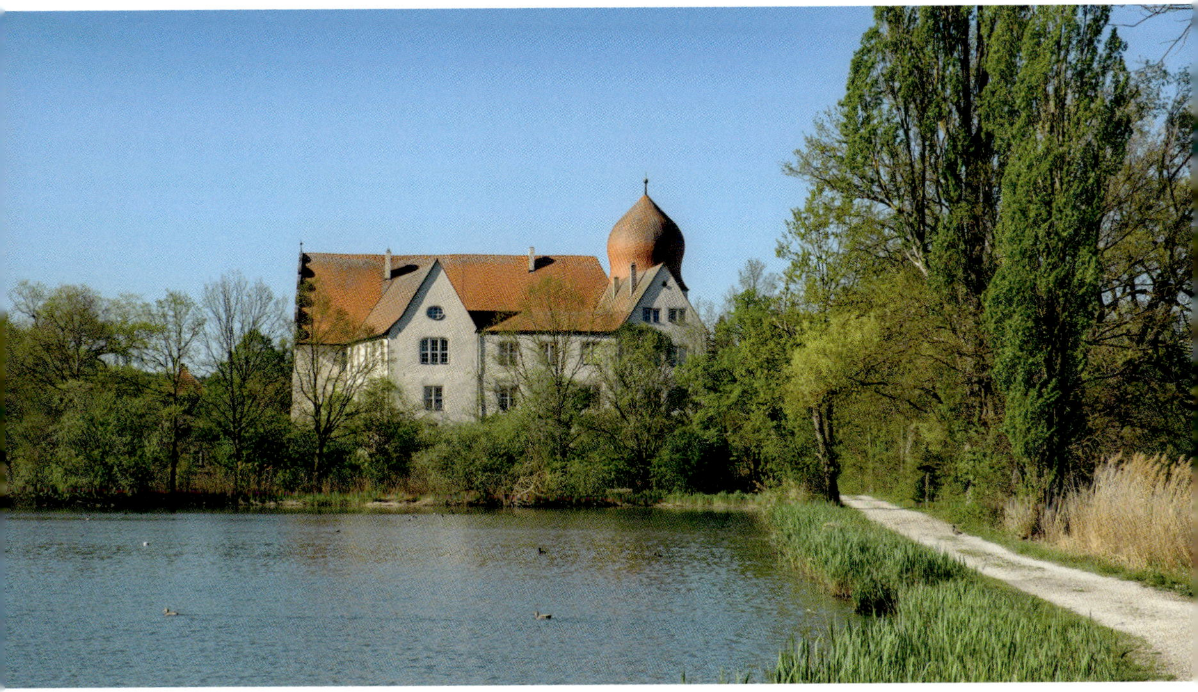

Mehrere Wege führen um die Fischweiher am Neuhauser Schloss.

Ende Oktober, Sonntag 13.00–17.00 Uhr, in den Sommerferien geschlossen). Vor dem Museum halten wir uns links und folgen der Heppstädter Straße ein kurzes Stück.

Zum Wasserschloss Dann biegen wir rechts in die Schlossstraße ein. Vorbei am Dorfbrunnen und der zum Schloss gehörenden Kapelle mit ihrem Uhrenturm, dem »Glöckla«, erreichen wir in kürzester Zeit das mächtige Wasserschloss mit seinem Rundturm. Das Renaissanceschloss ist in Privatbesitz der Familie von Crailsheim und kann nicht besichtigt werden. Aber von außen ist es gut einzusehen und die idyllische Lage umgeben von Wasser verleiht den alten Gemäuern einen besonderen Charme.
Rund um das Schloss wurde ein informativer Teichwirtschaft-Lehrpfad angelegt, dem wir ein Stück weit folgen. Dafür umrunden wir das Schloss auf seiner Ostseite und folgen dem Weg zwischen den Teichen. An der Nordseite teilt er sich. Wir halten uns rechts und wandern von wenigen Bäumen beschattet zwischen dem Großen Mühlweiher und dem Angerweiher zu einem Feldweg. Diesem folgen

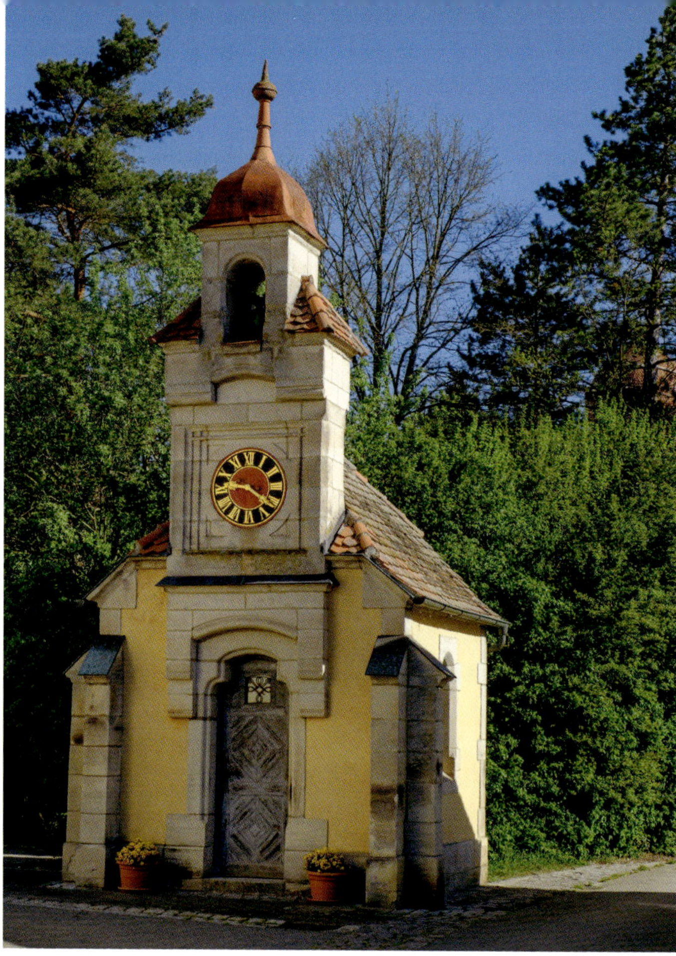

Die Schlosskapelle trägt einen großen Uhrenturm.

wir nach links. Der Feldweg wendet sich nach rechts, wer möchte, kann aber weiter den Weihern treu bleiben und an ihren Ufern entlanggehen. Am letzten Weiher, dem Großen Neuweiher, biegt dann der Weg ebenfalls nach rechts weg und endet in einer kleinen Nebenstraße (auf der übrigens auch der andere Weg endet, nur ein paar Meter vorher).

Rundweg Auf dieser kleinen Straße geht es nun nach links. Wir queren den Staffelbach, der Verkehrslärm von der parallel zu uns verlaufenden Bundesstraße B470 stört ein wenig. Zum Glück nicht lange, denn schon bei der nächsten Gelegenheit biegen wir links ab und folgen der Straße zum nächsten Weiher. Vorbei am Großen Weiher, der aber gar nicht so groß ist wie sein Name vorgibt, geht es nun wieder über den Staffelbach und wir erreichen Neuhaus. Die große Bucher Straße bringt uns links in die Ortsmitte. Zur Abwechslung biegen wir rechts in die Neuhauser Hauptstraße ein, die uns zurück zum Ausgangsort bringt. Wobei uns wahrscheinlich zuvor die Brauerei Löwen mit ihrem Brauereigasthof etwas ausbremsen wird, denn nun wollen wir auch kulinarisch unsere Wissenslücken rund um den fränkischen Karpfen schließen.

Löwenbräu Felsenkeller

Wer noch nicht müde vom Wandern ist, sollte unbedingt noch den Löwenbräu Felsenkeller ansteuern (Ende April–Anfang September, Mo–Fr 17.00–21.30 Uhr, Samstag ab 16.00 Uhr und Sonntag/Feiertag ab 11.00 Uhr). Der herrliche Biergarten liegt in einem Waldstück östlich des Ortes.

Wichtiges zur Tour

Tourencharakter
Sonnige Wanderung auf völlig flachen Wanderwegen, die jedoch nicht geteert sind

Ausgangs- und Endpunkt
Neuhaus bei Adelsdorf, Bushaltestelle
GPS 49.686923, 10.876631

Höchster Punkt
Startplatz, 285 m

Anfahrt
Bus/Bahn: Mit der Bahn nach Höchstadt an der Aisch oder nach Adelsdorf, von dort weiter mit dem Linienbus 247 nach Neuhaus, Haltestelle Raiffeisenbank

Auto: Von der A 3 Ausfahrt Höchstadt-Ost, weiter über die B 470 nach Neuhaus. Parkplätze im Ort oder am Fischereimuseum

Einkehr
Unterwegs keine, am Ende liegt in Neuhaus der traditionsreiche Brauereigasthof Zum Löwenbräu. Frischen Aischgrunder Spiegelkarpfen erhält man dort in den Monaten mit »R« (Sonntag Ruhetag, Donnerstag–Samstag 11.30–14.00 Uhr, Montag–Samstag 17.30–23.00 Uhr).

Informationen
www.adelsdorf.de

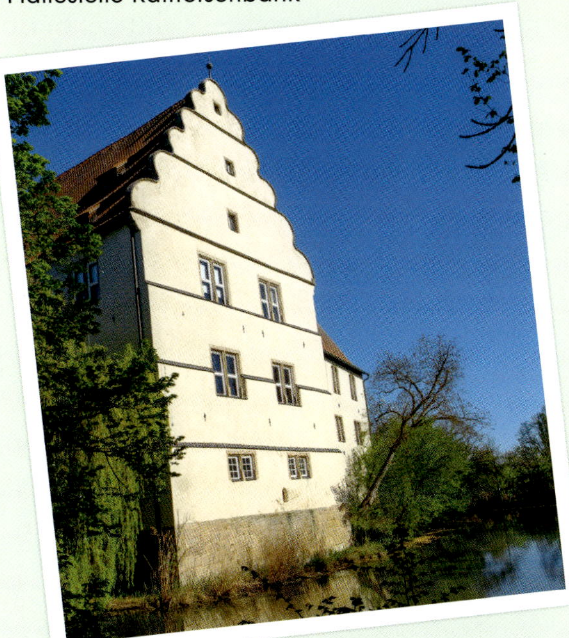

Das Wasserschloss ist in Privatbesitz.

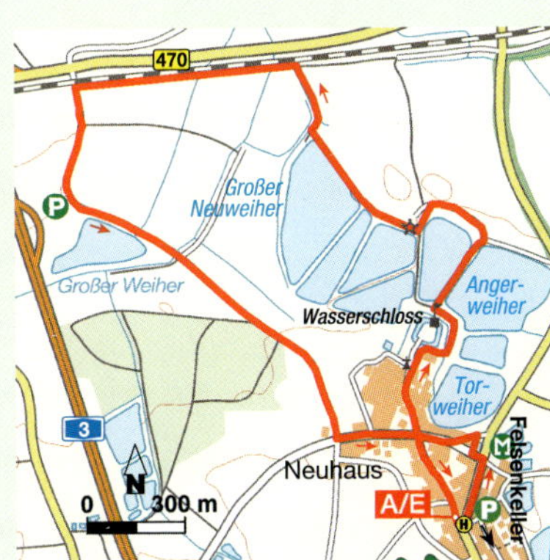

12 Forchheim

Hier wurde europäische Geschichte geschrieben

- leicht
- 1.30 Std.
- 10 Hm
- 4 km

Forchheim ist eine moderne Kreisstadt, deren lange Vergangenheit wir auf Schritt und Tritt spüren. Die zahlreichen Fachwerkhäuser gehen bis ins 16. Jahrhundert zurück, die Burg gar bis ins 14. Jahrhundert. Viele Straßen sind als Fußgängerzone oder als verkehrsberuhigt ausgewiesen, sodass einem gemütlichen Spaziergang durch den Ort nichts im Wege steht.

Zur Kaiserpfalz und ihren Museen Wir beginnen unseren Spaziergang am Parkplatz auf der Sportinsel und überqueren zuerst den Main-Donau-Kanal und dann die Autobahn A73. Nach der Brücke stehen wir in der Sattlertorstraße, der wir am Verkehrsdreieck nach rechts Richtung Innenstadt folgen. Am Saltorturm, der noch bis ins Mittelalter zurück-

Die Kaiserpfalz mit ihrem Innenhof (links) und dem Pfalzmuseum (rechts)

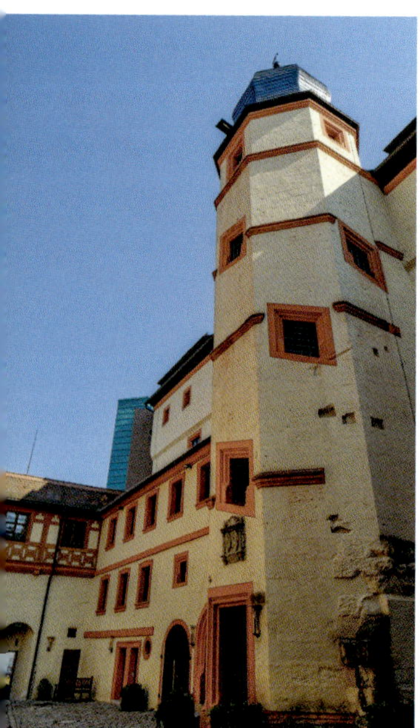

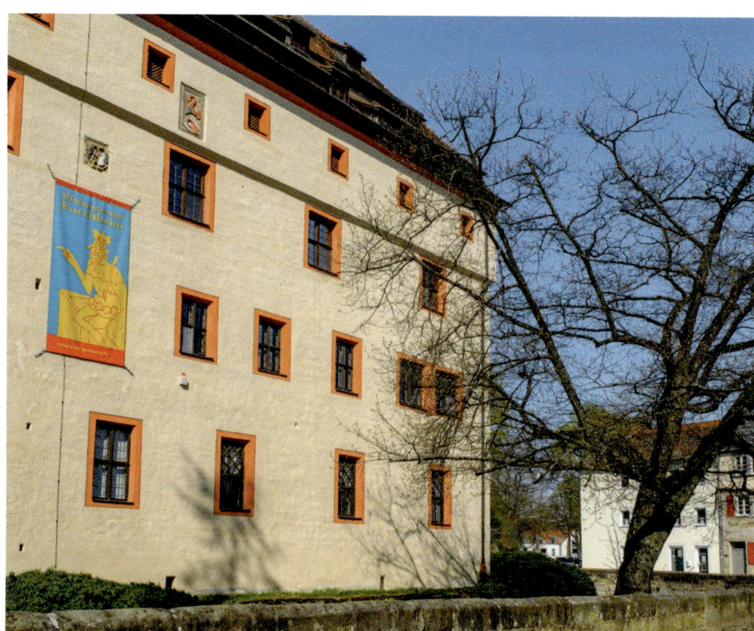

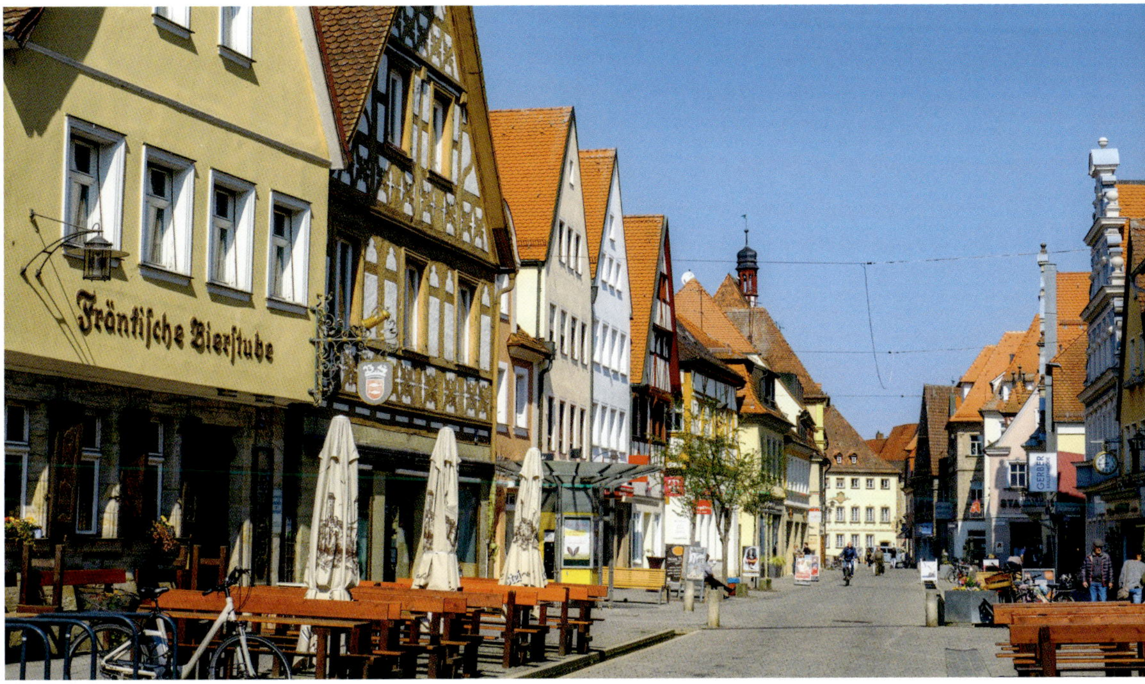

Die Forchheimer Hauptstraße ist Fußgängerzone.

reicht, haben wir den Kern der Altstadt erreicht. Hier im Nordwesten der Stadt liegt die gut erhaltene Stadtmauer mit ihren Bastionen. Diese gehören als Vorwerk bereits zur Kaiserpfalz, der großen Festungsanlage von Forchheim. Ihren Eingang erreichen wir, wenn wir durch das Tor gehen. Die Kaiserpfalz selbst geht in das 14. Jahrhundert zurück. Seit ihrer aufwendigen Renovierung beherbergt sie mehrere Museen unter dem Dachverband des Pfalzmuseums. So gibt es das gerade für Familien mit Kindern spannende Erlebnismuseum »Rote Mauer«, das viel über die Befestigungsanlage erzählt und in einer spannenden Inszenierung den Alltag in einer belagerten Stadt vermittelt. Das Archäologiemuseum erzählt von der Geschichte Oberfrankens über mehr als drei Jahrtausende hinweg. Betont wird nicht die hohe Politik, sondern die Lebensumstände der Menschen während dieser Zeit. Noch direkter auf die Gewohnheiten der Menschen geht das Trachtenmuseum ein. An die 700 Originale sind hier ausgestellt, dazu wird anschaulich vom Leben der Trägerinnen und ihren Gepflogenheiten erzählt. Das Stadtmuseum fokussiert den Blick der Besucher

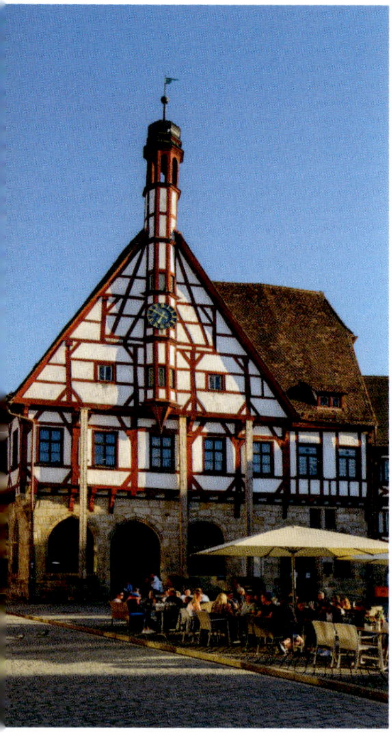

unmittelbar auf die Stadt. 1200 Jahre Geschichte werden lebendig, von der kleinen Schale aus karolingischer Zeit bis zum Motorroller des 20. Jahrhunderts.

Forchheimer Geschichte Jetzt ist Gelegenheit, auf die große Geschichte der Stadt zurückzuschauen. In Forchheim stand zwischen dem 8. und 10. Jahrhundert ein Königshof der Franken. Königshöfe waren sehr große Bauernhöfe, die fast immer befestigt waren. In solchen Höfen konnte sich der König, der ständig im Land umherreiste, mit seinem Gefolge für einige Zeit aufhalten, um die Regierungsgeschäfte für die Region zu erledigen. Grabungen zeigen, dass dieser Königshof wahrscheinlich an der Stelle des heutigen Rathauses stand. Den Höhepunkt seiner Bedeutung bekam Forchheim 911, als Konrad I. zum ostfränkischen König gewählt wurde. Diese Wahl hat im Forchheimer Königshof stattgefunden. In der deutschen Geschichtsschreibung wird das als der Beginn des späteren Deutschen Reiches gezählt.

Kellerwald

Absolut einmalig ist in Forchheim der Kellerwald, der ein gutes Stück nordöstlich der Altstadt an der Unteren Kellerstraße liegt. Unter Schatten spendenden Bäumen wird kühles Bier aus verschiedenen Forchheimer Brauereien ausgeschenkt. Dazu gibt es bodenständige fränkische Küche. Unterirdische Gänge dienten über viele Jahrhunderte zur kühlen Lagerung des Bieres. Schon damals lohnte es sich, lange Transportwege zu vermeiden und den Gerstensaft dort zu trinken, wo man ihn lagerte. So entstanden die Kellerwirtschaften. Zur Lagerung sind die Keller heute zwar nicht mehr notwendig, aber den Brauch, bei Bier und regionalen Spezialitäten gemütlich zusammenzusitzen, gibt es bis heute. Die Bierkellersaison ist von April bis Oktober, Ende Juli findet das Annafest im Kellerwald statt.

Rathaus und mehr Nach dem Museumsbesuch kehren wir zur Sattlertorstraße zurück und folgen ihr zum großen Platz vor dem Rathaus. Ein ganzes Ensemble Fachwerkhäuser begrenzen den Platz nach Süden, Höhepunkt ist auf alle Fälle das Rathaus, das bereits 1402 erbaut wurde. Noch älter ist die Pfarrkirche hinter dem Rathaus, die dem Hl. Martin von Tours geweiht ist. Ihr Hochaltar stammt aus den ersten Jahren des Barocks, im Zentrum natürlich der Hl. Martin bei der Mantelteilung. Besonders interessant sind noch die vielen spätgotischen beidseitig bemalten Tafelbilder. Auf der einen Seite sieht man die Leidensgeschichte Christi, auf der anderen Seite Bilder aus dem legendären Leben des Hl. Martin. Von der Kirche aus gehen wir durch die St.-Martin-Straße wieder zur Hauptstraße und wenden uns nach rechts. Auf unserem Weg begleitet uns ein kleiner Bach, der mitten auf der Straße lustig dahinplätschert. Alle Häuser sind mit der Giebelseite zur Straße hin ausgerichtet. Auf ihrer Rückseite lag früher ein Garten oder ein Stall, denn die vielen Handwerker, die einst hier arbeiteten, besaßen zum Überleben auch eine Minilandwirtschaft. Ziemlich in der Mitte der Straße steht die Porta Vorchheimensis des Bildhauers Harro Frey. In zwölf Bildern wird die Stadtgeschichte anschaulich dargestellt.

Linke Seite: Straßencafé vor dem schönen Fachwerkgebäude des Rathauses

Zurück in einem großen Bogen Am Ende der Fußgängerzone erreichen wir den großen Paradeplatz. Früher fanden hier die Aufmärsche der Garnison statt, heute sitzt man

Brunnen am Rathausplatz

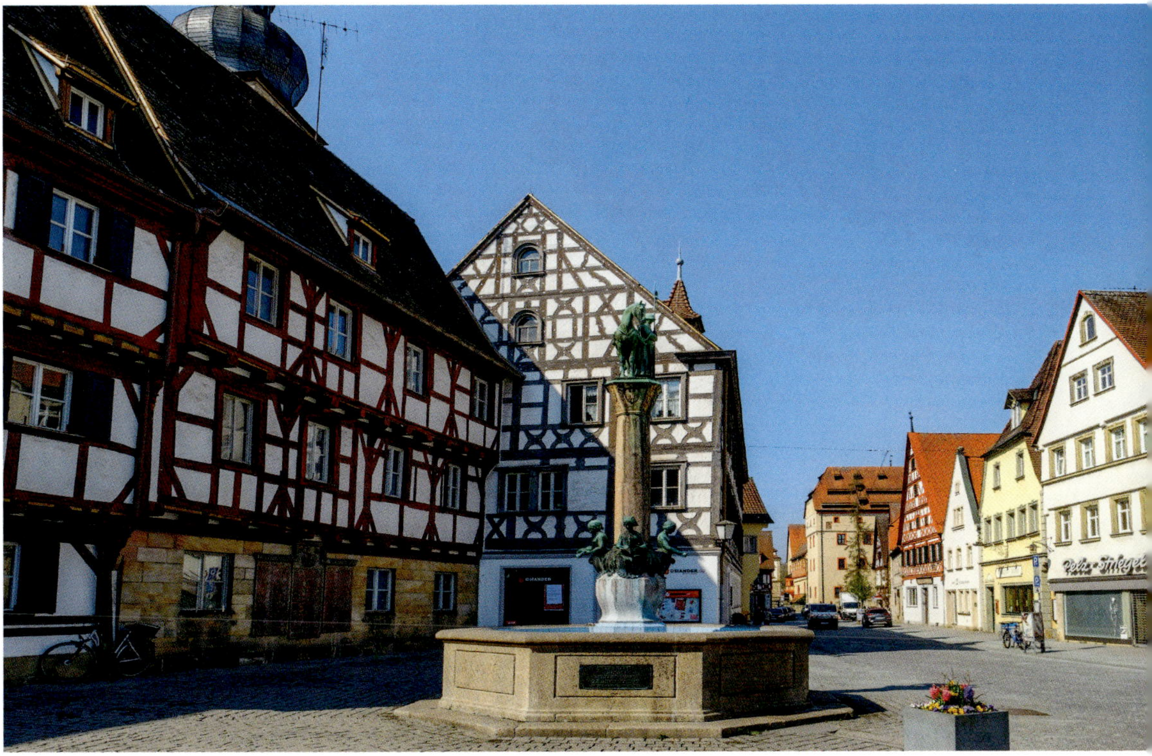

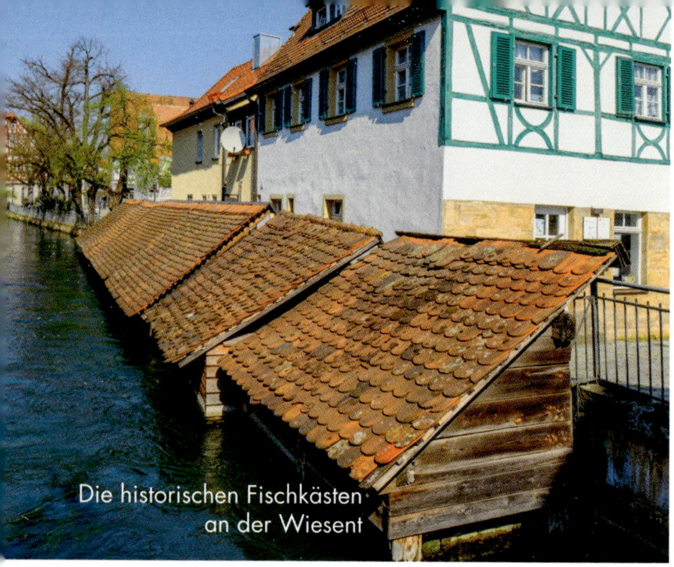

Die historischen Fischkästen an der Wiesent

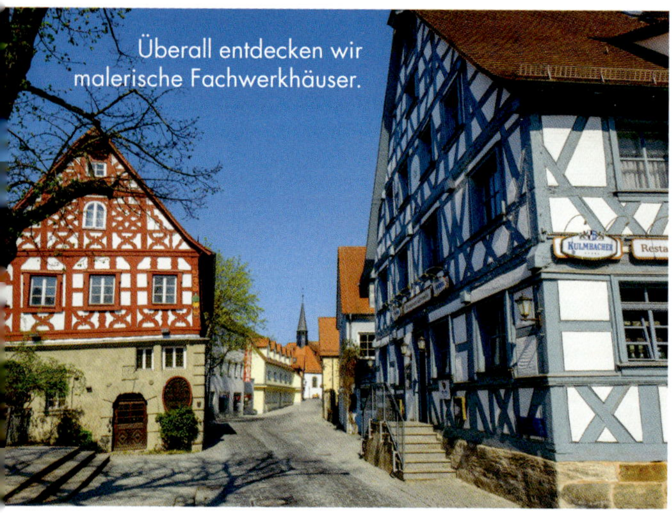

Überall entdecken wir malerische Fachwerkhäuser.

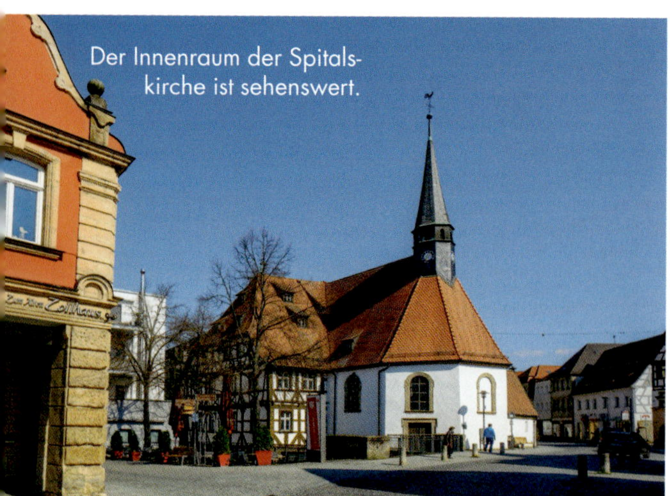

Der Innenraum der Spitalskirche ist sehenswert.

dort in gemütlichen Straßencafés und beobachtet die Forchheimer beim Flanieren. Am Paradeplatz halten wir uns links zum Marktplatz und überqueren die Wiesent, die in einem weiten Bogen um die Altstadt fließt. Durch das Lohmühlgäßchen kommen wir zu den Fischkästen, die schon seit Jahrhunderten an dieser Stelle stehen und den Fischern der Stadt zur Aufbewahrung der Fische dienten. Einige Häuser sind aus Platzmangel in die Wiesent hineingebaut. Auf der Flussseite werden sie von Steinsäulen getragen. Auffällig ist auch die Kammerers Mühle, die als »Schiefes Haus« bezeichnet wird. Noch ein Stück weiter stoßen wir auf die uns bekannte Hauptstraße, allerdings an ihrem anderen Ende. Auf der anderen Seite der Straße steht das Spital, das ehemalige Altenheim der Stadt. Die Spitalskirche ist der Hl. Katharina geweiht, ein typischer Bau der späten Gotik. Aus der Spitalstraße ein paar Meter weiter stadteinwärts hat man einen schönen Blick auf das ganze Ensemble. Jetzt können wir in Richtung Norden noch eine Runde durch den Stadtpark einlegen, um noch mehr Festungsmauern zu erkunden. Anschließend folgen wir der Hauptstraße und kommen wieder zum Rathaus, von wo wir auf bekanntem Weg zur Sportinsel zurückkehren.

Wichtiges zur Tour

Tourencharakter
Die Wanderung ist ein ausgedehnter Stadtspaziergang, der auch mit Gehhilfen problemlos zu bewältigen ist. Es gibt aber viele Kopfsteinpflaster.

Ausgangs- und Endpunkt
Forchheim, Parkplatz Sportinsel
GPS 49.72086, 11.04983

Höchster Punkt
Brücke Autobahn, 260 m

Anfahrt
Bus/Bahn: Mit dem Zug von Nürnberg oder Bamberg aber auch von Ebermannstadt nach Forchheim. Von dort fahren Busse zum Paradeplatz, wo wir die Tour dann ebenfalls starten können.
Auto: Forchheim liegt direkt an der A73 Ausfahrt Forchheim Süd oder Nord. Wir empfehlen den Parkplatz auf der Sportinsel ganz in der Nähe der Altstadt, er ist gebührenfrei und zeitlich nicht begrenzt.

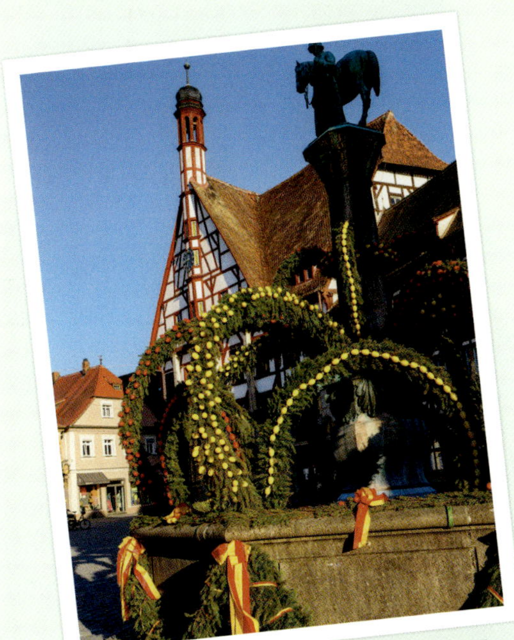

Um Ostern gibt es als Besonderheit in ganz Franken mit Ostereiern geschmückte Osterbrunnen.

Einkehr
Eine Besonderheit in Forchheim ist die Brauerei Neder schräg gegenüber vom Rathaus. Hier bringt man sich seine Brotzeit selbst mit und trinkt dazu ein (oder mehrere) »Seidla Neder«, das Bier, das im gleichen Haus gebraut wird. Gut haben wir auch im Gasthaus am Marktplatz an der Wiesent gegessen. Das Schäufele war ein Traum. Das sind nur zwei Vorschläge von sehr vielen Möglichkeiten, um in Forchheim seinen Hunger und Durst zu stillen.

Informationen
www.forchheim-erleben.de

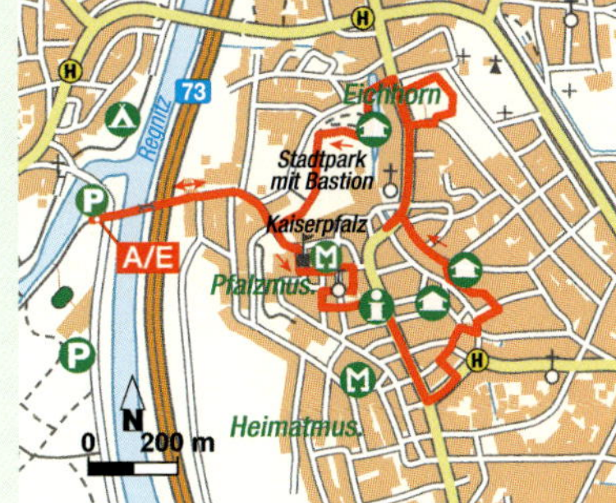

13 Vexierkapelle und die Retterner Kanzel

Unbekannte Wege bei Weilersbach

- mittel
- 2.45 Std.
- 300 Hm
- 9,7 km

Aus dem Wiesenttal gesehen scheint sich die Vexierkapelle auf dem Reifenberg ständig zu verändern. Gleich einem Vexierbild soll sie sich wandeln. Das wollen wir uns natürlich genauer ansehen. Und so wandern wir durch Streuobstwiesen und Buchenwälder und besuchen noch die Aussichtsfelsen der Retterner Kanzel.

Aus der Puste Vom Wanderparkplatz im Reifenberger Weg folgen wir dem Sträßchen, das aus Weilersbach hinausführt. Vorbei an Feldern mit Streuobstwiesen gewinnen wir etwas an Höhe und blicken über das Tal der Wiesent. Wir wandern durch ein Waldstück und biegen dann links

Oberweilersbach ist der Startpunkt für die Wanderung.

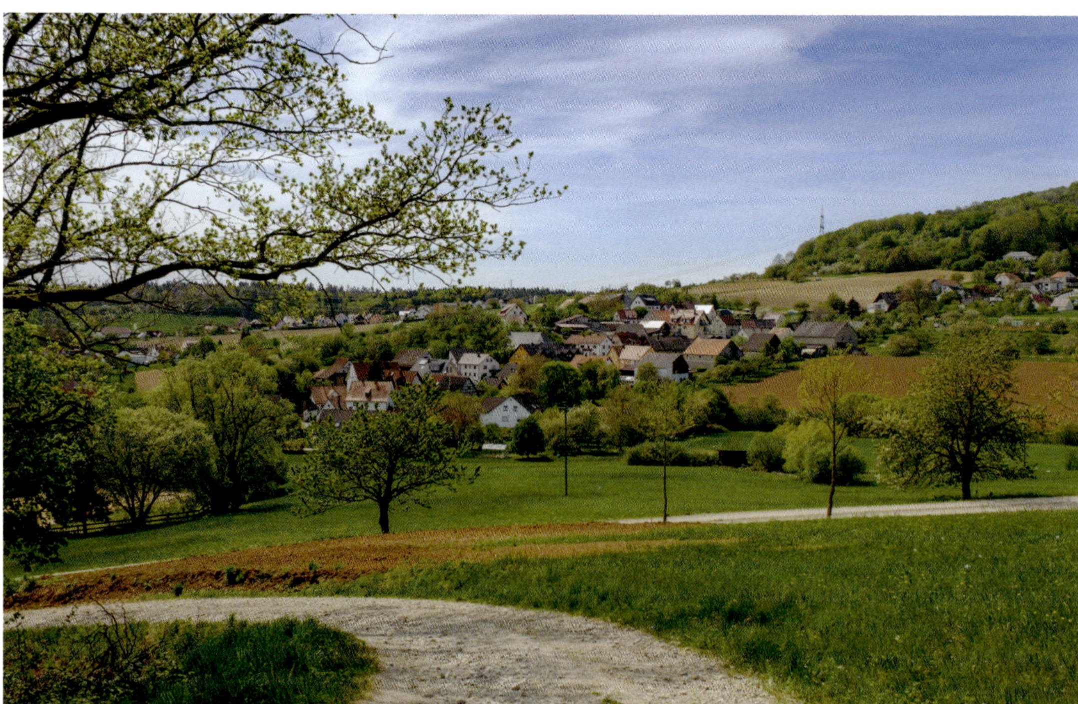

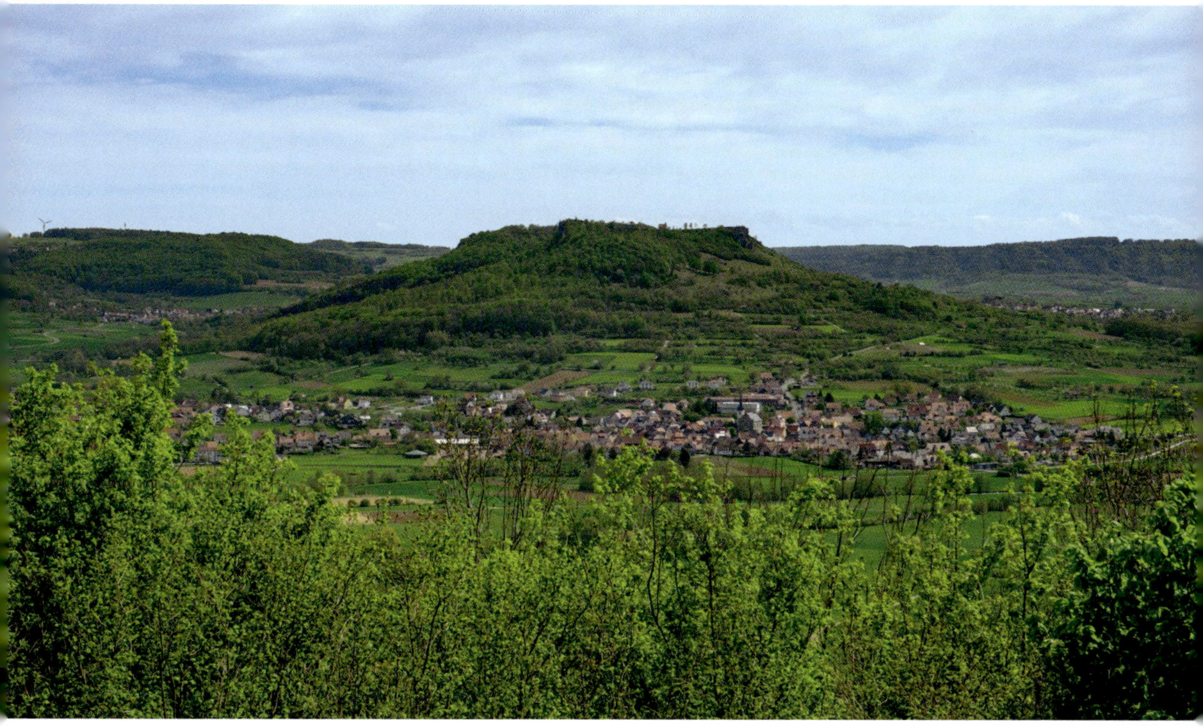

in den Feldweg ein, der uns steiler bergauf, an Kirschbäumen vorbei, nach Reifenberg bringt. Im Ort gehen wir auf der Hauptstraße links und verlassen so den Weiler, indem wir uns weiter links, stetig bergauf halten. In einem großen Bogen umrunden wir die über uns gelegene Vexierkapelle. Erst an ihrem Besucherparkplatz können wir schräg nach rechts die letzten Meter zu ihr wandern.

Über das Wiesenttal haben wir immer wieder Sicht auf das Walberla.

Kirschbäume säumen unseren Weg.

Vexierkapelle Oben gilt es dann erst einmal zu verschnaufen, den Großteil des Aufstieges haben wir nämlich bereits geschafft. Eine Vexierkapelle müsste eigentlich von der Definition her von jeder Seite anders aussehen. Aber, egal von welcher Seite wir die Kapelle betrachten, Unterschiede konnten wir nicht feststellen. Vielleicht gilt das nur, wenn man die Kirche aus dem Tal betrachtet. Der Kirchenpatron ist übrigens

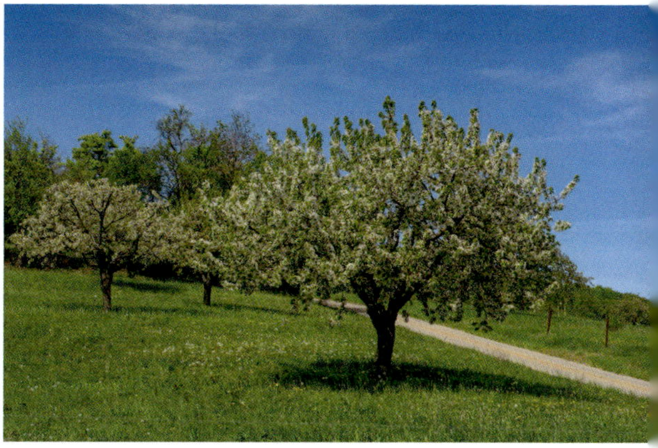

der Hl. Nikolaus, aber leider lässt die verschlossene Türe keinen Blick ins Innere zu. Nur am Sonntag zur Messe hat die Kirche geöffnet. Zum Glück ist zumindest die Aussicht für jedermann frei. Weit blicken wir über das ganze Tal. Auf der anderen Seite liegt das Walberla (Tour 14), während sich zum Horizont ein Hügel an den anderen reiht.

Buchenwälder Nach der Rast kehren wir zum Parkplatz zurück und folgen der für den öffentlichen Verkehr gesperrten Forststraße weiter bergauf. Ein rotes Kreuz ist nun unser Wegesymbol. Nach ein paar Minuten Gehzeit teilt sich der Weg. Hier halten wir uns rechts und wandern über zwei sanfte Kurven weiter bergauf. Der Weg wird nun schmaler und führt fast eben durch einen herrlichen Buchenwald. Völlig einsam sind wir unterwegs, nur das Gezwitscher einiger Vögel begleitet uns. Nach einer Weile erreichen wir den Waldrand und treffen an den Feldern der Albhöhe auf einen quer verlaufenden Feldweg. Diesem folgen wir nach links (rotes Kreuz). Nach einem Stück kommen wir erneut in den Wald, wobei wir anfangs noch entlang einer Lichtung gehen. An deren Ende biegen wir links auf einen viel kleineren Wanderweg ein, der jedoch immer noch durch das rote Kreuz gekennzeichnet ist.

An der Vexierkapelle

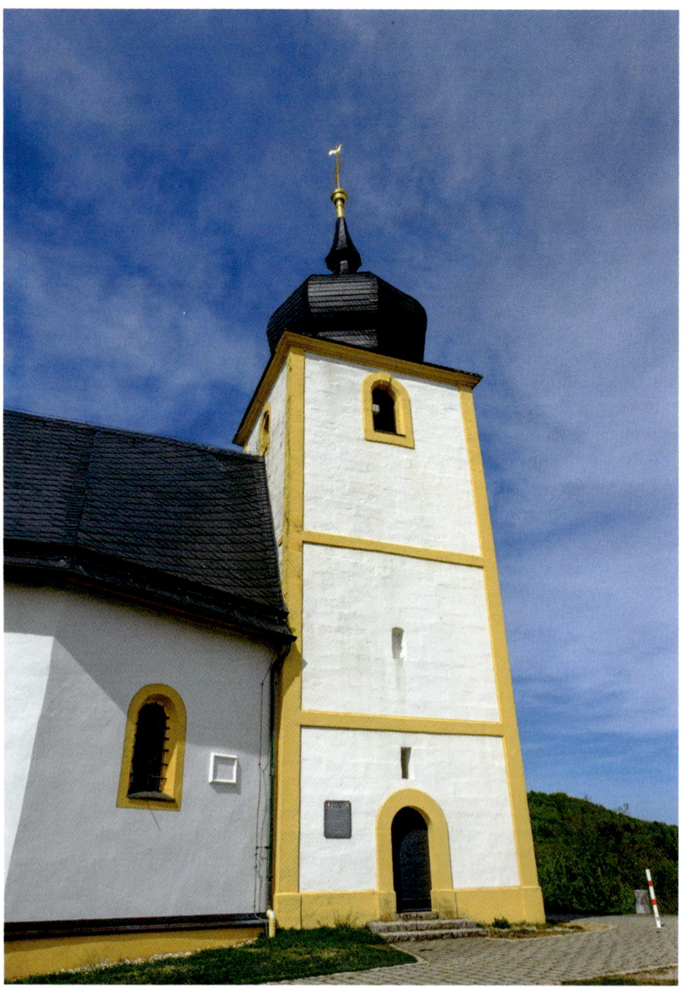

Zur Retterner Kanzel Durch lichten Wald kommen wir zu einer Stromleitungsschneise.

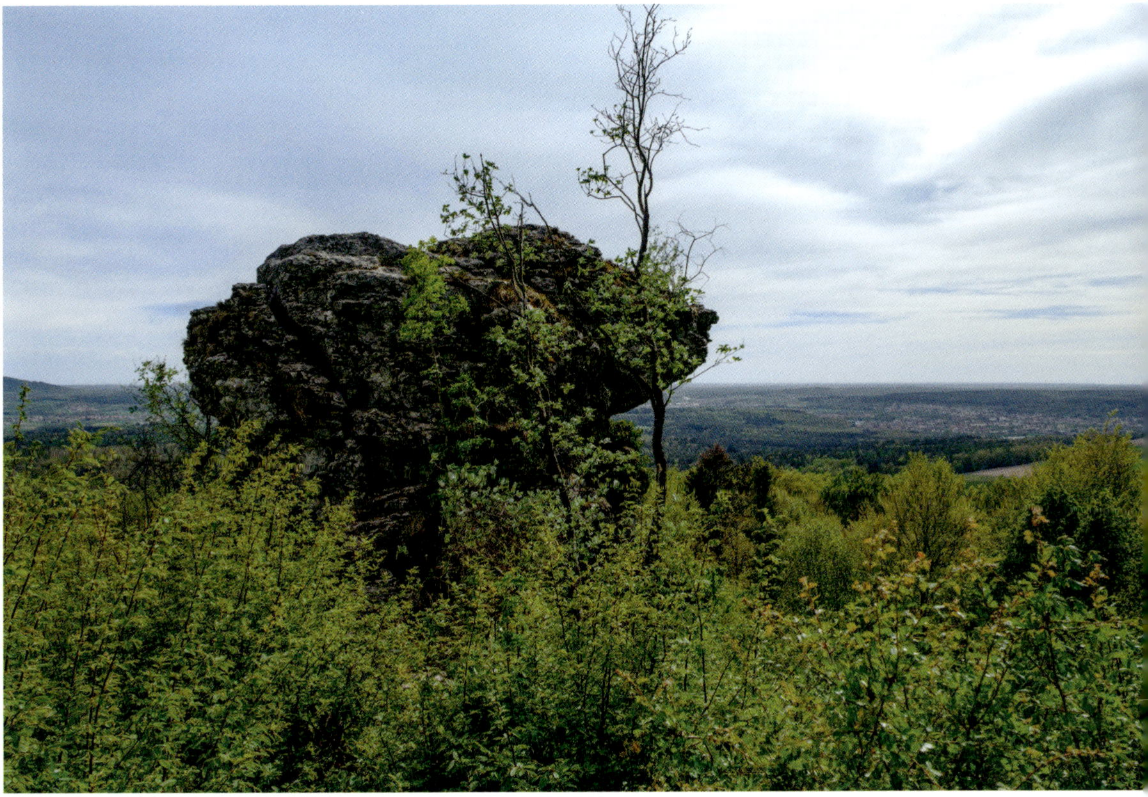

Die Retterner Kanzel besteht aus mehreren Felstürmen.

Nun müssen wir aufpassen. Knapp 500 Meter nach der Trasse erreichen wir eine kleine Kreuzung im Wald. Als wir dort waren, war die Stelle leider nicht beschildert. Um zur Retterner Kanzel zu gelangen, biegen wir hier links ein. Später kommen wir wieder an die Kreuzung zurück. Nun geht es auf einem Wanderpfad in südliche Richtung. Dann lichtet sich der Wald und wir stehen auf der Retterner Kanzel. Der Felssporn hebt sich hier kühn über dem Tal, wobei es genau genommen mehrere kleinere Felsen sind. Etwas Trittsicherheit ist allerdings gefragt.

Roter Balken Von den Felsen führt übrigens ein Trampelpfad hinab zu einem größeren Weg, den wir schon von oben am Fuße der Felsen entdecken können. Aber dieser Abstieg ist ehrlich äußerst steil, es gibt keinerlei Halt, und der Pfad ist sogar in Trockenzeiten rutschig. Der zwar deutlich kürzere Abstieg ist nicht zu empfehlen.

Ebermannstadt

Nach der Wanderung kann man noch dem kleinen Städtchen Ebermannstadt einen Besuch abstatten. Die nette Hauptstraße bietet einige Cafés, und an der Wiesent plätschern noch Mühlräder.

Deshalb wandern wir zur Kreuzung im Wald zurück und schwenken nun nach links in den absteigenden Waldweg ein. Am Waldrand, kurz vor einem Wanderparkplatz, biegen wir dann links ein und folgen nun stets dem roten Querbalken, der uns kurz darauf unterhalb der Felsen der Retterner Kanzel vorbeiführt. So stoßen wir wieder auf einen Forstweg, auf dem es über Kurven weiter bergab geht. Nach einer Schranke erreichen wir am ehemaligen Hut-Keller den Ortsrand von Weilersbach. Über die Straße Am Fräuleinsgarten erreichen wir schließlich wieder unseren Ausgangspunkt.

Das nahe Ebermannstadt mit seinen Straßencafés und Brunnen besuchen wir nach der Tour.

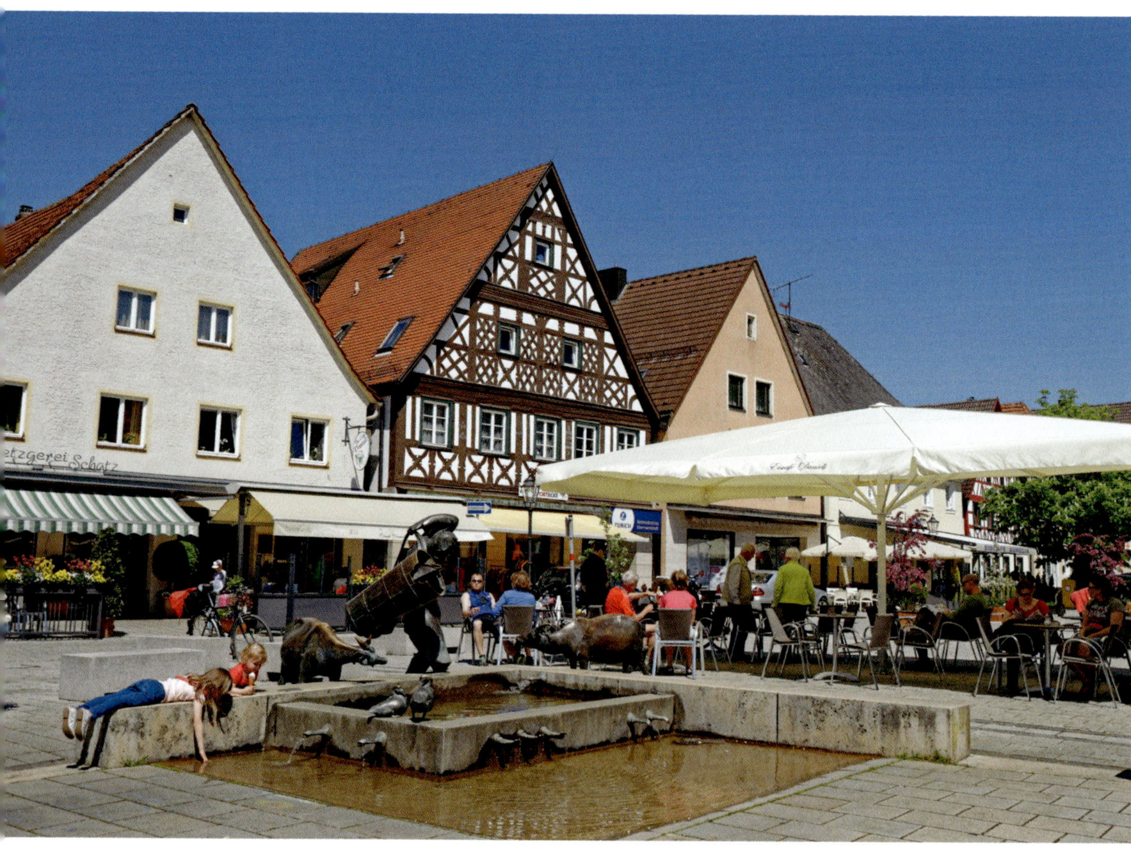

Wichtiges zur Tour

Tourencharakter
Sonnige Wanderung auf bequemen Wanderwegen und kleinen, wenig befahrenen Straßen. Anfangs mit einem kurzen Stück steileren Anstieges, dann aber im weiteren Anstieg sehr human. Nur im Bereich der Retterner Kanzel brauchen wir Trittsicherheit.

Ausgangs- und Endpunkt
Oberweilersbach, Wanderparkplatz
GPS 49.753057, 11.129134

Höchster Punkt
Albhöhe, 525 m

Anfahrt
Bus/Bahn: Mit der Bahn nach Forchheim, von dort weiter mit dem Linienbus 222 nach Oberweilersbach Mitte. Von dort folgt man für gut 10 Minuten der Weißenbacherstraße bergauf zur größeren Kreuzung. Hier rechts in den Reifenberger Weg, auf dem wir dann den Wanderparkplatz erreichen.

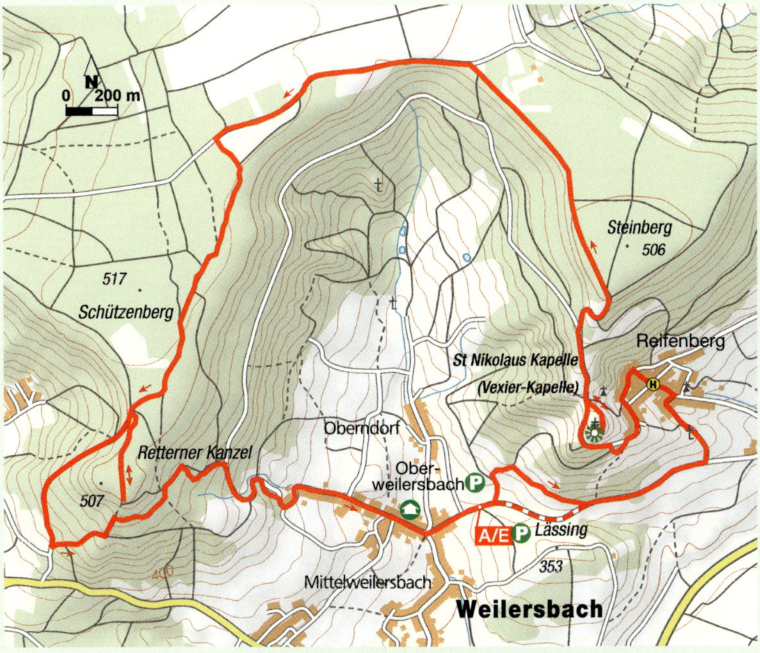

Auto: Von Forchheim nach Weilersbach. Auf der Hauptstraße bergauf durch Unterweilersbach nach Oberweilersbach. Dann weiter wie bei Bus/Bahn beschrieben. Der Wanderparkplatz liegt im Reifenberger Weg.

Einkehr
Unterwegs keine, erst im Anschluss gibt es in Weilersbach den Gasthof/Pension Hubert. Dort gibt es fränkische Hausmannskost mit sehr guten Karpfengerichten (Montag und Dienstag Ruhetag).

Informationen
www.fraenkische-schweiz.com

14 Auf das Walberla

Von der Keltenburg zur christlichen Wallfahrt

mittel

2.30 Std.

200 Hm

4,5 km

Sagen und Legenden umranken das Walberla. Der über 500 Meter hohe Berg, der eigentlich Ehrenbürg heißt, ragt auffällig über dem Wiesenttal in den fränkischen Himmel. Einst gab es auf seinem großzügigen Gipfelplateau eine bedeutende keltische Kult- und Wohnstatt. Das alleine schon beflügelt die Fantasie mancher Wanderer.

Dieser auffällige Berg ist das Walberla, auf das alljährlich Anfang Mai etwa 10 000 Wallfahrer pilgern, um dort am Gottesdienst teilzunehmen und sich anschließend an einer kräftigen Brotzeit zu erfreuen. Es ist ein riesiges Fest für ganz Franken und weit darüber hinaus. Doch es wäre völlig falsch, daraus zu schließen, dass hier oben an anderen Tagen ebenfalls großer Trubel herrscht. Im Gegenteil, das Walberla ist fast immer eine Oase angenehmer Ruhe.

Die Walburgiskapelle am Walberla

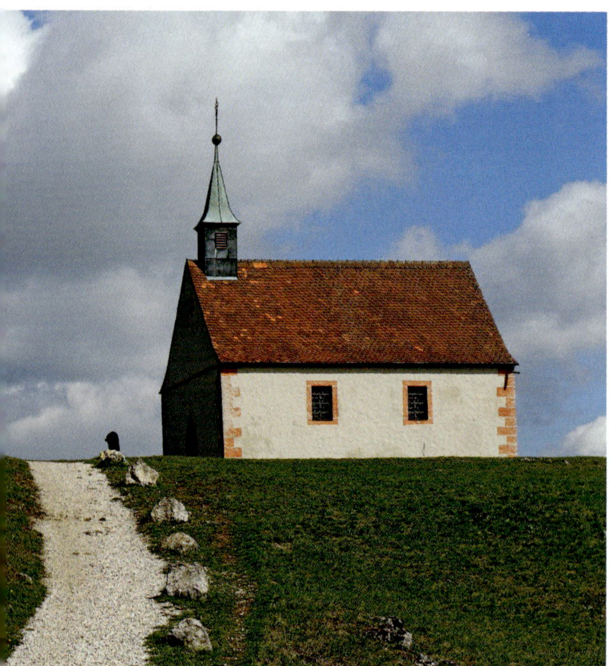

Zum Walberla Ausgangspunkt unserer Wanderung ist der große öffentliche Parkplatz am Gasthaus Zum Walberla in Kirchehrenbach. Mitte April blühen die Kirschbäume, zu der Zeit können wir unser Auto unter einer herrlichen Blütenpracht abstellen. Hier beginnt der für den öffentlichen Verkehr gesperrte Wanderweg auf das Walberla. Bestens beschildert führt er langsam durch die Felder aufwärts. Sie sind von dichten Hecken eingerahmt. Dieses Buschwerk bremst den Wind und erzeugt dadurch ein Mikroklima, das nicht nur der Vegetation guttut. Viele Tiere, Insekten und Vögel nutzen die Hecke als Wohnraum. Wir stoßen auf eine quer verlaufende Straße, in die wir nach rechts einbiegen. Schon nach wenigen Metern verzweigt sich die Straße. Wir nehmen den linken Ast aufwärts, bei der nächsten Verzweigung nochmals links und dann bei einem Wendeplatz ein drittes Mal links. Jetzt gehen wir direkt auf das große Holzkreuz zu, das vor uns in den Himmel ragt. Diese Stelle heißt »Klaaruh«, was auf Hochdeutsch so viel wie »kleine Ruhe« heißt. Wir sind an einem

Walberlafest

Völlig verwandelt finden wir das Walberla am ersten Wochenende im Mai, beim großen Walberlafest. Um das Kirchlein sind dann Verkaufsstände, Bierzelte und Schießbuden aufgebaut, auf den Wiesen rundum lagern Hunderte Pilger, die an den Biertischen keinen Platz mehr gefunden haben. Sogar der Hl. Walburga vor der Kapelle hat man Blumen in die Arme gesteckt.

Ein weißes Kirschblütenmeer erwartet uns im Frühling.

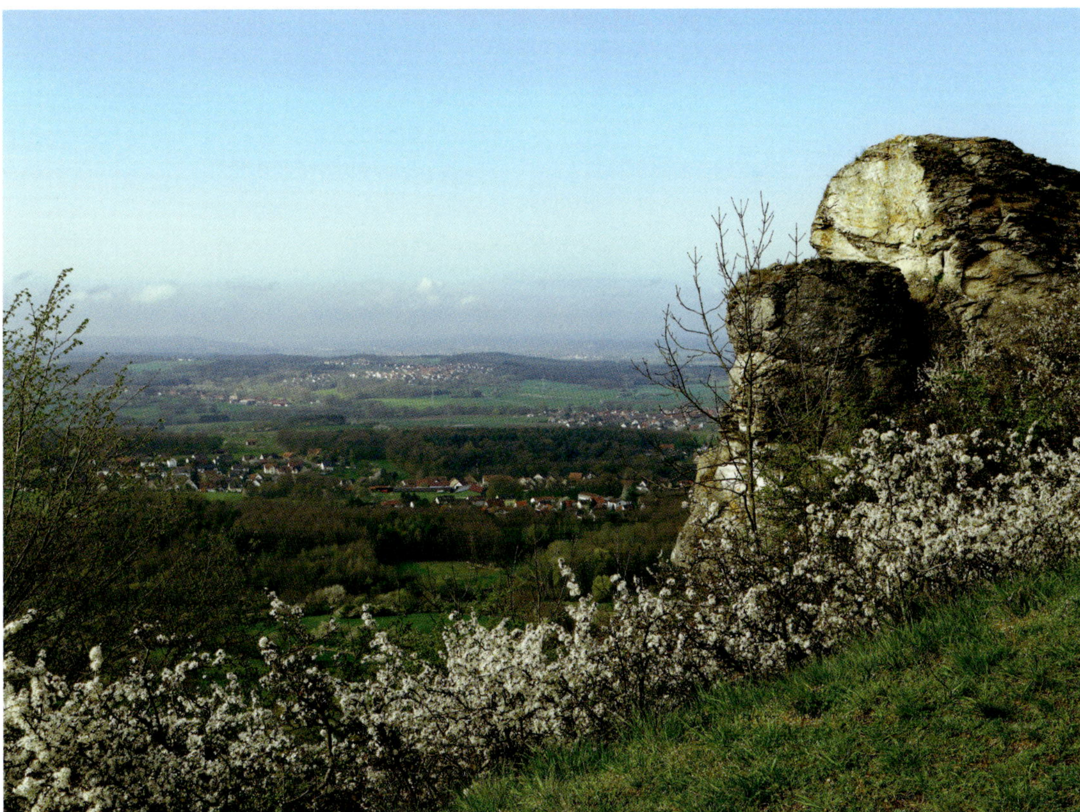

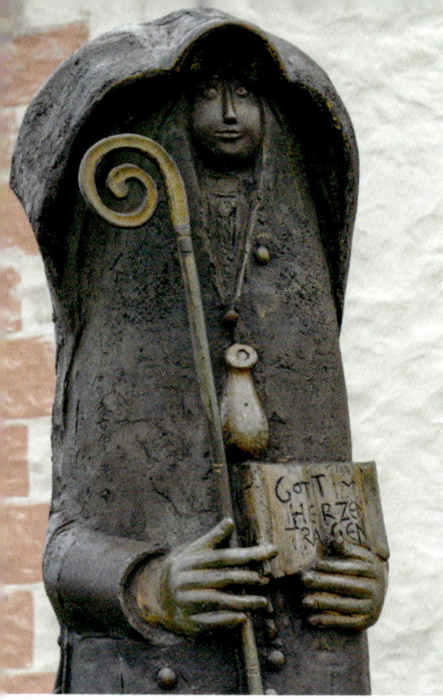

Die moderne Bronzefigur der Hl. Walburgis stammt von Ernst Steinacker.

Frühlingsmorgen an diese Stelle gekommen, als der Himmel noch die leichte Färbung der frühen Stunde zeigte. Es war eine zauberhafte Stimmung und überdies ein herrlicher Blick auf das Wiesenttal. Weiter folgen wir dem Weg und erreichen in einer guten Viertelstunde die Hochfläche des Walberla und sein Wahrzeichen, die kleine Walburgiskapelle.

Namensspiel Jetzt ist eine Erklärung fällig: Auf vielen Landkarten steht deutlich »Ehrenbürg« und nicht »Walberla«. Der offizielle Name ist »Ehrenbürg« und auf diesem gibt es zwei flache Gipfel. Der nördliche an der Kapelle heißt »Walberla« und der südliche am Südabfall der Hochfläche heißt »Rodenstein«. Doch darum scheren sich die Franken überhaupt nicht. Für sie heißt der ganze Berg Walberla und nur der Südgipfel wird Rodenstein gerufen.

Zum Rodenstein und zurück ins Tal Von der Walburgiskapelle wandern wir über die weite Hochfläche auf den Rodenstein, der vor allem nach Süden eine weite Aussicht bietet. Der breite Weg ist von der Kapelle aus bestens zu sehen. An der tiefsten Stelle werden wir an die keltische Vergangenheit des Berges erinnert. Rechter Hand haben die Archäologen, die den Berg genauestens untersucht haben, eine kleine Mauer mit einem Palisadenzaun aufgebaut. Natürlich ist das eine Rekonstruktion, aber sie gibt uns eine Vorstellung davon, wie die Kelten einst ihre Siedlung gesichert haben. Dabei zog sich diese Mauer um den gesamten Berg herum!
Nach der Rundumschau vom Rodenstein gehen wir wieder zur Walburgiskapelle und kehren auf dem Weg, auf dem wir gekommen sind, zu unserem Ausgangspunkt zurück.

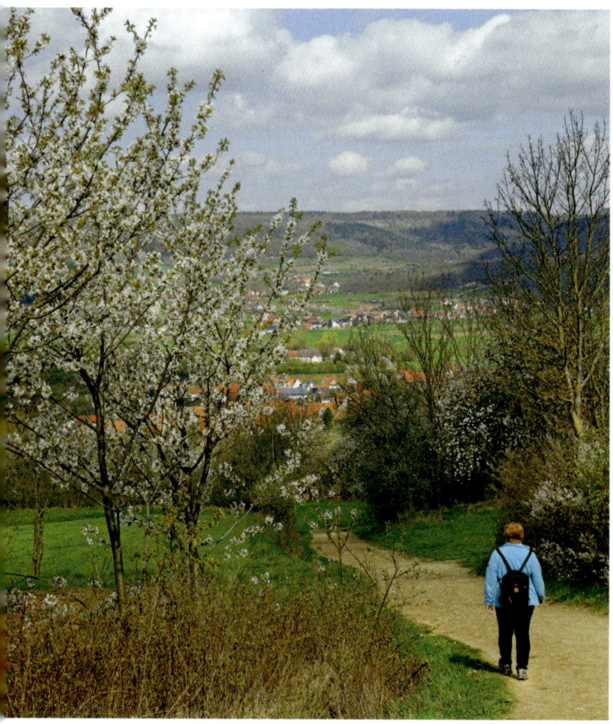

Ist der Aufstieg geschafft, steht einer gemütlichen Wanderung nichts mehr im Wege.

Wichtiges zur Tour

Tourencharakter
Am Beginn 200 Höhenmeter Anstieg zur Walberlakapelle, dann etwa 20 Minuten relativ eben über den Höhenrücken zum Rodenstein. Durchwegs bequeme breite Wege, aber mit steinigem Untergrund. Der Rückweg verläuft über den Anstiegsweg.

Ausgangs- und Endpunkt
Kirchehrenbach, Parkplatz beim Gasthof Zum Walberla
GPS 49.728543, 11.146409

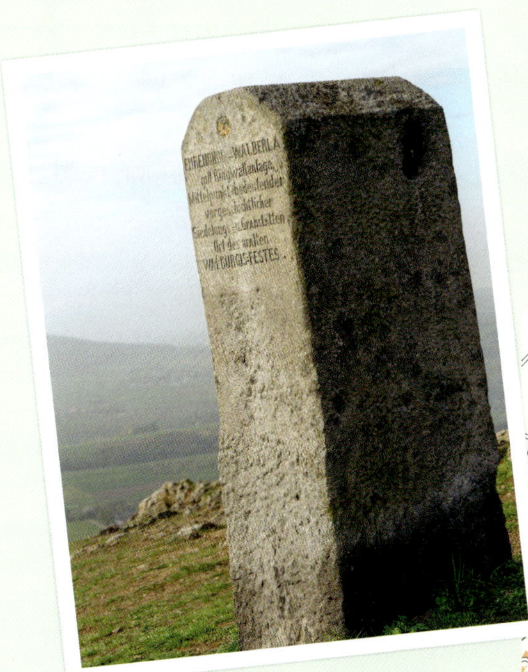

Gedenkstein an der Ehrenbürg bzw. am Walberla von 1911 zum tausendjährigen Jubiläum des deutschen Königtums

Höchster Punkt
Rodenstein, 532 m

Anfahrt
Bus/Bahn: Mit dem Zug von Forchheim oder Ebermannstadt zum Bahnhof Kirchehrenbach, zusätzlich ca. 15 Minuten Fußweg
Auto: Von der A73 Ausfahrt Forchheim-Süd über Gosberg nach Kirchehrenbach. In der Ortsmitte rechts auf der Straße Zur Ehrenburg zum Parkplatz am Straßenende

Einkehr
Unterwegs keine. Eine Einkehr finden wir in Kirchehrenbach. Wir haben uns im Gasthof Zum Walberla direkt am Parkplatz sehr wohlgefühlt.

Informationen
www.vg-kirchehrenbach.de

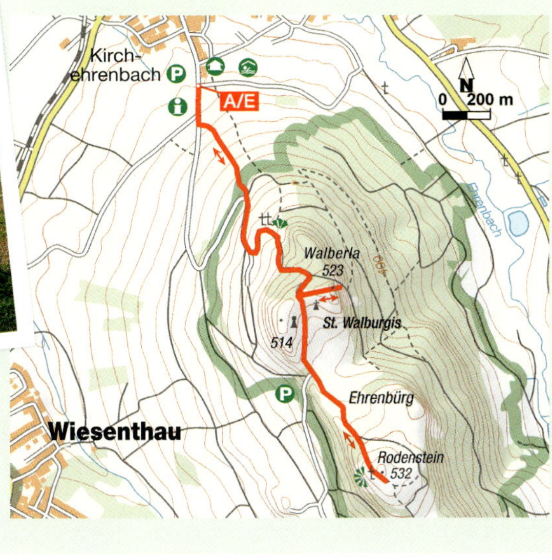

15 Zur Wallfahrtskirche St. Moritz

Eine Kirche zwischen wundersamen Wassern

- mittel
- 3.15 Std.
- 250 Hm
- 9,5 km

Auf der Südseite des Walberla liegt Leutenbach. Von dort führt ein herrlich einsamer Wanderweg über die Sinterkaskaden des Moritzbaches zur Wallfahrtskirche St. Moritz und ihrer Orakelquelle. Zusätzlich verleihen Ruinenreste, Kirschbäume und Aussichtsplätze dieser Tour besondere Höhepunkte.

Zum Moritzbach Vom Rathaus in Leutenbach wandern wir auf der Straße Am Pfarrgarten in südlicher Richtung aus dem Ort. Wir sind nun auf dem Georg-Kanzler-Gedächtnisweg unterwegs und folgen dem Wegesymbol »blauer Ring«. Dr. Georg Kanzler war bis zu seinem Tod im Jahre 1975 40 Jahre ein beliebter Pfarrer und Heimatdichter in Leutenbach. Ihm zu Ehren wurde der Weg angelegt. Wenige Hundert Meter nach dem letzten Haus von Leutenbach verlassen wir an einer Streuobstwiese die Straße nach links auf einen Feldweg. Der Weg steigt nun an, führt jedoch angenehm schattig durch den Wald. So erreichen wir über Treppenstufen den Moritzbach mit seinem kleinen Wasserfall. Hier haben sich Kalkstufen, sogenannte Sinterterrassen, gebildet – ein geologisches Phänomen, zu dessen Erklärung es zum Glück Informationstafeln gibt.

Um die Moritzquelle ranken sich viele Sagen und Legenden.

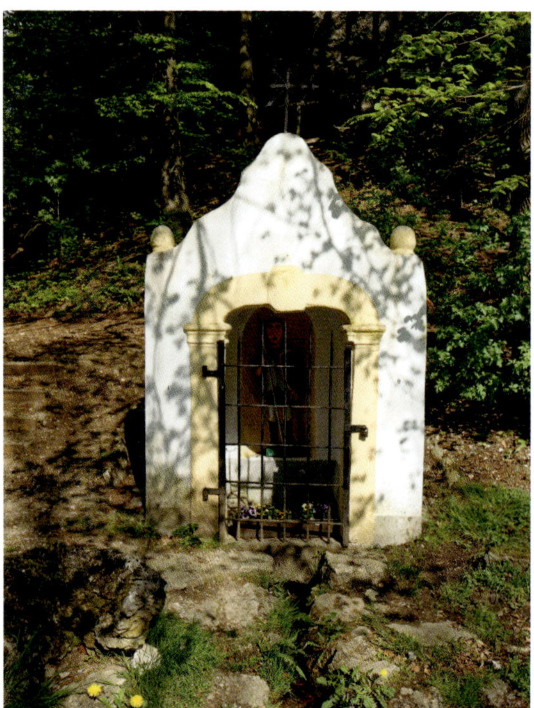

Moritzkapelle und Orakelquelle Über eine kleine Brücke queren wir den Bach und steigen dann rechts für einen Abstecher hinauf zur Moritzkapelle und

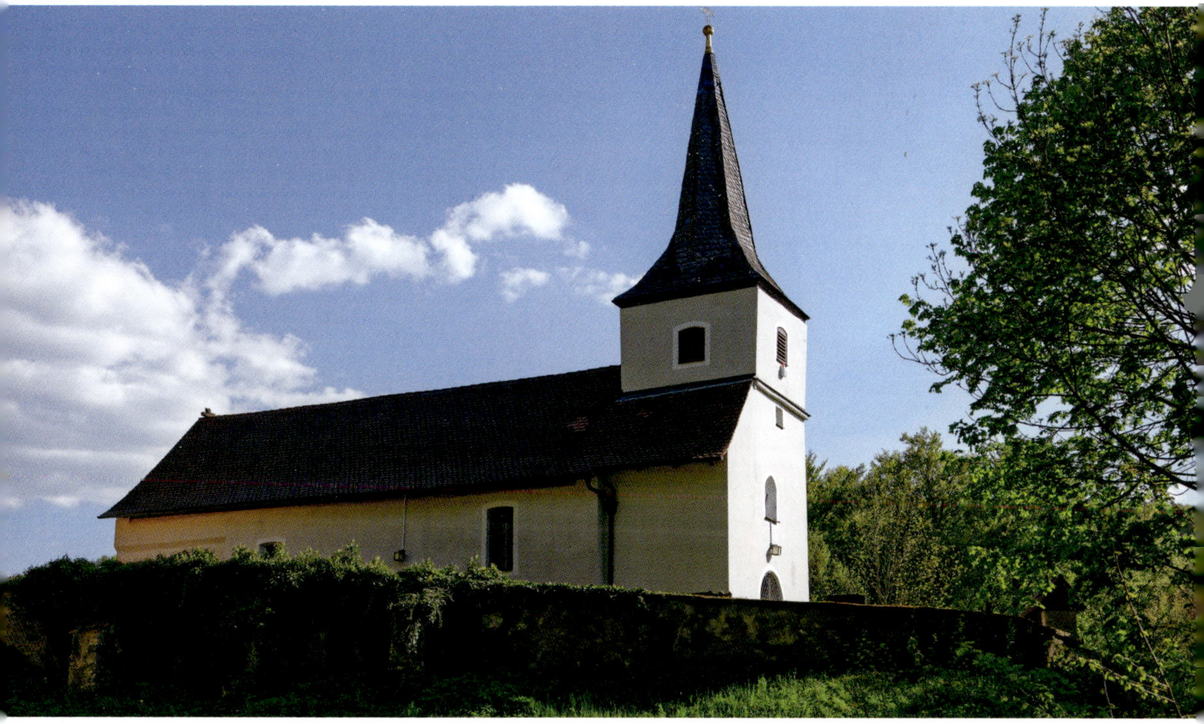

An der Moritzkapelle gibt es eine Einsiedelei.

der kleinen Einsiedelei aus dem Jahre 1750. Auf ihrem Friedhof fand Georg Kanzler seine letzte Ruhestätte. Ein magischer Ort, um den sich einige Legenden ranken. Eine der Geschichten findet ihren Ursprung an der etwas tiefer liegenden Moritzquelle, die unweit der Straße an einem Wanderparkplatz liegt. Die Quelle wird von der Statue des Hl. Moritz bewacht und soll die Zukunft vorhersagen können. Besucher können für wichtige Lebensfragen ein Holzstück ins Wasser werfen. Wenn es schwimmt, wird es einen positiven Ausgang geben, wenn es jedoch untergeht, naht der Tod. Solch ein Unglück lässt sich dann nur noch abwenden, wenn man in der Nacht auf den Ostersonntag das Quellwasser schöpft und trinkt. Dort an der Quelle setzen wir auch unseren Weg fort und steigen

Silberbach

Der Moritzbach wird im Volksmund auch Silberbach genannt. Um 1444 war den Bewohnern von Leutenbach durch Bischof Anton von Rothenhan der Abbau von Silber bewilligt worden.

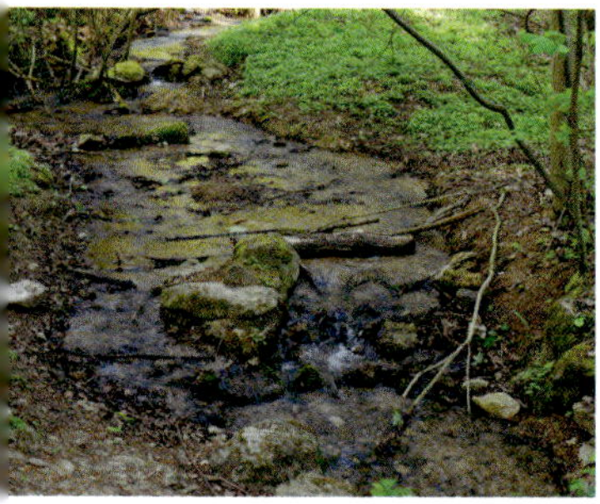

rechts steil den Berg hinauf. Auf einigen Tafeln können wir Gedichte von Georg Kanzler lesen. Der Weg wird noch steiler, und wir erreichen den Burgstein von Leutenbach. Hier befand sich einst die Burg der Herren von Ludunbach, von der jedoch nur noch spärliche Überreste vorhanden sind. Eine erste schöne Aussicht hinüber auf das Walberla dürfen wir auch genießen, dann setzen wir unseren Aufstieg nach Seidmar fort.

Am Moritzbach haben sich Kalkstufen entwickelt.

Durch Kirschgärten Wir verlassen Seidmar nach Nordosten und wandern an vielen Kirschbäumen vorbei. In den nächsten Feldweg biegen wir links ein und queren kurz darauf die Straße Leutenbach-Hundsboden. Der Feldweg führt am Waldrand entlang und wendet sich dann für ein kurzes Stück nach links in den Wald. Wenig später sind wir schon wieder sonnig über Felder unterwegs, wobei unser Weg gleich darauf erneut nach links abbiegt. Unweit der Autostraße schwenkt er nach rechts und die Wegmarkierung mit dem blauen Ring auf weißem Grund bringt uns sicher zum Ausgangspunkt in Leutenbach zurück.

Unter den duftenden Bäumen auf den Streuobstwiesen würde man gerne rasten.

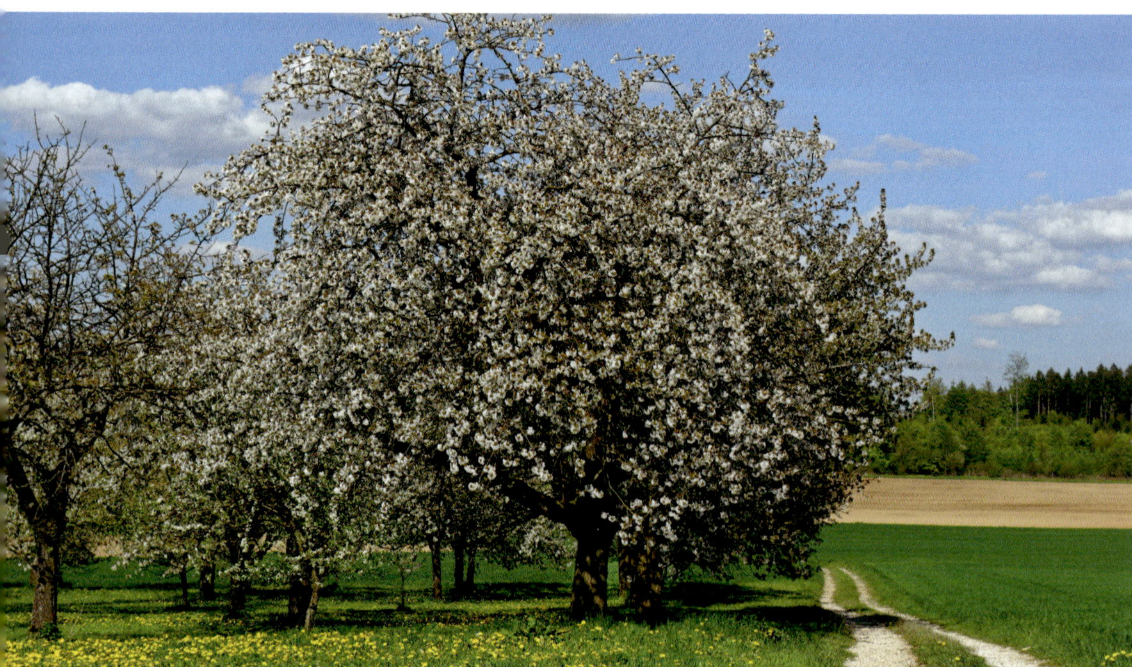

Wichtiges zur Tour

Tourencharakter

Anfangs gemächlicherer Anstieg, aber im Bereich der Kalkterrassen feuchter Weg. Dann steiler Anstieg hinauf zum Weiler Seidmar. Wanderstöcke sind hilfreich. Eine Abkürzung der Wanderung um zwei Kilometer ist kurz vor Seidmar möglich. Wer bereits vor dem Ort links wandert und die Autostraße quert, spart sich einen Teil der Strecke.

Ausgangs- und Endpunkt

Leutenbach Rathaus, St.-Moritz-Straße
GPS 49.709221, 11.172662

Höchster Punkt

Bei Seidmar, 534 m

Anfahrt

Bus/Bahn: Mit dem Zug nach Forchheim, weiter mit dem Bus nach Leutenbach, Haltestelle Ortsmitte. Zum Rathaus um die steile Straßenkurve herum in die St.-Moritz-Straße
Auto: A73 Ausfahrt Forchheim Süd über Gosberg nach Kirchehrenbach. In Ortsmitte rechts auf der Leutenbacher Straße nach Leutenbach. Parken am Straßenrand

Einkehr

Unterwegs keine. Eine sehr gute Einkehr finden wir am Ende der Wanderung in Leutenbach in der Brauerei Gasthof Drummer (Montag Ruhetag).

Informationen

www.vg-kirchehrenbach.de

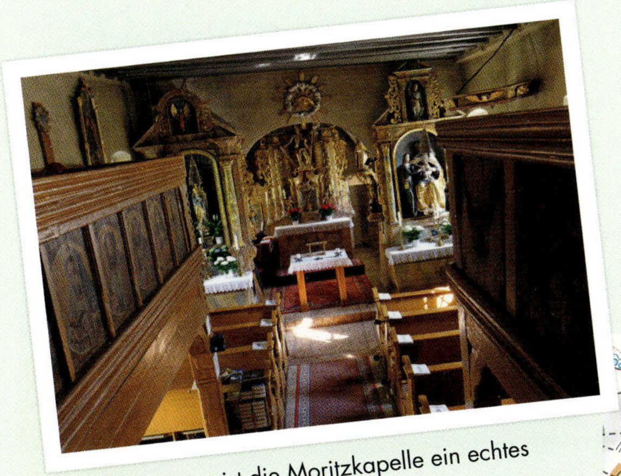

Auch im Inneren ist die Moritzkapelle ein echtes Schmuckstück.

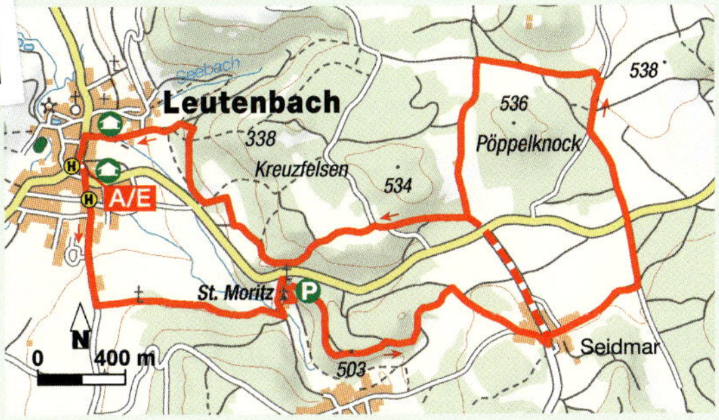

16 Auf den Schlossberg bei Egloffstein

Glücksmomente am plätschernden Wasser

mittel

3.45 Std.

320 Hm

12 km

Gurgelnde Wiesenbächlein, Streuobstflächen und ein wunderbarer, artenreicher Baumbestand in einsamen Wäldern erwarten uns auf dieser Wanderung. Wer auf der Suche nach einem Glückselixier ist, wird in der Landschaft rund um Egloffstein fündig.

Aufstieg durch Egloffstein Wir starten am kleinen Busbahnhof, der gleichzeitig ein Wanderparkplatz ist und etwas außerhalb von Egloffstein liegt. Zunächst wandern wir über den Trubach in Richtung Ortsmitte. Links am Gasthof zur Post beginnt das Heidgässchen, das uns steil über Treppenstufen hinauf zum Marktplatz bringt. Hier haben wir den anstrengendsten und steilsten Abschnitt der Wanderung geschafft. Oben angekommen folgen wir der Markgrafenstraße für ein kurzes Stück nach links, dann biegen wir links in den Steinbruchweg ein, der uns einen Vorgeschmack auf die herrliche Natur liefert. Nun zeigt uns immer der grüne Ring auf weißem Grund die Wanderrichtung an. Unser Weg stößt noch einmal an eine Teerstraße, der wir nur minimal nach links folgen. Dann beginnt gleich rechts ein unscheinbarer Pfad, der etwas oberhalb einiger Häuser am Hang entlangführt.

Idyllischer Arlesbach Nach wenigen Minuten und leicht bergauf erreichen wir den Arlesbach, der hier fröhlich über Wiesen mäandert – ein Glücksplätzchen. Wir passieren die Fischzucht mit ihren schnatternden Enten und Gänsen, dabei steigt der Weg noch einmal etwas an. Dann treten wir hinaus in die Sonne auf die Felder und Wiesen westlich von Egloffstein. Gerade zur Kirschblütenzeit eine wunderbare Landschaft, wobei obendrein unser Weg naturnah von dicken Wildhecken gesäumt ist.

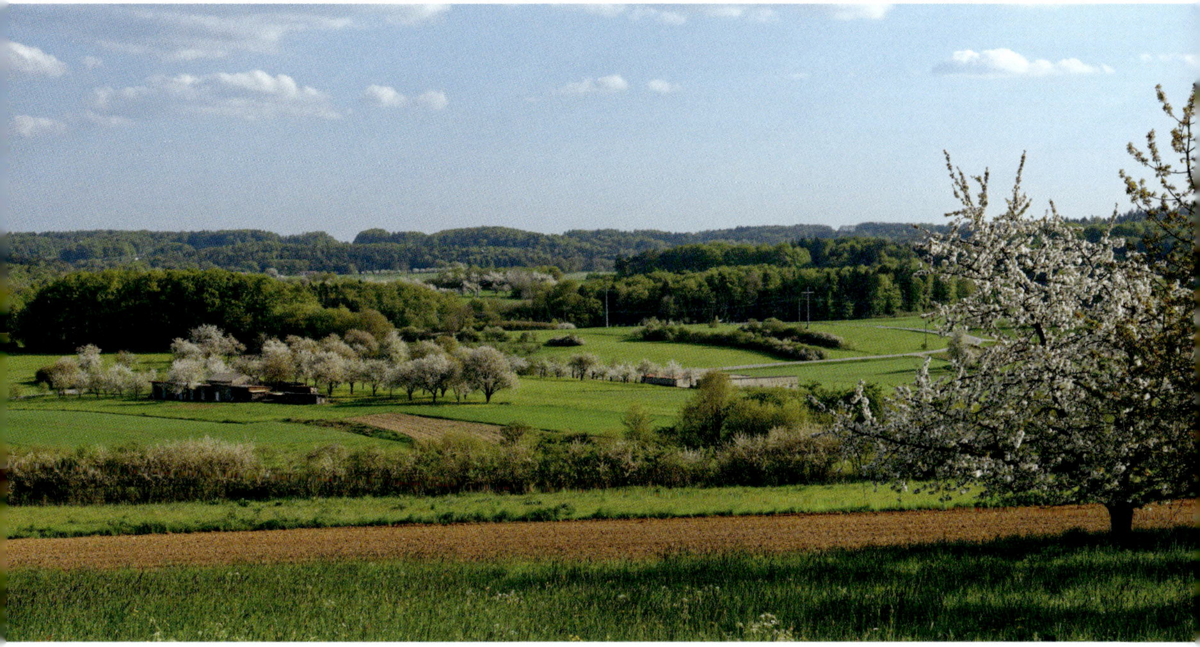

Eine unserer Lieblingswanderungen – und das nicht nur im Frühjahr wegen der Kirschbaumblüte

Zum Schlossberg Wir treffen auf eine Landstraße, der wir für 100 Meter nach rechts folgen. Vorbildlich wurde auf diesem Abschnitt ein kleiner Fußweg auf der linken Straßenseite angelegt. An der Stelle, an der sich die Straße nach rechts wendet, gehen wir geradeaus in den Feldweg, der grüne Ring ist, wie immer, unsere Orientierung. Nach wenigen Schritten biegen wir links in den nächsten Feldweg ein, der uns in den Wald führt und dem wir nun lange treu bleiben. Der Wald ist wunderschön und abwechslungsreich. Alter und junger Baumbestand wechseln sich ab. Spechte klopfen an die Bäume, und immer wieder passieren wir mächtige Buchen und Föhren. Links und rechts türmen sich Felsblöcke auf, fast als wären sie durch Menschenhand geschaffen. Unser bequemer Forstweg führt in weiten Bögen durch den Wald. Nach einem kleinen Moorgebiet weist uns schließlich das Schild nach links hinauf zum Schlossberg am Burgstein. Dieser

Verkürzen der Tour

Wem der Aufstieg zum Schlossberg zu anstrengend ist, kann einfach der kleinen Forststraße weiter folgen.

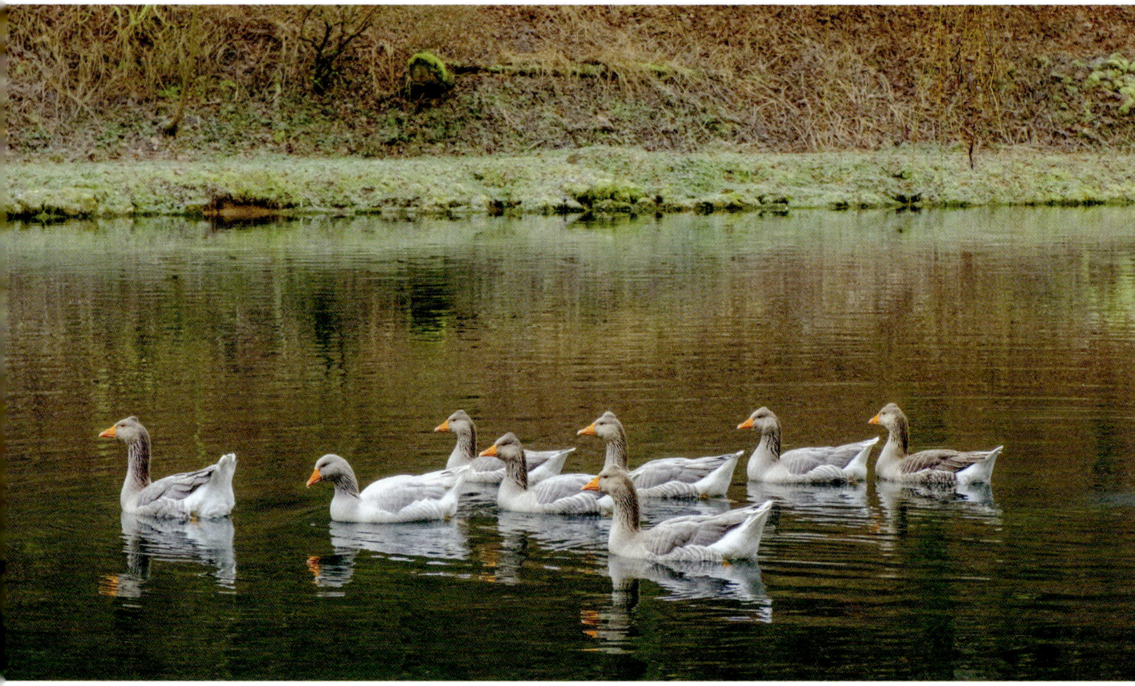

Enten ziehen über die Fischweiher am Arlesbach.

ist schnell erreicht. Oben erwarten uns Picknicktische und natürlich können wir die Ruinenreste der einstigen Burganlage besichtigen. Von dieser ist jedoch kaum mehr etwas übrig. Wer will, kann nun noch ganz hinauf zum Burgstein steigen. Der Weg führt vom Picknickplatz über einige Felsen, Stufen und sogar einen Steg weiter hinauf. Etwas Trittsicherheit ist dafür Voraussetzung. Oben freuen wir uns über die freie Sicht auf Haidhof und die umliegende Landschaft, die wir von einer Rastbank genießen dürfen.

Nach Thuisbrunn Dann steigen wir von den Picknickplätzen dem grünen Ring folgend ein kurzes Stück abwärts. Wieder treffen wir auf eine Forststraße, der wir nach links zum Waldrand folgen. Hier wendet sich der Weg nach rechts, wir verlassen den Wald und stoßen auf einen quer verlaufenden Wanderweg, der mit kleinen Betonsteinen gepflastert ist. Bei uns war das die einzige Stelle, an der wir keinen grünen Ring gefunden haben. Hier geht es nun nach links und gleich darauf passieren wir eine seismologische Messstation der Bundesregierung. Damit wissen wir, dass wir richtig sind. Im leichten Auf und Ab geht es nun wieder nach Westen. Dann treffen wir auf eine Landstraße, der wir am Straßenrand nach rechts folgen. Am besten queren wir sie dafür und wandern auf ihrer linken Seite. Vor uns liegt Thuisbrunn mit seiner Kirche und dem dominierenden Burgfelsen. Den Ort erreichen wir aber nicht direkt, wir werden bald nach links über einen Pfad von der Straße weggelotst. Wie üblich folgen wir dem grünen Ring, der nun gleichzeitig als Leitenweg mit einer Küchenschelle bezeichnet ist. Nun wandern wir für ein kurzes Stück im Auf und Ab über Pfade, die verschlungen über die trockenen Wacholderheiden bei Thuisbrunn führen. Schließlich erreichen wir den Ort und folgen der Straße zur Hauptstraße. Auf dieser geht es nun nach links. Obwohl sie mitten durch den Ort führt, gibt es keinen Fußweg. Der wirklich einzige Abschnitt der Wanderung mit Wermutstropfen, denn es herrscht Durchgangsverkehr. Wer jetzt einkehren möchte, kann den Brauereigasthof Seitz am Elchbräu besuchen oder im kleinen Bauernladen einen Imbiss zu sich nehmen. Nach dem Elchbräu steigt die Straße etwas an und wir biegen links zur Katharinenkirche ein. Hinter der Kirche wendet sich unser Weg nach rechts und wird wieder zu einem Feldweg.

Der klare Thuisbrunner Bach sorgt für üppigen Moosbewuchs, es wächst sogar Brunnenkresse.

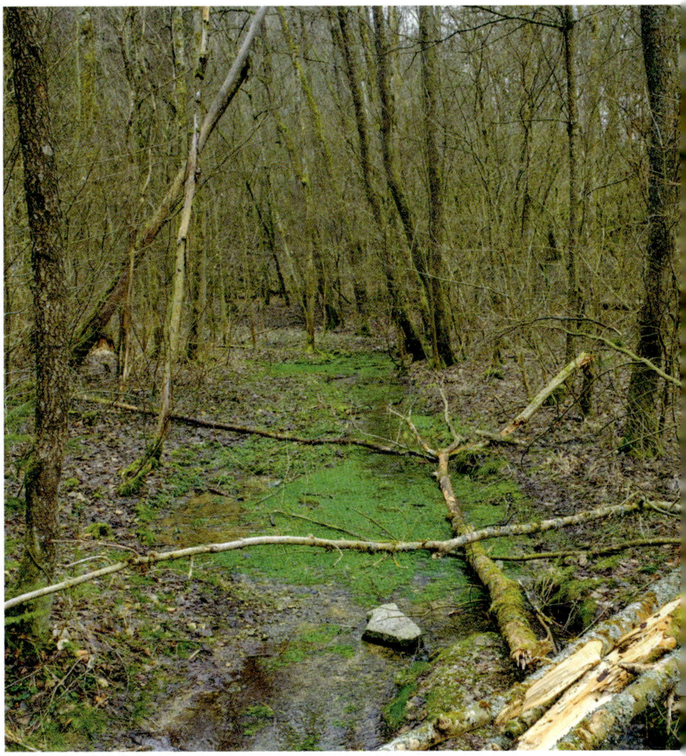

Durch das Todsfeldtal Er führt uns nun leicht abwärts ins wildromantische Todsfeldtal, dessen Name so gar nicht der Stimmung entspricht. Im Tal fließt von mächtigen Weiden flankiert der Thuisbrunner Bach. Buckelige Schopfweiden setzen immer wieder Akzente. Der Weg wendet sich nach rechts, vorbei an einigen Kletterfelsen geht es weiter abwärts. Sogar ein Wasserfall,

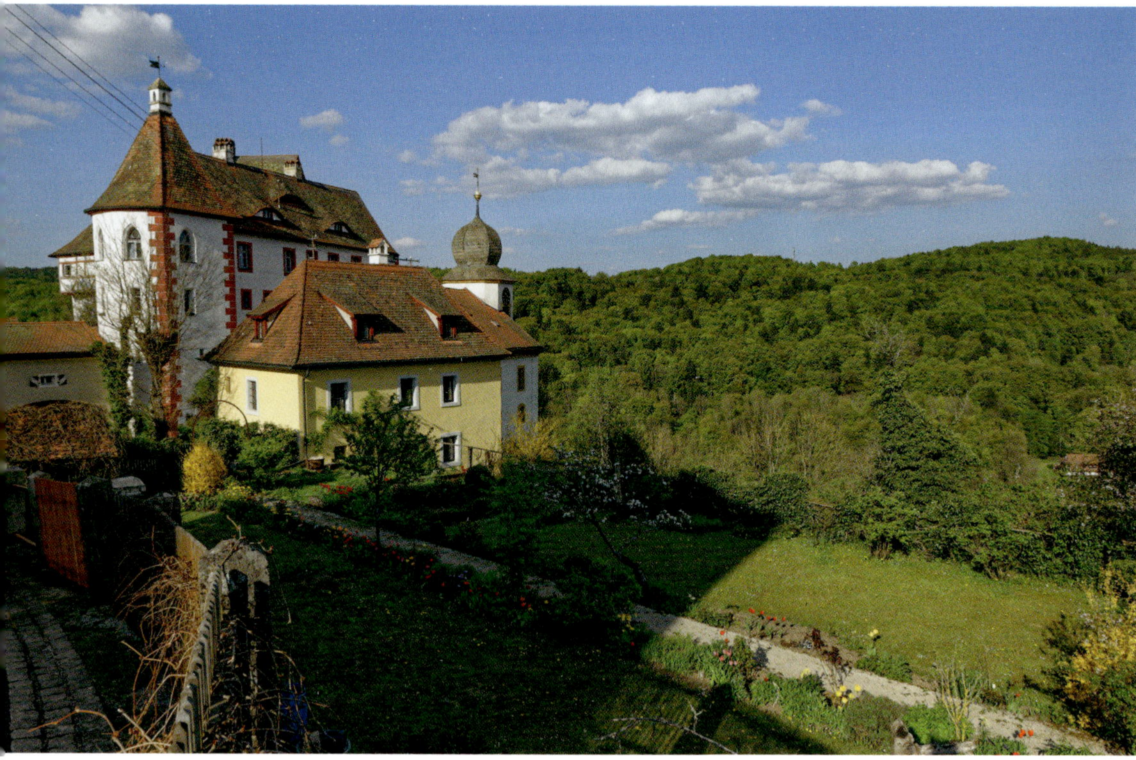

Die Burg Egloffstein wacht über das Trubachtal.

der über Sinterterrassen strömt, liegt am Wegrand. Weiter abwärts passieren wir noch einen Auwald, bevor wir dann am Waldrand unseren Weg nach links fortsetzen. Nun wandern wir für das letzte Stück fast eben dahin. Ein kleiner Bewässerungskanal, ganz in der Manier der Südtiroler Waalwege, begleitet uns. Ein herrlicher Anblick! Bald knickt der Weg nach links, mit Blick auf den tiefer fließenden Trubach geht es die letzten Meter hinunter nach Egloffstein. Nach rechts können wir die Wanderung sofort beenden, nach links lockt noch der Gasthof zur Post in Egloffstein zu einer Einkehr. Aber auch das Café zur Mühle am Trubach lohnt einen glückseligen Ausklang der Tour bei Kaffee und Kuchen.

Burg Egloffstein

Wer am Ende der Tour noch Kraft genug hat, für den lohnt sich auch ein Aufstieg hinauf zur Burg Egloffstein, von der wir einen weiten Ausblick über das Trubachtal genießen können (Termine für eine Burgbesichtigung unter www.burg-egloffstein.de).

Wichtiges zur Tour

Tourencharakter
Eine etwas längere, vor allem am Beginn ansteigende Wanderung. Sie führt im weiteren Verlauf im steten Auf und Ab über Wiesenpfade und Wanderwege, durch einen längeren Waldabschnitt. Die ganze Wanderung ist perfekt mit einem grünen Ring gekennzeichnet.

Ausgangs- und Endpunkt
Egloffstein Busbahnhof
GPS 49.699117, 11.264950

Höchster Punkt
Burgstein, 569 m

Anfahrt
Bus/Bahn: Mit der Bahn nach Ebermannstadt oder Pretzfeld, weiter mit dem Bus nach Egloffstein

Auto: Von der A73, Ausfahrt Forchheim weiter auf der B470 nach Pretzfeld, von dort ins Trubachtal nach Egloffstein. Der Wanderparkplatz P1 ist gleichzeitig Busbahnhof und liegt am südlichen Ortsrand.

Einkehr
Unterwegs liegt gegen Ende der Wanderung der Brauereigasthof Seitz in Thuisbrunn (Montag, Mittwoch, Donnerstag Ruhetag). Serviert wird fränkische Küche nebst einem süffigen hausgebrauten Elchbier. In Egloffstein gibt es das Gasthaus Zur Post und ein hübsches Café. Am Schlossberg stehen für ein Waldpicknick Tische und Bänke – ein toller Platz für eine Rast.

Informationen
www.fraenkische-schweiz.com

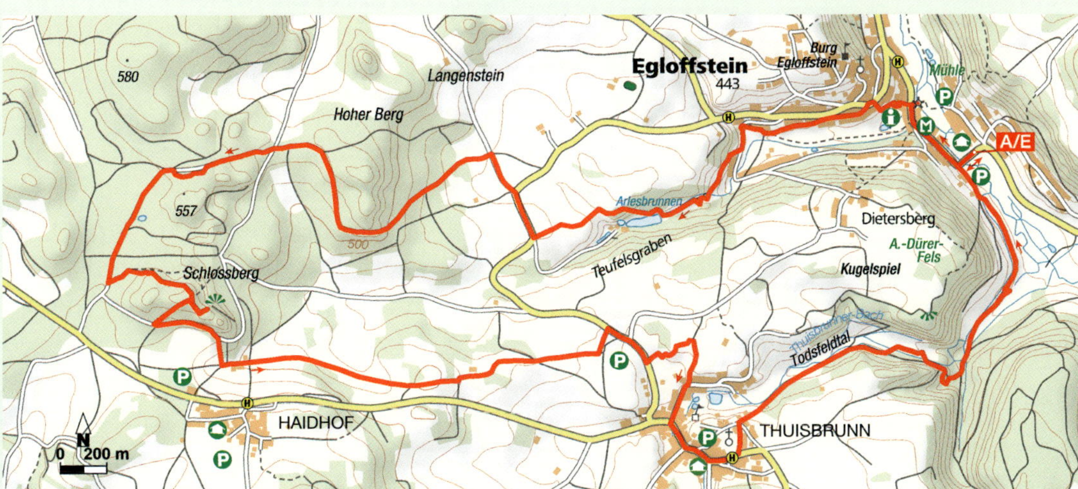

17 Durch das Trubachtal

Ein Bach wächst zum Fluss heran

- leicht
- 3 Std.
- 50/100 Hm
- 8,5 km

Auf dem Trubachtalweg folgen wir dem Verlauf des jungen Trubaches und erleben seine Entwicklung vom schmalen Quellbach zum kleinen Fluss. Seine Wasserkraft hat früher 26 Mühlen angetrieben, die sich wie Perlen an einer Kette entlang des Flusslaufes reihen. Heute sind nur noch die Namen und Gebäude erhalten.

Am Anfang Wir beginnen die Wanderung am Schloßberg, das ist der Platz unterhalb der Pfarrkirche von Obertrubach, die dem Hl. Laurentius geweiht ist. Die Kirche ist ein Neubau aus dem Jahr 1956. Im Inneren bestechen vor allem die barocken Heiligenfiguren des Johann Michael Doser, die sich organisch in die moderne Architektur einfügen.

An der Quellfassung des jungen Trubaches

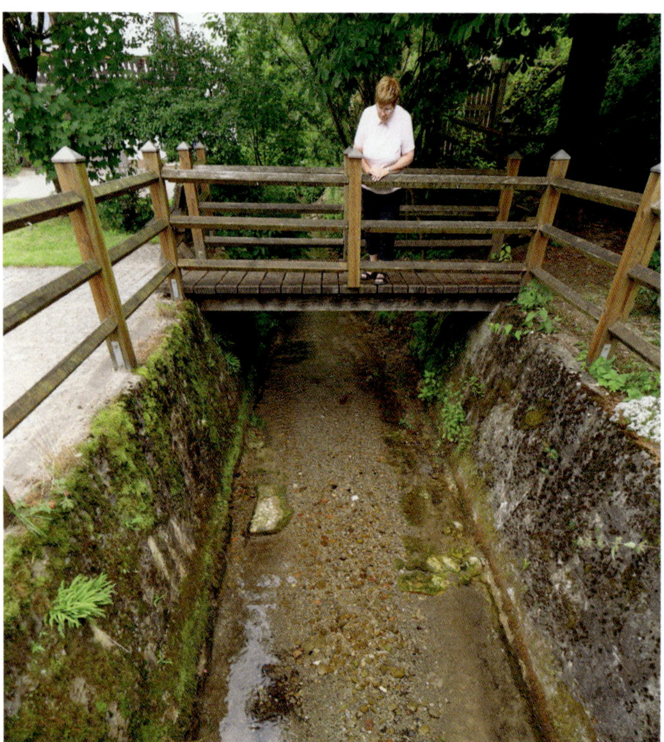

Vom Schloßberg aus wandern wir gut 200 Meter die Trubachtalstraße entlang und erreichen die Trubachquelle. Anfangs wenig spektakulär fließt das Wasser aus einem Betonrohr ins Freie, um dann seinen eigentlichen Lauf in einem Betonbecken zu beginnen. Das lässt erahnen, dass man bei Hochwasser dem Bach Fesseln anlegen muss. Übrigens kommt das Wort »Trubach« von »truboi ach« und das bedeutete im Althochdeutschen »trübes Wasser«. Bei Schneeschmelze oder nach Starkregen ist der Trubach auch heute noch trüb.

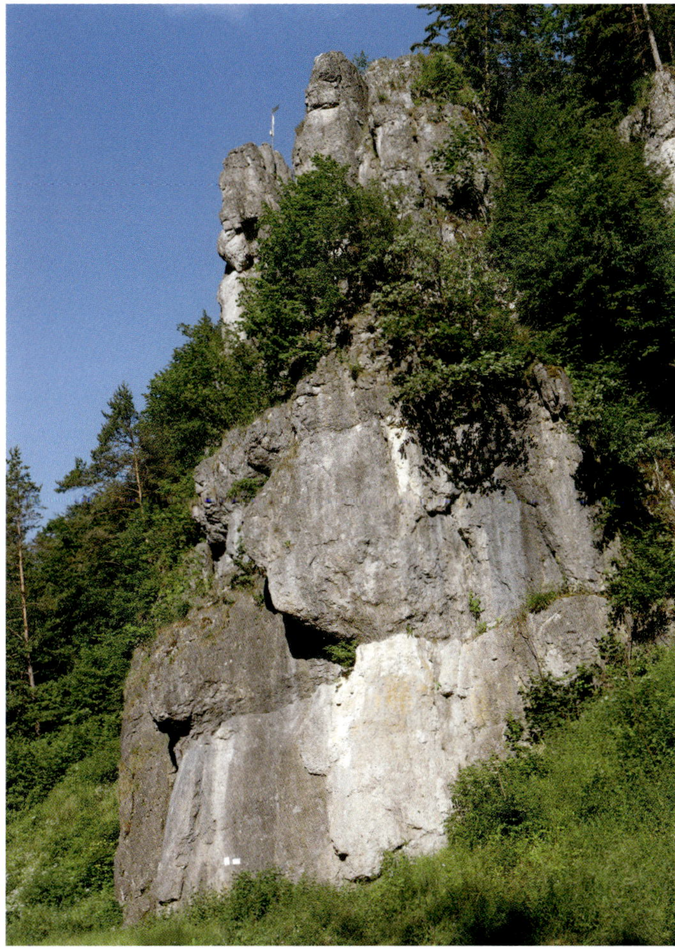

Richard-Wagner-Felsen und Hartlstein bei Obertrubach

Mühlenweg An der Quelle zweigt rechts ein Steig ab, der sich in leichtem Auf und Ab am Hang neben der Fahrstraße hinzieht und nach Egloffstein beschildert ist. Vorbei an einigen Kletterfelsen wandern wir über die Schlötter- und Ziegelmühle zur Reichelsmühle, wo wir im Gasthof Treiber schon mal einkehren könnten. Gleich daneben kommt der Richard-Wagner-Fels, auf dem man das Gesicht des Komponisten erkennen sollte. Dafür brauchen wir aber eine gehörige Portion Fantasie! Kurz danach senkt sich der Weg bei einem Parkplatz auf das Niveau der Straße ab. Hier überqueren wir den Trubach, der inzwischen eine ansehnliche Breite erreicht hat. Auf seiner Südseite wandern wir an Wolfsberg vorbei, das von einer Burgruine dominiert wird.

Freizeitbuslinie

An Wochenenden gibt es die Freizeitbuslinie 229 Trubachtal-Express. Informationen über die Busverbindungen am besten vorher abrufen unter www.vgn.de.

Das Finale Wir bleiben auf unserer Bachseite und kommen nach Untertrubach mit seiner Kirche St. Felicitas. Wie in Obertrubach ist auch diese Kirche relativ neu. Vielleicht kommen uns die barocken Figuren in der Kirche irgendwie bekannt vor. Sie stammen ebenfalls von dem Barockbildhauer Johann

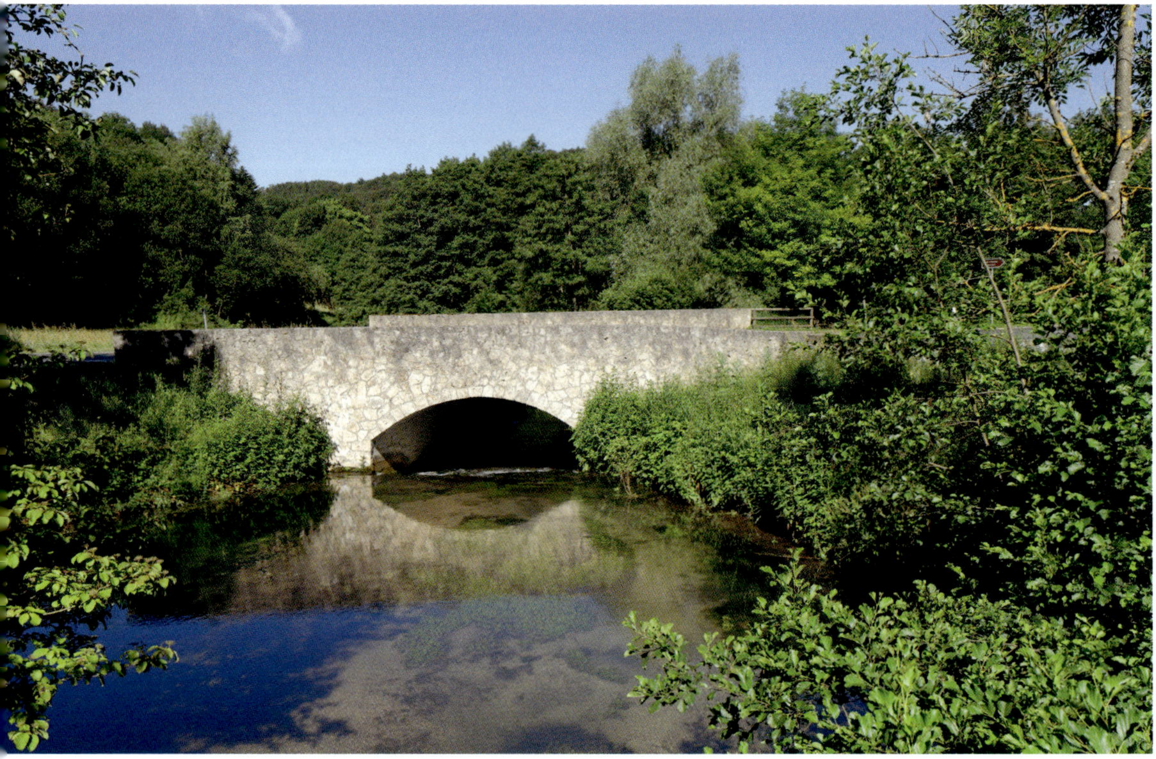

Die alte Steinbrücke führt bei Egloffstein über den Trubach.

Michael Doser. Wir bleiben an der Kirche geradeaus und folgen der Ortsstraße vor zur Hauptstraße. Diese überqueren wir und wandern auf einer breiten, aber wenig befahrenen Nebenstraße nach Hammerthoos. Der Name ist reine Lautmalerei. Den Lärm der dröhnenden Schwanzhämmer in der ehemaligen Hammermühle können wir uns noch gut vorstellen. Es folgt die Bärentalmühle, dann überqueren wir den inzwischen recht stattlichen Trubach. Wir gehen noch ein kurzes Stück die Straße entlang und können auf einem kleinen Dammweg nach Egloffstein hineinwandern. Damit haben wir das Ende unserer Tour erreicht, und wir kehren mit dem Bus zurück.

Verlängern der Tour

Wer noch Lust auf mehr hat, kann zur Burg Egloffstein hinaufsteigen. Sie ist in Privatbesitz, kann aber nach Anmeldung besichtigt werden (www.burg-egloffstein.de). Natürlich kann man auch zurückwandern: Von Egloffstein folgt man der Markierung »gelbes Kreuz«. Die acht Kilometer lange Strecke führt über Sorg, den Signalstein und Hundsdorf.

Wichtiges zur Tour

Tourencharakter
Streckenwanderung im leichten Auf und Ab auf guten Wegen und Pfaden, die an einigen Stellen etwas Trittsicherheit erfordern. Die Rückkehr erfolgt mit dem Bus.

Ausgangspunkt
Obertrubach, Platz am Schloßberg
unter der Kirche
GPS 49.802592, 11.033218

Endpunkt
Egloffstein

Höchster Punkt
An der Schlöttermühle, 435 m

Anfahrt
Bus/Bahn: Mit dem Bus von Forchheim, Gößweinstein oder Gräfenberg
Auto: Autobahn A 9 Nürnberg–Bayreuth, Ausfahrt Plech, über Betzenstein nach Obertrubach. Parken in der Teichstraße hinter dem Rathaus

Einkehr
Reichelsmühle, Gasthof Treiber und mehrere Gasthäuser in Obertrubach sowie in Egloffstein

Informationen
www.obertrubach.de

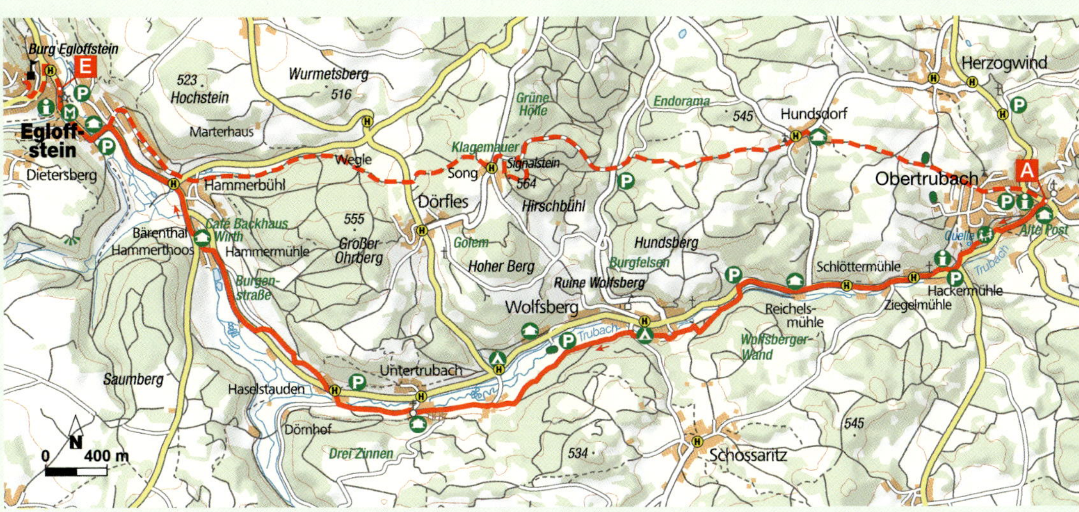

18 Von Gößweinstein nach Allersdorf

Durch die Wälder des Jura

- mittel
- 3.30 Std.
- 150 Hm
- 10 km

Die Basilika Gößweinstein, zu Ehren der Heiligen Dreifaltigkeit geweiht, wurde im 18. Jahrhundert von Balthasar Neumann erbaut. Die barocke Architektur der Wallfahrtskirche ist weltberühmt. Viel weniger bekannt sind die stillen Jurawälder in der Umgebung, die wir bei dieser Wanderung kennenlernen.

Nürnberger Kapelle Wir beginnen unsere Wanderung vor der Wallfahrtskirche von Gößweinstein und wenden uns, die Kirche im Rücken, nach links. Auf der Pezoldstraße, der Hauptstraße, geht es aus dem Ort hinaus. Bei der kleinen Kapelle, die den Kriegsopfern gewidmet ist, gabelt sich die Straße. Wir halten uns links und passieren die Feuerwehr und den Bauhof. Etwa 100 Meter später zweigt rechts ein schmaler Wiesenweg ab (Markierung »gelber Kreis auf weißem Grund«), der über die Felder und dann durch einen Wald leicht ansteigend zur Nürnberger Kapelle führt. Die Kapelle ist eigentlich ein großer Bildstock, der 1872 von der katholischen Gemeinde Nürnberg gebaut wurde. Sie bezeichnet die Stelle, an der die Wallfahrer zum ersten Mal die Wallfahrtskirche von Gößweinstein gesehen haben. Durch die hochgewachsenen Bäume ist dieser Blick heute aber etwas verstellt.

An der Nürnberger Kapelle

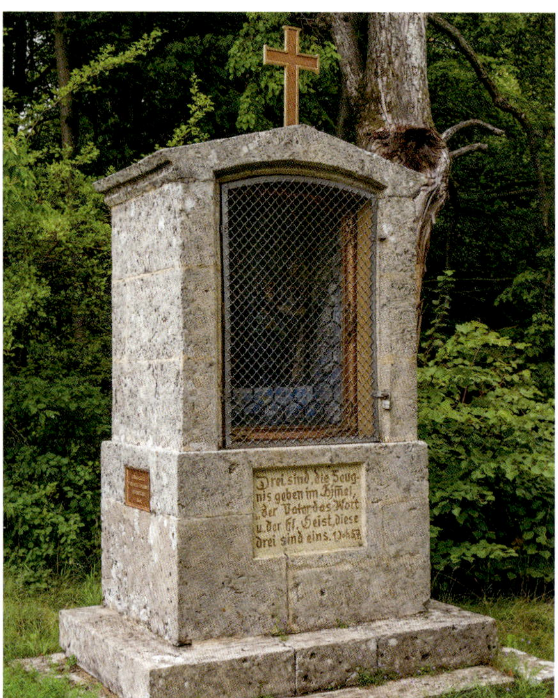

Nach Allersdorf Von der Kapelle wandern wir weiter nach Etzdorf. Auf der

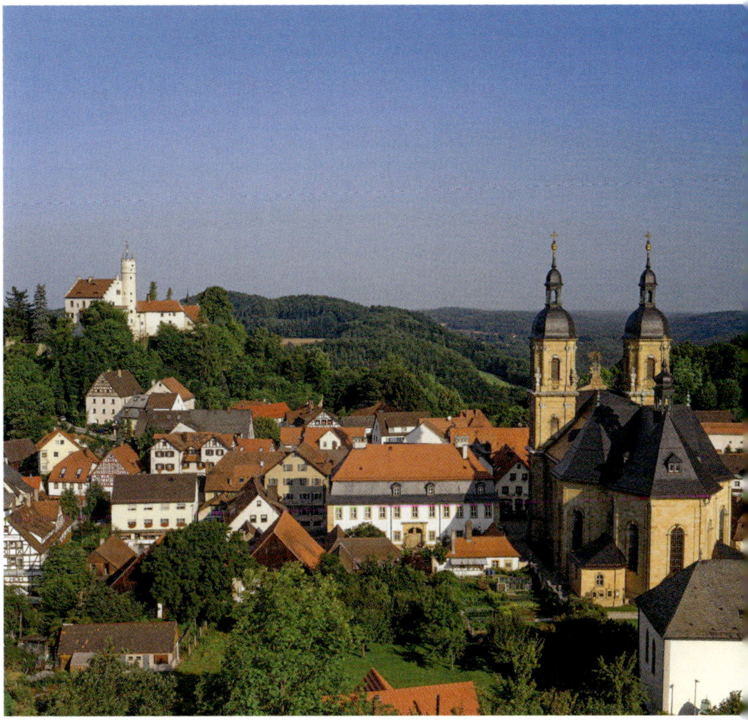

Die Wallfahrtskirche von Gößweinstein mit dem Schloss

Hauptstraße geht es nach rechts durch das Dorf. Wir passieren eine nette neugotische Kapelle und erreichen gleich das Dorf Türkelstein. Bei der Bushaltestelle biegen wir links ab und folgen nun der Beschilderung nach Allersdorf. Dafür lassen wir die ersten beiden Abzweigungen unbeachtet, dann kommt eine Straßengabel. Hier wählen wir den rechten Zweig und sofort an der nächsten Gabel den linken. Ab hier bleiben wir auf unserem Weg und ignorieren sämtliche Abzweigungen. Aus einem flachen Tal heraus kommen wir an den Waldrand und gehen an ihm ein Stück entlang zu einem quer verlaufenden Weg. Auf ihm erreichen wir die Staatsstraße, überqueren sie und treffen wieder auf einen Wanderweg, der nach wie vor mit dem gelben Kreis markiert ist. Der Weg schlängelt sich durch den Wald und wir erreichen ein wildromantisches Felsengebiet. Eine Wunderwelt der Natur offenbart sich uns direkt am Wegesrand. Große Felsen türmen sich mitten im Wald auf, ein Eldorado für Kletterspezialisten.

Am Waldrand schwenken wir nach links und haben Allersdorf erreicht. An einem Campingplatz vorbei, den wir links liegen lassen, treffen wir auf die Ortsmitte.

Zurück nach Gößweinstein

Von der Ortsmitte aus geht unser Weg, der nach wie vor

Aussichtspunkt über Gößweinstein

Von der Viktor-von-Scheffel-Straße führt die Straße Am Kreuzberg hinter dem Kirchenareal vorbei. Hier zweigt ein Fußweg ab, der uns zu einem tollen Aussichtspunkt führt. Er ist mit einem großen Kreuz markiert. Unter uns liegt riesengroß die Wallfahrtskirche mit der Altstadt unter der Burg von Gößweinstein.

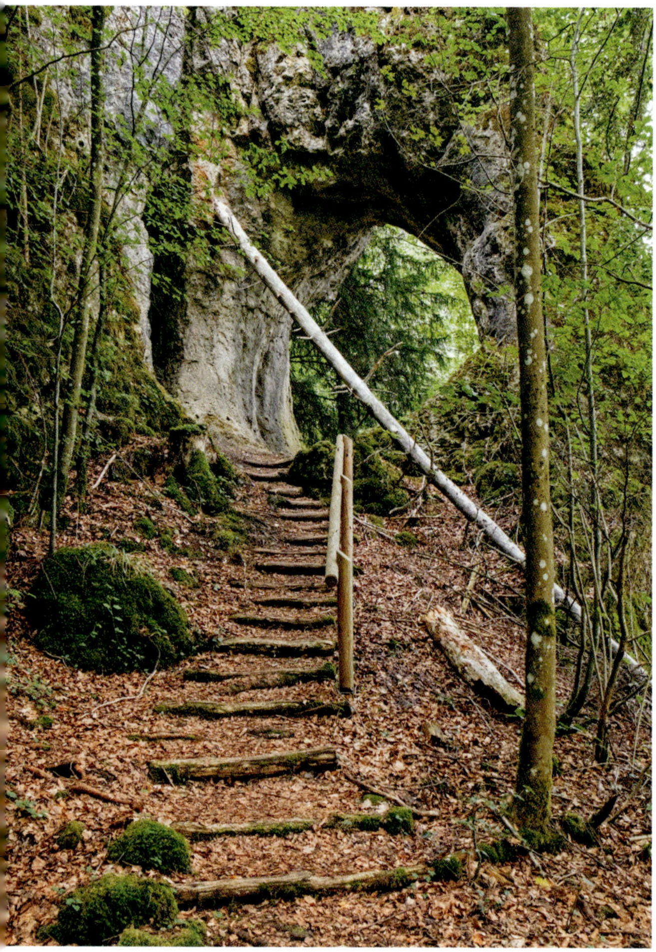

Das Felsentor bei Gößweinstein besichtigen wir mit einem Abstecher.

mit dem gelben Ring gekennzeichnet ist, nach Norden. Am Waldrand entlang kommen wir an eine Fahrstraße, etwa 50 Meter nach links setzt er sich zuerst wieder am Waldrand entlang fort. Dann tauchen wir in den Wald ein und halten uns bei der ersten Weggabel rechts. Wir treffen auf einen querlaufenden Weg, diesem folgen wir nach links. Wir verlassen den Wald und erreichen über ein Feld wieder eine Fahrstraße. Minimal geht es auf ihr nach rechts, dann biegen wir links in den Weg ein, der uns zu einer Hofanlage führt. Wir durchqueren sie und wandern geradeaus weiter, passieren eine Abzweigung und kommen am Waldrand entlang zu einer Wegverzweigung. Wir biegen rechts in den Wald hinein ab und stoßen gleich darauf auf einen quer verlaufenden Weg. Hier geht es nach rechts. Herrlicher Mischwald umgibt uns, die Luft ist klar und sauber und ein wahres Vogelkonzert ist aus den Bäumen zu vernehmen. Wir müssen nur anhalten und lauschen. Ungeachtet aller Abzweigungen und Kurven bleiben wir auf diesem Weg, bis er auf eine Kreuzung trifft, die wie ein großes X aussieht. Hier nehmen wir den rechts abzweigenden Weg und biegen keine 100 Meter später noch mal rechts ab. Jetzt geht es in einem weiten Linksbogen durch den Wald. Wir kreuzen geradeaus einen Forstweg und erreichen am Ortsrand von Gößweinstein die Staatsstraße. Wer möchte, kann sich hier mit einem Abstecher nach rechts noch ein Naturwunder, das Gößweinsteiner Felsentor, ansehen. Ansonsten folgen wir der Viktor-von-Scheffel-Straße, die uns direkt zur Wallfahrtskirche, unserem Ausgangspunkt, bringt.

Wichtiges zur Tour

Tourencharakter
Die Wanderung ist ausgeschildert (gelber Kreis auf weißem Grund), allerdings sind manche Schilder eingewachsen. Meist Wanderpfade, Feldwege und Forststraßen. Viel Schatten in angenehm kühlem Wald

Ausgangs- und Endpunkt
Gößweinstein, Wallfahrtskirche
GPS 49.770038 11.336566

Höchster Punkt
Bei Allersdorf, 533 m

Anfahrt
Bus/Bahn: Mit dem Zug nach Forchheim, Ebermannstadt, Pegnitz oder Gräfenberg, mit Regionalbussen nach Gößweinstein
Auto: Auf der A9 bis zur Ausfahrt Trockau/ Gößweinstein. Parkplätze im Ort an der Marktstraße oder in der Hauptstraße. Außerdem an der St2185 bei der Einfahrt ins Zentrum (zeitlich unbegrenzt, gebührenfrei)

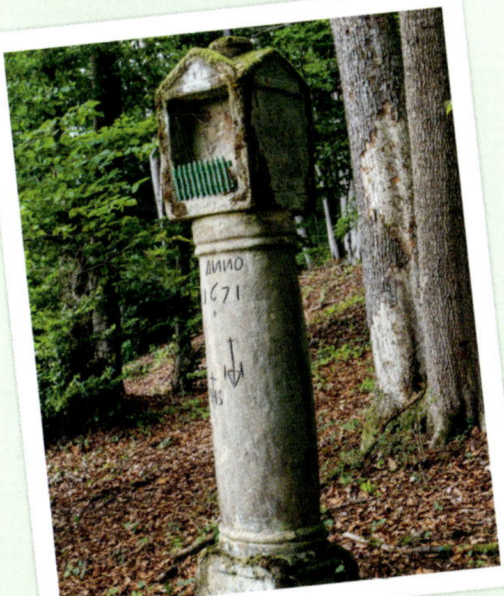

Die verwitterte Bildsäule von 1671 steht bei Allersdorf.

Einkehr
In Gößweinstein gibt es zahlreiche Gaststätten. Besonders gut haben wir im Hotel Krone gegessen, aber auch das Hotel Gasthof Stern war nicht zu verachten. In Türkelstein hat uns das Gasthaus zum Felsentor gut gefallen. Wir empfehlen aber auch eine Brotzeit und Getränke mitzunehmen, denn es gibt nette Rastplätze.

Informationen
www.goessweinstein.de

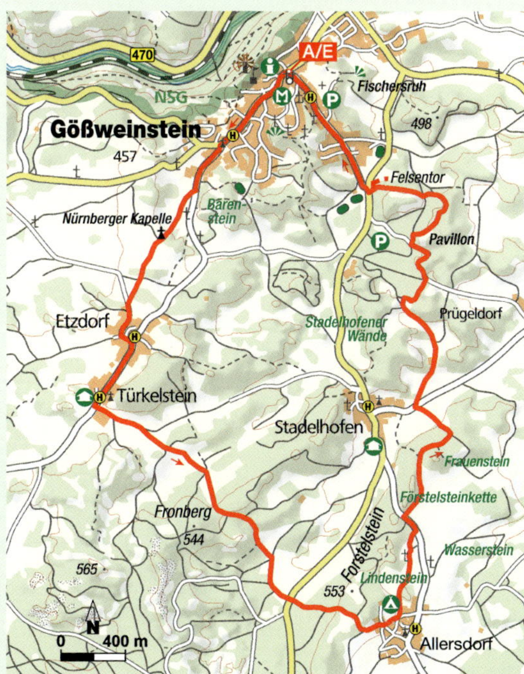

19 Von Gößweinstein nach Bösenbirkig

Zu kleinen und großen Naturwundern

- leicht
- 1.45 Std.
- 80 Hm
- 5 km

Gößweinstein ist nicht nur ein bekannter Wallfahrtsort, sondern auch ein wunderbarer Erholungsort, vor allem auch für ältere Menschen. Zahlreiche Wanderwege liegen rund um die Marktgemeinde. Auf stillen Wegen wandern wir über Felder und Fluren und durch Wälder.

Die Badangerlinde beeindruckt mit ihrer Größe und ihrem Alter.

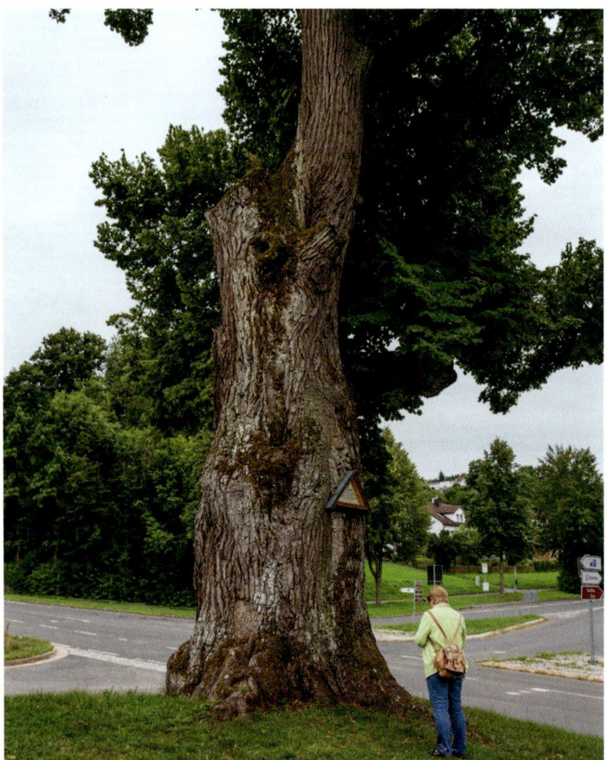

Mit oder ohne Wagnerhöhe Wir beginnen unsere Wanderung vor der Wallfahrtskirche von Gößweinstein und gehen zwischen dem Hotel Krone und dem Gasthaus Zum Löwen durch in die Burgstraße. Dort passieren wir das Tourismusbüro und nehmen unmittelbar dahinter auf der rechten Seite die Straße An der Wagnershöhe. Sie biegt sofort rechts ab, nach links lohnt sich ein Abstecher zum Aussichtspunkt Wagnerhöhe, der uns weit über das Wiesenttal schauen lässt. Der Weg dorthin führt aufwärts und ist etwas anstrengender. Ansonsten laufen wir weiter parallel zum Hang zur Badangerstraße, auf der wir geradeaus weiterwandern. Wir passieren einen Parkplatz und das Landhaus Fränkischer Hahn, danach biegen wir rechts in den kleinen Weg ab und erreichen die große Kneippanlage von Gößweinstein. Noch haben wir unsere Füße nicht warmgelaufen und so lassen wir die Anlage rechts liegen und kommen zur Staatsstraße 2185, die wir überqueren. Auf der anderen Seite können wir einen Blick in die kleine Kapelle werfen. Sie wurde zwischen 1948 und 1950 zu Ehren der Muttergottes zum Dank für die Rettung des Ortes vor Kriegsschäden erbaut. Sie steht neben der riesigen Badangerlinde, die bereits im 13. Jahrhundert erwähnt wurde. Der gewaltige Baum soll einst eine Gerichtslinde gewesen sein, das wahre Alter ist noch nicht erforscht. Auf einer Informationstafel wird sie auf 900 bis 1000 Jahre geschätzt.

Nach Bösenbirkig Jetzt nehmen wir die Schützenstraße, die bei der Kapelle beginnt. Leicht aufwärts verlassen wir an einem Pferdehof vorbei den Ort. Über die Felder kommen wir zu einem Wald. Hier steht ein sehr verwaschener Bildstock aus Sandstein. Die Dornenkrönung Christi ist kaum mehr zu erkennen. Dahinter geht es zuerst am Waldrand entlang und schließlich in den Wald hinein. Ziemlich am Rand steht ein großer Sendemast, an dem wir vorbeigehen, um etwa 100 Meter danach rechts in den breiten Waldweg abzubiegen, der hier abzweigt. Obwohl keinerlei Markierung zu finden ist, sind wir richtig. Wir folgen diesem Weg für einen knappen Kilometer geradeaus durch den Wald. Dann hat uns die Sonne wieder, und wir erreichen über Wiesen und Felder Bösenbirkig. Das Zentrum des Ortes, der nur rund 30 Einwohner zählt, ist eine kleine Kapelle, die sich in einem Weiher spiegelt.

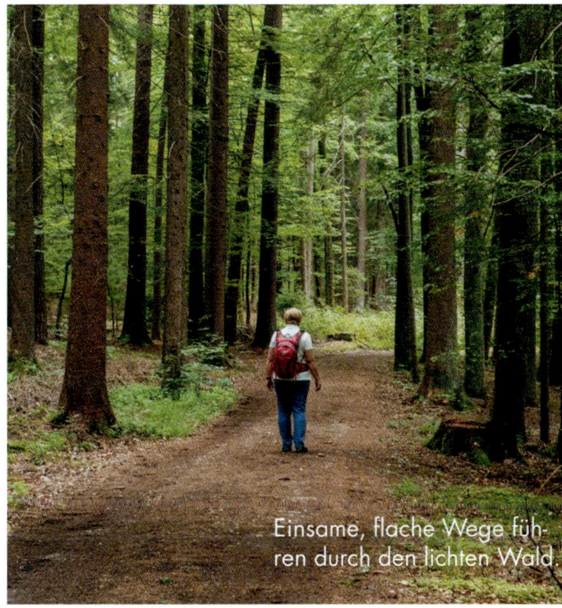
Einsame, flache Wege führen durch den lichten Wald.

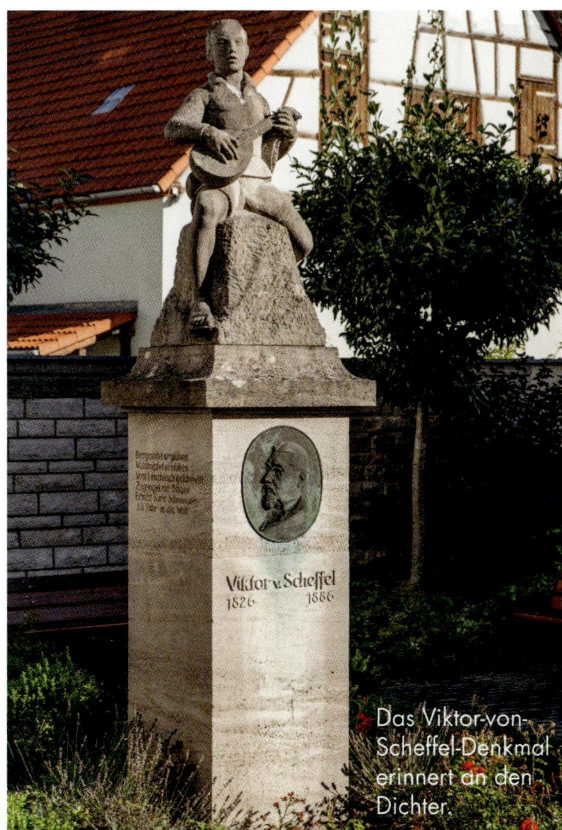

Das Viktor-von-Scheffel-Denkmal erinnert an den Dichter.

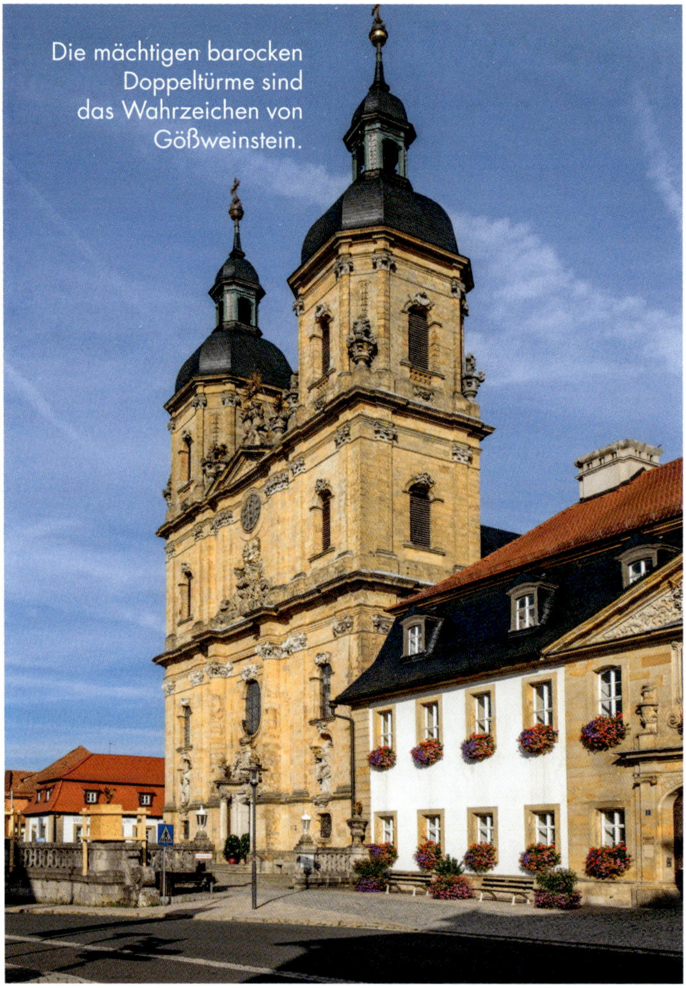

Die mächtigen barocken Doppeltürme sind das Wahrzeichen von Gößweinstein.

Zurück nach Gößweinstein

Hier am Weiher beginnt auch unser Rückweg. Wir gehen ein paar Meter den gleichen Weg zurück, den wir gekommen sind, und biegen dann noch im Dorf links ab. Dem Hauptweg folgend kommen wir in die Neubausiedlung Büchenstock. Bergab treffen wir wieder auf die Staatsstraße. Wir überqueren sie zur Balthasar-Neumann-Straße, die uns zur Behringersmühler Straße bringt. Dieser folgen wir nach links und können noch das Denkmal für Viktor von Scheffel, den großen deutschen Dichter der Biedermeierzeit, anschauen. Es steht in einem kleinen Park neben dem Hotel Krone. Noch ein paar Schritte, dann sind wir am Ausgangspunkt, an der Wallfahrtskirche, zurück.

Basilika Gößweinstein

Ein Besuch in der Wallfahrtskirche versetzt uns in die Zeit des Barocks. Das Licht und die Gestaltung des Innenraumes dirigieren den Blick ganz automatisch zum Hochaltar. In seinem Zentrum ist von Engeln umgeben das Gnadenbild, die Krönung Mariens im Himmel durch die Dreifaltigkeit. Die Gläubigen sahen damals in der Kirche einen Blick in den Himmel mit seiner überschwänglichen Pracht.

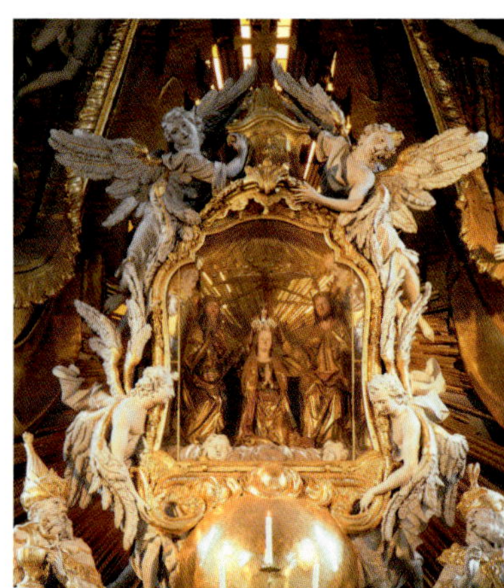

Wichtiges zur Tour

Tourencharakter

Die Wanderung ist nicht sehr gut ausgeschildert; folgt man den Straßennamen und übersieht man den riesigen Funkmasten nicht, so ist ein Verlaufen kaum möglich. Die Wege sind durchwegs breit und gut instand gehalten, sodass sie auch mit Gehhilfen genutzt werden können. Längere Strecke im schattigen Wald. Sie verläuft weitgehend über Wanderpfade, Feldwege und Forststraßen.

Ausgangs- und Endpunkt

Gößweinstein, Wallfahrtskirche
GPS 49.770038 11.336566

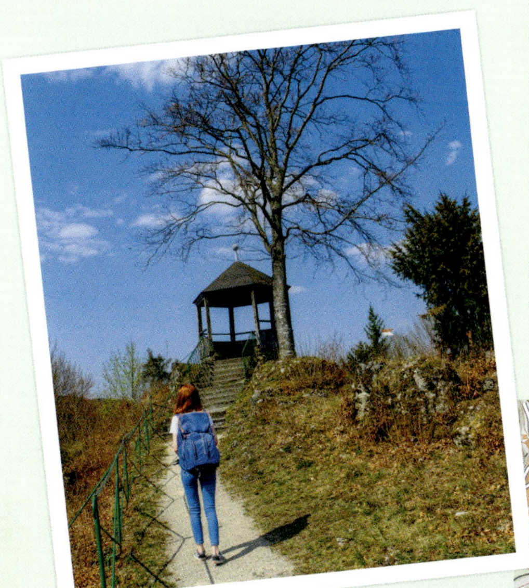

Am Weg zur Wagnerhöhe

Linke Seite: Klein hingegen ist das Gnadenbild in der Wallfahrtskirche.

Höchster Punkt

Bei Büchenstock, 470 m

Anfahrt

Bus/Bahn: Mit dem Zug nach Forchheim, Ebermannstadt, Pegnitz oder Gräfenberg, weiter mit Regionalbussen nach Gößweinstein

Auto: Über die A9 bis zur Ausfahrt Trockau/Gößweinstein. Parkplätze finden wir im Ort an der Marktstraße oder in der Hauptstraße sowie an der St2185 vor der Einfahrt ins Ortszentrum.

Einkehr

Unterwegs keine. Nach der Wanderung gibt es in Gößweinstein zahlreiche Gaststätten. Besonders gut haben wir im Hotel Krone gegessen, aber auch das Hotel Gasthof Stern war nicht zu verachten.

Informationen

www.goessweinstein.de

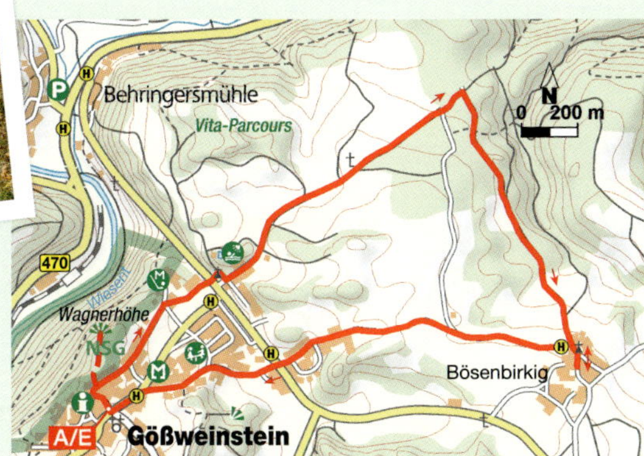

20 Durch das Püttlachtal

Über die Himmelsleiter ins Tal

mittel

2.30 Std.

350 Hm

8 km

Auf einem Felsenrücken über Pottenstein thront die über 1000 Jahre alte Burg Pottenstein. Ein Stück entfernt steht die Himmelsleiter, ein wunderbarer Aussichtsturm. Entlang der idyllisch mäandernden Püttlach geht es dann auf stillen Wegen zurück.

Der anstrengende Teil Wir starten in der Hauptstraße von Pottenstein an der Kirche St. Bartholomäus. Mit der Kirche im Rücken wandern wir auf der Hauptstraße nach rechts. Unmittelbar nach dem Gasthaus Pottensteiner Stuben biegen wir rechts ein und steigen über Treppenstufen zum Alten Burgweg hinauf. Diesem folgen wir nach rechts und

Die schöne Aussicht über Pottenstein haben wir uns nach dem Aufstieg verdient.

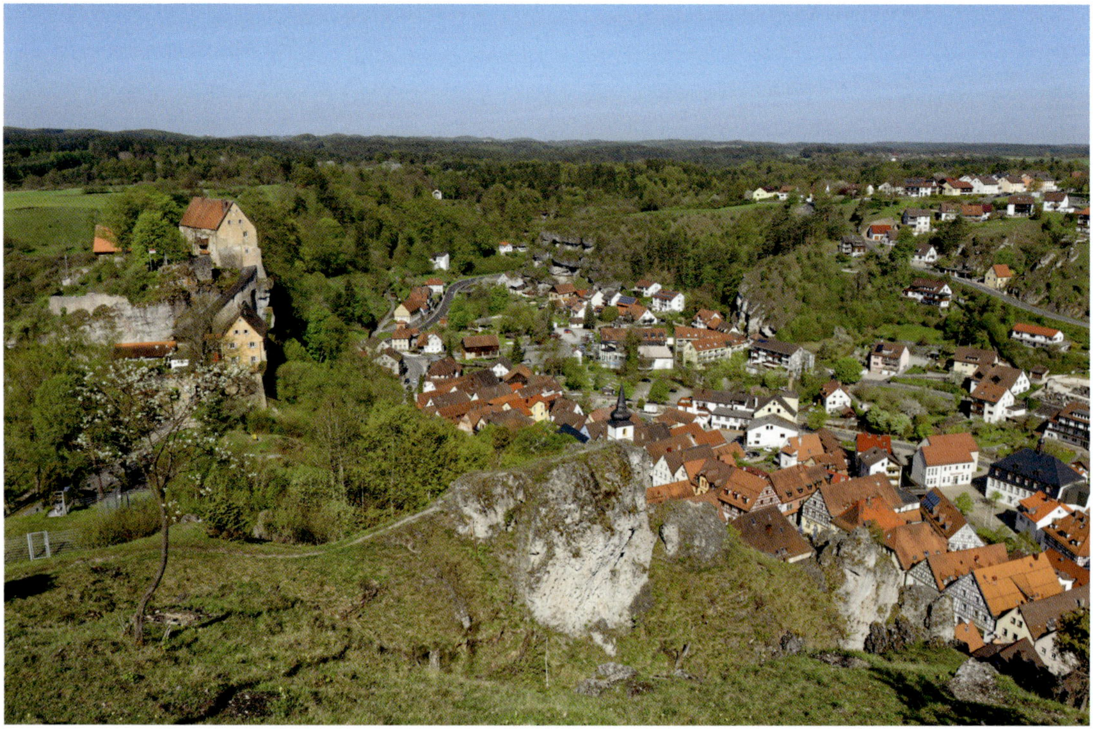

gewinnen deutlich an Höhe. Zum Glück entschädigt die Aussicht unser Schnaufen. Oben angekommen haben wir den anstrengendsten Teil der Wanderung fast geschafft. Mit einem Abstecher nach rechts können wir die Burg besichtigen. Ansonsten steigen wir nach einer kurzen Verschnaufpause noch die letzten Höhenmeter hinauf zur Hohen Warte. Vom kleinen Felsen mit seiner Wetterfahne genießen wir das Panorama über die Burg und die Altstadt, die uns nun zu Füßen liegt.

Auf den Spuren der Hl. Elisabeth

In der Burg Pottenstein suchte 1228 die Hl. Elisabeth von Thüringen Zuflucht. Deshalb gibt es einen nach ihr benannten Themenweg, der durch die Altstadt von Pottenstein zur Burg führt. Die Burg Pottenstein ist die älteste Burg der fränkischen Schweiz und kann von Mai bis Oktober immer Mittwoch bis Sonntag von 10.00–17.00 Uhr besichtigt werden.

Zur Himmelsleiter Nach dem schönen Ausblick wandern wir von der Hohen Warte die wenigen Schritte vom Felsen zurück zur Spitzkehre und folgen geradeaus dem Wanderweg. Er führt parallel zur tiefer gelegenen Autostraße über den Höhenrücken in Richtung Südost. Auf den Trockenhängen blühen im Frühsommer viele Blumen, die von zahlreichen Schmetterlingen besucht werden – eine wahre Augenweide. Wir queren einen Feldweg und stoßen dann auf die geteerte Straße, der wir in Wanderrichtung folgen. So erreichen wir bequem und ohne große weitere Anstrengung die Hoffmanskapelle mit ihrem Steinlabyrinth.

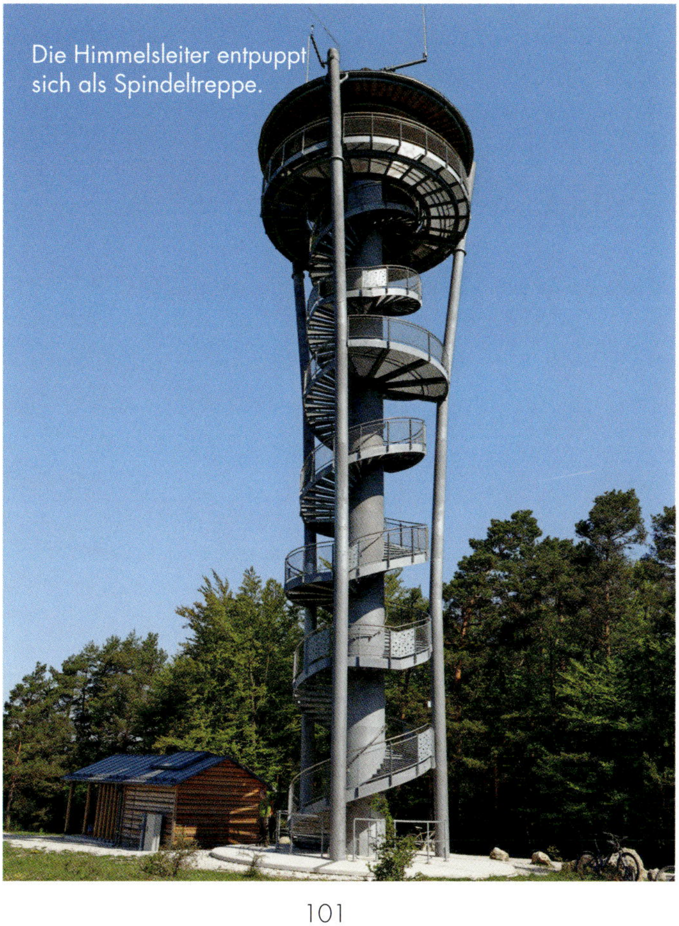
Die Himmelsleiter entpuppt sich als Spindeltreppe.

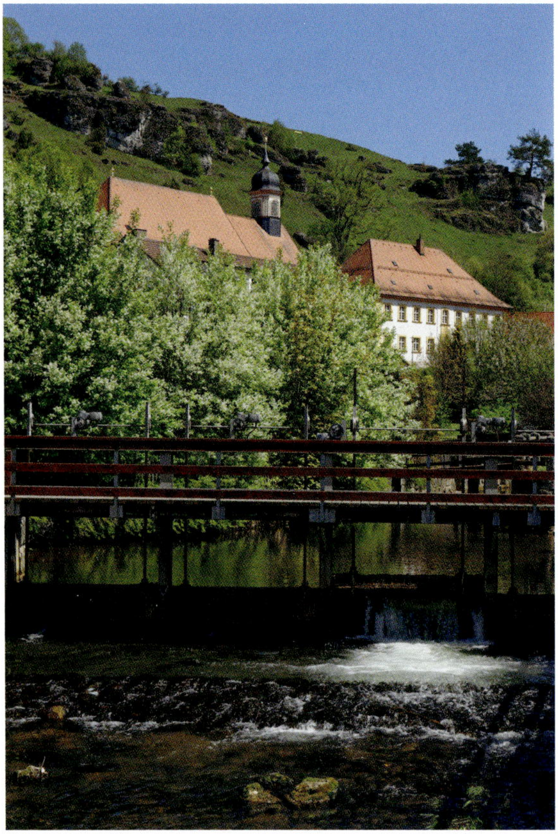

Pottenstein ist einen längeren Aufenthalt wert.

Gehen wir den Weg weiter, treffen wir rasch auf den 37 Meter hohen Aussichtsturm. Diese »Himmelsleiter« ist frei zugänglich; die Sicht von oben über die fränkische Schweiz wunderschön. Es lohnt sich also jede einzelne Stufe hinauf zur Plattform.

Höhenweg Wieder unten folgen wir weiter dem Höhenweg in Richtung Elbersberg (weiße Markierung mit blauem Längsbalken). Dabei wandern wir an vielen Feldern vorbei zur Elbersberger Kapelle. Von dort führt ein kurzer Abstecher rechts zum nah gelegenen Gasthaus Kapellenhof, das uns zu einer Einkehr verlockt. Ansonsten wandern wir direkt nach der Kapelle links und steigen ins Püttlachtal hinab. Auf dem Weg dorthin passieren wir eine kleine Höhle und erreichen am Talboden den Bach Püttlach.

Durch das Püttlachtal Eine Brücke bringt uns ans andere Ufer. Jetzt folgen wir links dem Wanderweg und freuen uns über das Plätschern und Grummeln des kleinen Baches. Am Weg ragen immer wieder wilde und hohe Felsformationen auf, die nur von Kletterern erobert werden können. Dann wird der Weg breiter und wir können uns entscheiden: Der bequeme und breite Wanderweg verläuft weiter auf der Bachseite, auf der wir gegangen sind. Er führt uns sogar noch an einem Kneipptretbecken vorbei. Als Alternative gibt es einen Steg, der uns ans andere Ufer bringt, wo wir auf einem idyllischen Pfad im leichten Auf und Ab dem Bachlauf folgen. Am Wald-Café erreichen wir – egal welchen Weg wir gewählt haben – wieder Pottenstein. Wenn wir uns jetzt immer nahe an der Püttlach halten, gleich auf welcher Seite vom Bach, kommen wir zurück in die Altstadt.

Wichtiges zur Tour

Tourencharakter
Die am Beginn ansteigende Wanderung führt für den Rest der Tour auf bequemen Wegen über den sonnigen Höhenrücken nach Elbersberg. Dann gibt es einen Abstieg ins schattige Püttlachtal, ein kleiner Wanderweg führt zurück.

Ausgangs- und Endpunkt
Pottenstein, Kirche St. Bartholomäus
GPS 49.770849, 11.408594

Höchster Punkt
Himmelsleiter, 490 m

Anfahrt
Bus/Bahn: Mit der Bahn über die Hauptlinien Nürnberg–Prag oder Nürnberg–Bayreuth bis Pegnitz, von dort weiter mit dem Linienbus

Auto: Von der A9 Nürnberg, Ausfahrt Pegnitz oder über die A73, Ausfahrt Forchheim nach Pottenstein

Einkehr
Direkt unterhalb der Kapelle Elbersberg liegt das Gasthaus Kapellenhof (Mittwoch Ruhetag). Ansonsten gibt es am Ende der Tour mehrere Möglichkeiten in Pottenstein. Sehr gut isst man in der Gasthausbrauerei Hufeisen, die einen Biergarten im Innenhof betreibt, und leckere fränkische Gerichte wie Bratwürstel serviert.

Informationen
www.pottenstein.de

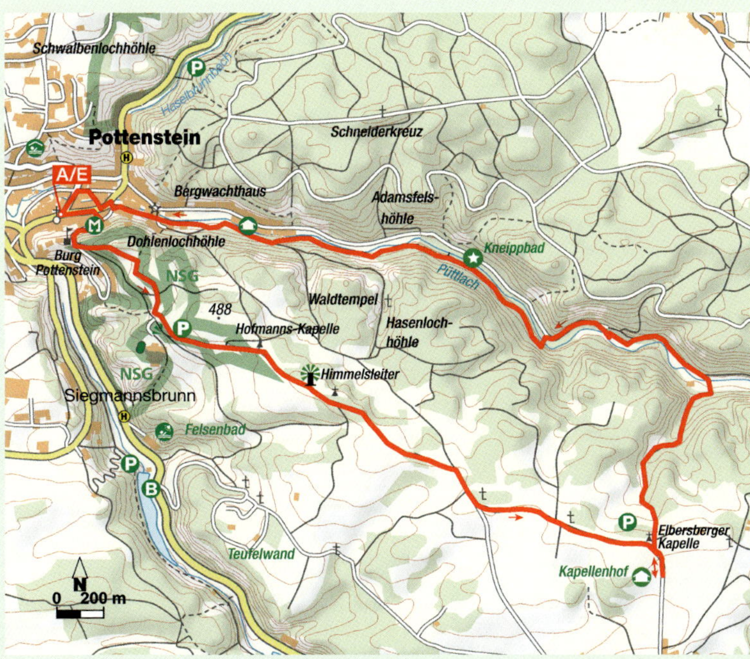

21 Durch das Klumpertal

Fränkische Schweiz abseits der großen Straßen

- schwer
- 4 Std.
- 200 Hm
- 13,5 km

Pottenstein ist einer der Hauptorte der Fränkischen Schweiz. Entsprechend belebt sind seine Straßen und Gassen sowie alle touristischen Attraktionen der Umgebung. Dennoch gibt es wunderbare Wanderwege, die von der Tourismuswelle noch nicht erfasst sind.

Stille Wege im Klumpertal Eine herrlich beschauliche Route führt von der Schüttersmühle durch das stille Klumpertal nach Bronn. Wir beginnen unsere Wanderung am Wanderparkplatz bei der Schüttersmühle und wandern die wenigen Meter zur Schüttersmühle zurück. Hier zweigt nach rechts die Straße nach Kirchenbirkig ab, auf der wir für

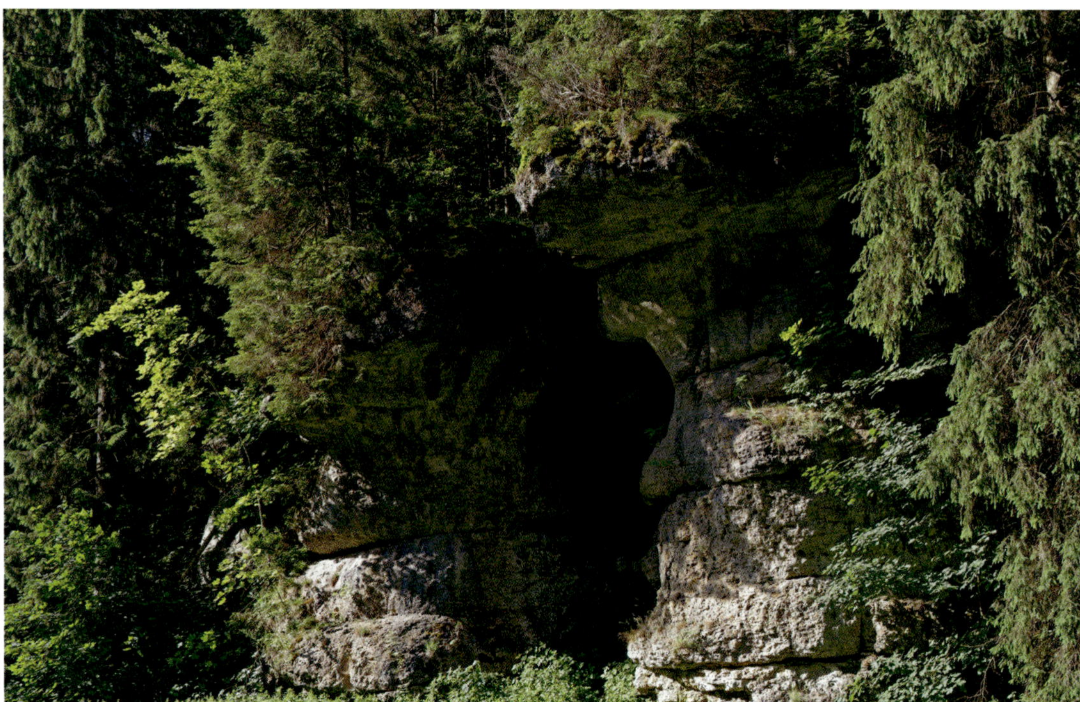

Felsentor im Klumpertal

etwa 300 Meter aufwärtssteigen. Wir erreichen einen weiteren Wanderparkplatz, eine Alternative, falls der untere Parkplatz belegt ist. Wir setzen unsere Tour auf der breiten Forststraße fort, die am Ende des Parkplatzes beginnt und sich am Westhang des Klumpertales hinzieht. Eine gelbe Raute mit dem Hinweis »Bronn« führt uns an allen Abzweigungen sicher weiter. Viele romantische Felsen säumen den Weg, ihre Namen, wie »Schwarze Frau« stammen noch aus dem 19. Jahrhundert. Der anfangs breite Weg geht schließlich in einen Pfad über, der entlang einer schmalen Wiese führt. Mitten in der Wiese steht ein alter Bildstock, gegenüber ist sie von gewaltigen Felsblöcken begrenzt. Wir hätten uns beides gerne angesehen, wollten dem Bauern aber sein Gras nicht zertreten. In der Ferne taucht bereits der Kirchturm von Bronn auf, eine Viertelstunde noch und wir haben den Ort erreicht.

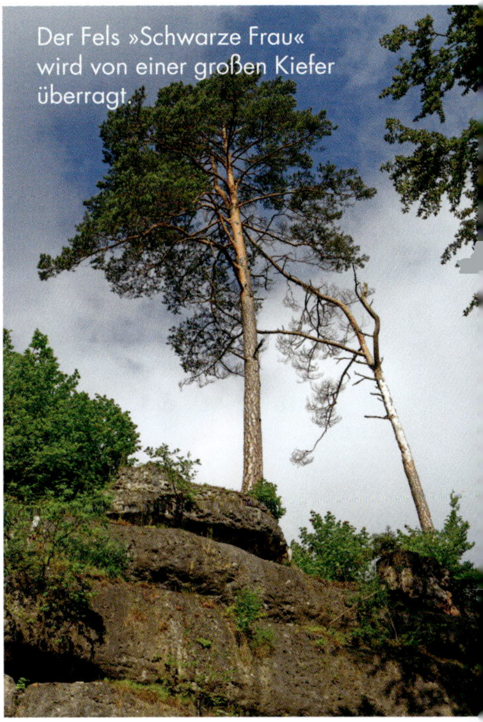
Der Fels »Schwarze Frau« wird von einer großen Kiefer überragt.

Willenreuth Eine kleine Rast am plätschernden Brunnen ist sicherlich nicht verkehrt. Dort beginnen wir auch mit dem Rückweg rechts in die Straße Am Berg. Jetzt folgen wir stets dem Wegweiser nach Willenreuth. Dafür geht es zuerst den Berg hinauf, dann queren wir die B 470 und verlassen die Fahrstraße etwa 400 Meter hinter der Bundesstraße nach rechts. Am Wald halten wir uns links und folgen dem Weg auf der langen Lichtung nordwärts. Am Rastplatz Özelsgrund weisen uns die Schilder »Willenreuth« zuerst zu einer Teerstraße, auf der wir dann links leicht aufwärts in den Ort Willenreuth kommen. Wir wandern durch das Dorf und kommen bei einer modernen Kapelle auf die Pottensteiner Straße.

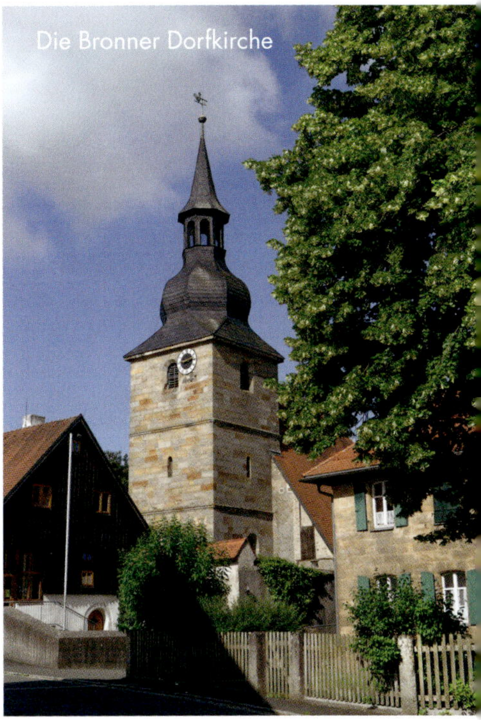
Die Bronner Dorfkirche

Durch Wälder Auf der geht es wenige Meter nach links und dann nochmals links in den Weidenhüller Weg. In Weidenhüll angekommen, geht

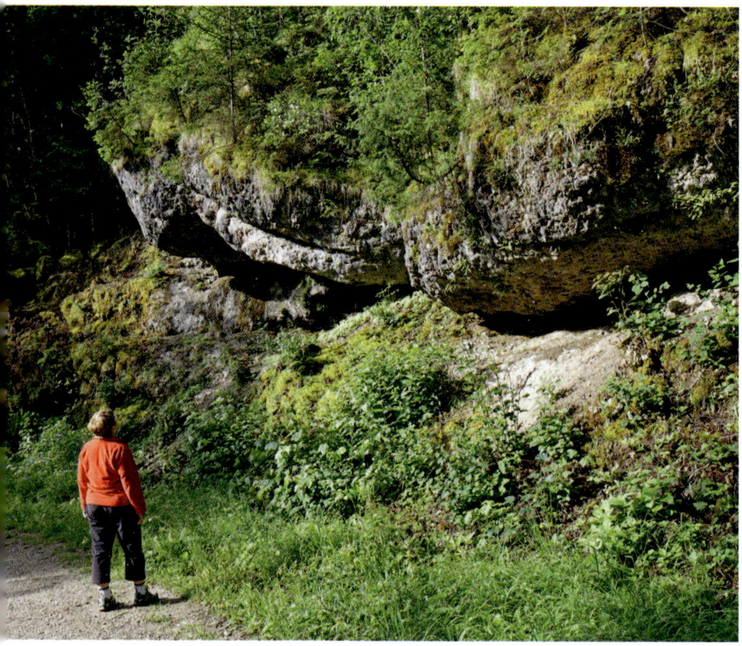

Immer wieder staunen wir über die Felsen im Klumpertal.

es zuerst links den Berg abwärts und dann rechts auf dem ungeteerten Weg durch ein kleines Tal. Der Weg trifft auf eine Teerstraße, wir gehen nach links und am Waldrand entlang leicht aufwärts. Am Ende des Waldes biegen wir in die Forststraße, die in spitzem Winkel von unserer Straße abzweigt, rechts ein und nehmen nach etwa 100 Metern bei der nächsten Verzweigung den linken Weg. Er führt in weiten Schleifen durch den Wald. Dann treffen wir wieder auf die B470, die wir vorsichtig überqueren. Weiter durch den Wald stoßen wir an die nächste große Forststraße. Auf ihr geht es ca. 50 Meter nach rechts und dann wieder nach links, jetzt schnurgerade durch den Wald. Am Waldrand biegt diese Straße nach links ab, wir aber nehmen den Weg, der über die Wiesen geradeaus wieder ins Klumpertal hinunterführt. Unten liegt der Altenhof, ein aufgelassener Bauernhof mit Mühle. Er dient heute als Jugendzeltplatz. Nach dem Altenhof geht es steil abwärts zur Mittelmühle, die früher zum Altenhof gehört hat. Wir gehen durch die Häusergruppe und biegen nach der Bachbrücke rechts ab. Der Weg bringt uns an steilen, oft überhängenden Felswänden entlang direkt zur Schüttersmühle und damit an den Ausgangspunkt zurück.

Abwechslungsreiches Pottenstein

Pottenstein ist eine touristische Hochburg der Fränkischen Schweiz. Außer der wunderbaren Natur gibt es hier noch viele andere Attraktionen, die zu einem gelungenen Kurzurlaub beitragen. Entlang der Pottensteiner Erlebnismeile liegen 18 Highlights. Eine der bekanntesten ist die Teufelshöhle – eine Tropfsteinhöhle. Darüber hinaus gibt es eine Sommerrodelbahn, das Felsenbad, den Schöngrundsee mit Bootsverleih, das Scharfrichtermuseum, die Himmelsleiter (Tour 20) und vieles mehr.

Wichtiges zur Tour

Tourencharakter
Etwas anspruchsvollere, weil längere Wanderung auf Pfaden, guten Wanderwegen und einigen verkehrsarmen Teerstraßen

Ausgangs- und Endpunkt
bei Pottenstein: Wanderparkplatz Schüttersmühle/B 470
GPS 49.75238, 11.42645

Höchster Punkt
Willenreuth, 475 m

Anfahrt
Bus/Bahn: Der Ausgangspunkt unserer Wanderung liegt an der Buslinie Pottenstein–Pegnitz, Haltestelle Schüttersmühle.

Auto: Auf der A 9 Nürnberg–Bamberg bis zur Ausfahrt Pegnitz, weiter über B 2 und B 470 Richtung Pottenstein. Etwa 200 Meter nach der Schüttersmühle liegt rechts am Straßenrand ein Parkplatz.

Einkehr
Gasthof Schüttersmühle am Ende der Tour. Die Würste und das Brot stammen von kleinen Handwerksbetrieben aus dem Ort, das Bier von Kleinbrauereien der Umgebung (Dienstag und Mittwoch Ruhetag).

Informationen
www.pottenstein.de

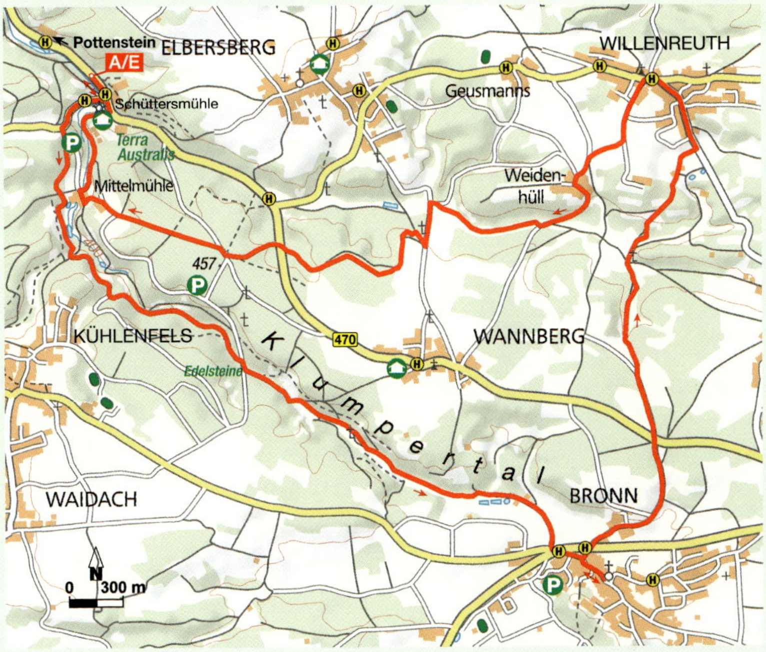

22 Durch das Ahorntal

Herzstück der Fränkischen Schweiz

mittel

3 Std.

180 Hm

9,5 km

Spektakuläre Naturkompositionen, bizarre Felsformationen und dunkle Höhlen liegen entlang des Promenadenweges im wildromantischen Ailsbachtal. Über allem thronen die prächtige Burg Rabenstein und die Klaussteinkapelle. Eine magisch-mystische Wanderung durch eines der schönsten Täler der Fränkischen Schweiz.

Am Promenadenweg Wir starten am Parkplatz oberhalb der Burg Rabenstein und wandern auf der breiten Zufahrtsstraße zur Burg hinunter. Die Burg Rabenstein wurde Anfang des 12. Jahrhunderts erbaut. Ihre Lage auf einem Bergsporn, der auf drei Seiten vom Ailsbach umflossen wird, ließ die Burgherren das Bachtal bequem kontrollieren. Und diese Lage schätzen heute die Gäste des Burghotels, das vor einigen Jahren in den alten Mauern Einzug gehalten hat. Die Besichtigung und die Einkehr in der Burgschenke heben wir uns für später auf. Am Rondell vor der Burg wenden wir uns nach rechts und folgen der Beschilderung »Promenadenweg« in den Wald. Dabei handelt es sich nicht um eine breit angelegte, bequeme Flaniermeile. Im Gegenteil, der Weg entpuppt sich als schmaler Waldpfad, der sich im steten Auf und Ab entlang des Berghanges zieht. Wir passieren erste Felsformationen und freuen uns an den knorrigen alten Bäumen im lichten Mischwald. Alle Abzweigungen ignorierend folgen wir dem Symbol »grüne Schachkönigin«.

Am Promenadenweg stoßen wir schon auf die ersten Felsen.

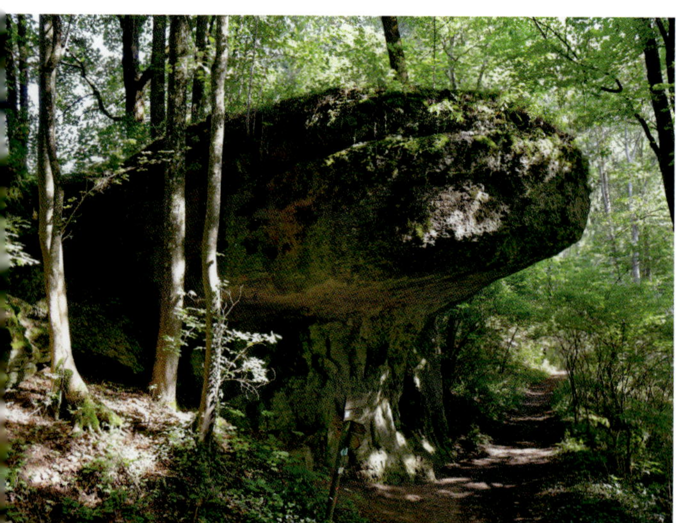

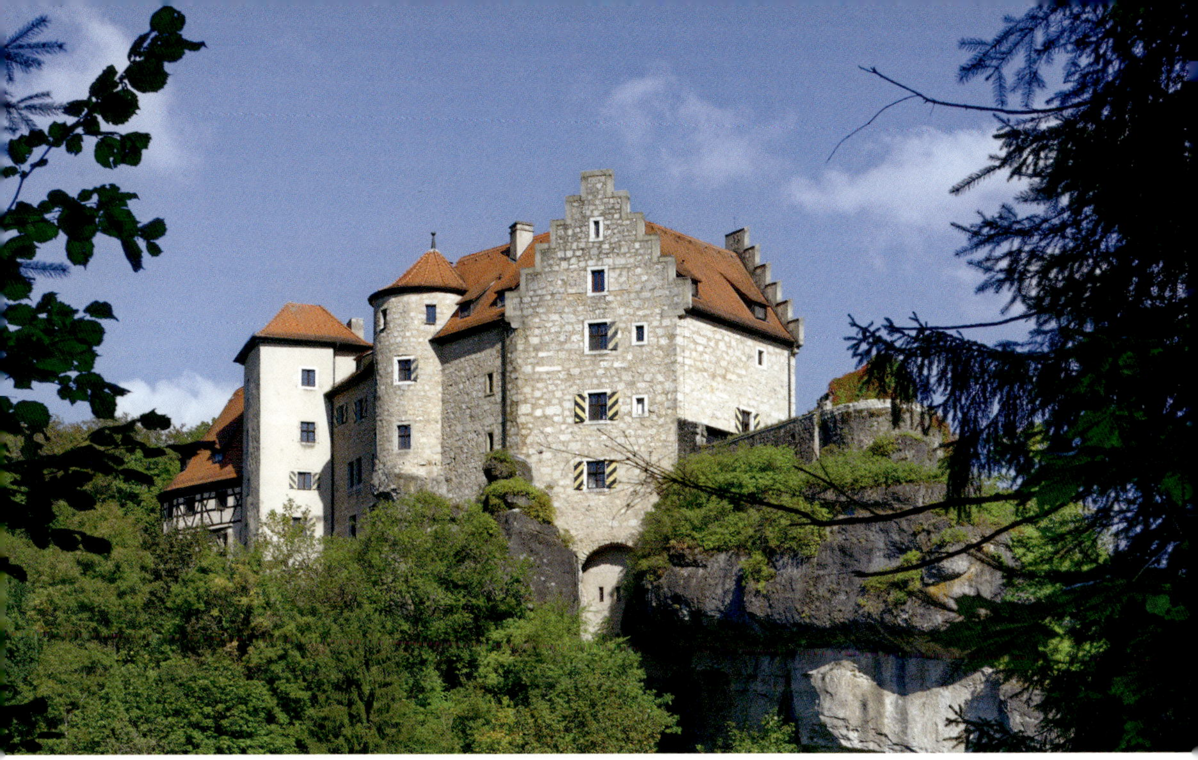

Schließlich steigen wir ins Tal hinunter und queren etwas nach rechts die Straße und den Ailsbach.

Die Burg Rabenstein thront auf einem Felsen.

Höhlen und Felsen Auf der anderen Bachseite führt unser Weg dann nach links weiter. Vorbei am Felsen »Theresien-Ruhe«, mit der Gedenktafel für Königin Therese von Bayern, die bereits 1830 mit ihrem Mann Ludwig auf dem Promenadenweg unterwegs war, bleiben wir zunächst in der Nähe des Wassers. Dann steigt der Weg wieder an und wir erreichen eine kleine Höhle. Durch einen Felsspalt können wir uns ins Innere zwängen. Weiter führt unser Weg jetzt wildromantisch, aber auch steiler über Felsstufen hinauf zum Schneiderloch. Das ist eine nach drei Seiten offene Felsenkuppel. Ihren Namen hat sie einem Schneider zu verdanken, der sich hier während des Dreißigjährigen Krieges versteckt haben soll. Immer noch

Durch das Schneiderloch am Promenadenweg wandern wir hindurch.

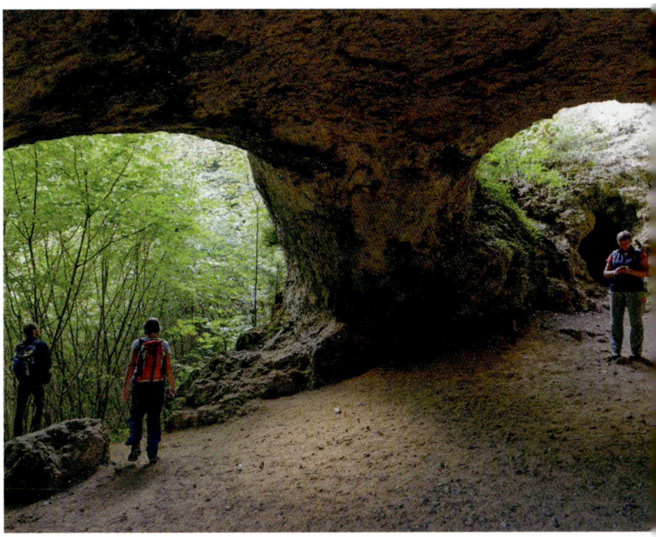

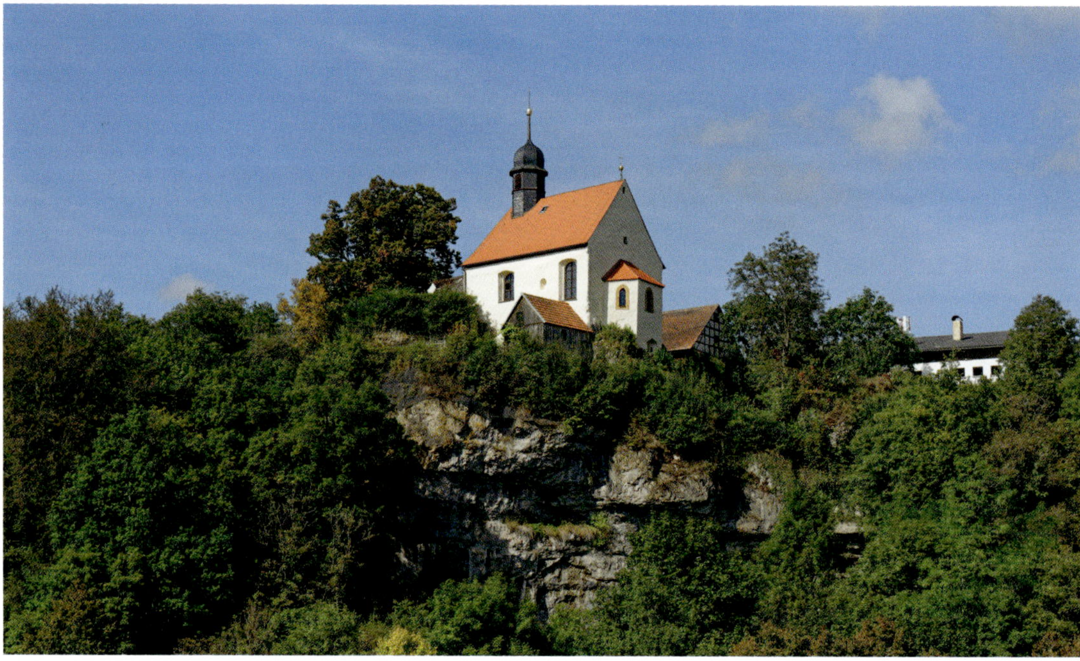

Die Klaussteinkapelle steht unweit der Burg Rabenstein hoch über dem Tal.

in nordöstlicher Richtung genießen wir zwischen den Bäumen Ausblicke zur mächtigen Burg Rabenstein und der Klaussteinkapelle.

Wir passieren nochmals einige Felsaufbauten, bis wir nach links zur großen Ludwigshöhle hinabsteigen. Die nach König Ludwig von Bayern benannte Höhle betreten wir durch einen schmalen Felsdurchgang. Im Inneren sind wir überrascht von ihrer gewaltigen Dimension. Kein Wunder, dass hier dem König bei seinem Besuch ein großes Festbankett ausgerichtet wurde.

Eine Besichtigung der Klaussteinkapelle lohnt sich.

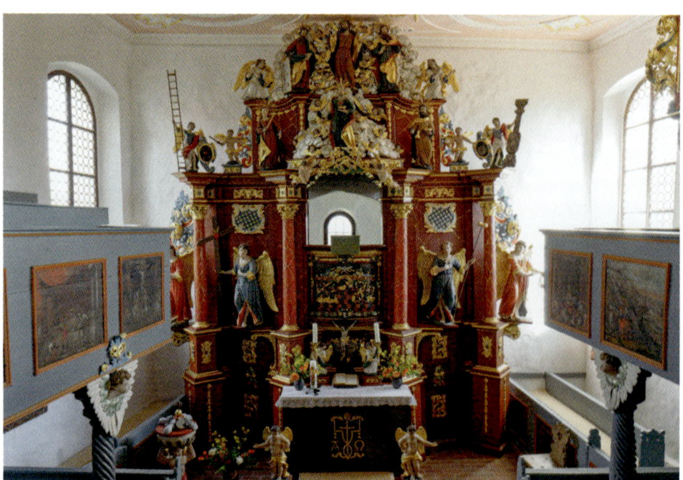

Abkürzer Nach der Ludwigshöhle kann man auch direkt zur Sophienhöhle und der Klaussteinkapelle wandern. Dafür steigen wir ganz ins Tal, queren den Bach und folgen einfach der Beschilderung aufwärts.

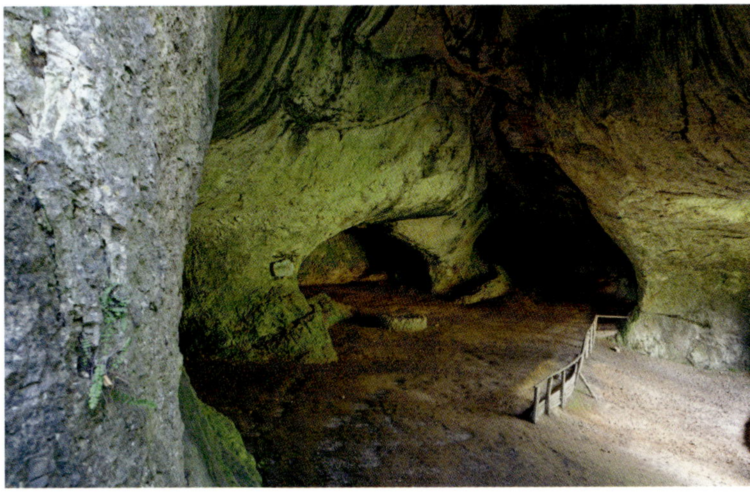

Die große Ludwigshöhle

Über Kirchahorn Wer noch weiter die herrliche Landschaft genießen und die Tour über Kirchahorn verlängern möchte, wandert nach der Besichtigung der Ludwigshöhle zuerst ein Stück des Weges zurück und folgt danach der Beschilderung nach Kirchahorn. Dafür queren wir eine Straße geradeaus und verlassen schließlich den Wald, um sonnig über Felder nach Kirchahorn zu kommen. Nach links erreichen wir über den Ailsbach die Dorfmitte. Wir queren die Hauptstraße und nehmen die Straße Hirtenanger. Sie führt bergauf und wendet sich nach den letzten Häusern links auf einen Feldweg.

Idyllisch in die Landschaft eingebettet liegt Kirchahorn.

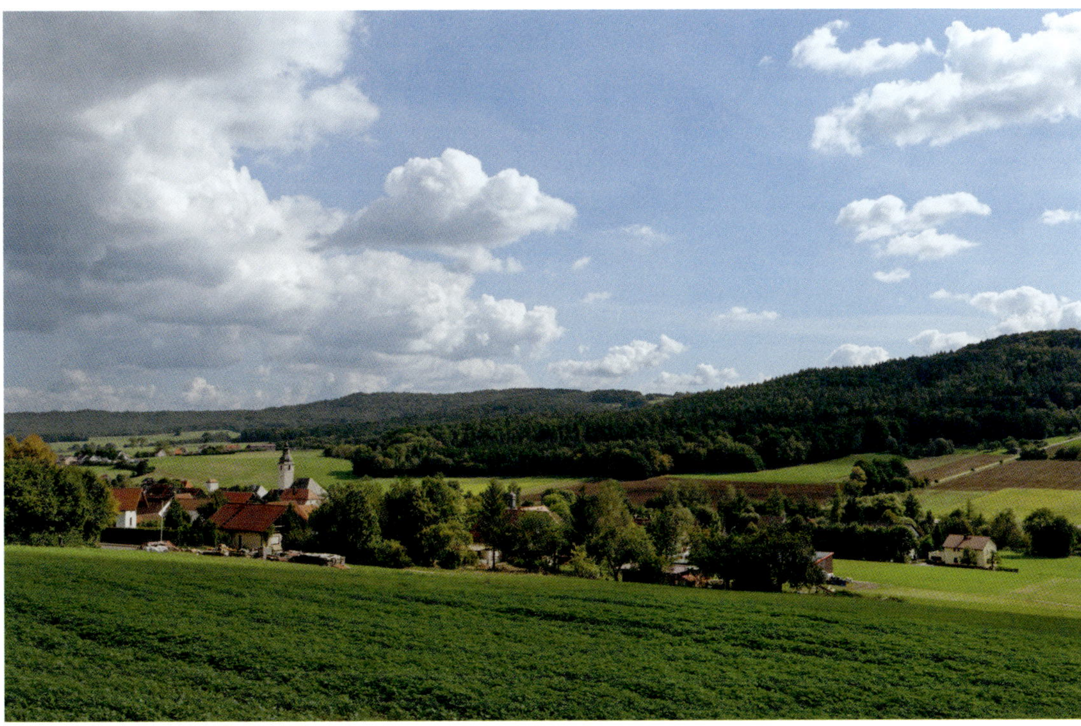

Naturwunder in der Sophienhöhle

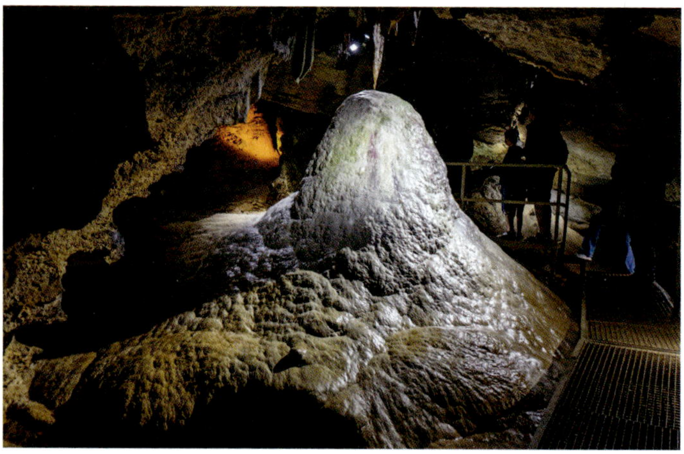

Fränkische Landschaften Jetzt geht es wieder in westlicher Richtung und wir folgen zunächst der Markierung »blauer Kreis« über die Felder. Wieder im Wald geht es links leicht bergab, bald über einen grasbewachsenen Weg zu einem einsamen Gartengrundstück. Hier treffen wir wieder auf einen breiten Feldweg, dem wir nach rechts folgen. Durch ein kleines Waldstück wandern wir nach einem weiteren Feld wieder in den Wald hinein. Hier verlassen wir den breiten Waldweg nach links auf einen schmalen Wanderweg, der uns bergab ins wildromantische Gartental führt. Wir queren den Gartentalbach und steigen auf der anderen Seite zu einem Feldweg empor. Nach links gewinnen wir über zwei große Kehren an Höhe. So erreichen wir die Autostraße, die von Kirchahorn nach Waischenfeld führt. Ihr folgen wir auf dem Wiesenstreifen neben der Straße nach links abwärts zum Rastplatz mit der Aussichtskanzel. Etwas versteckt beginnt an der Abgrenzungsmauer rechts ein kleiner Pfad, der uns nun zur Sophienhöhle führt.

Stalagtiten und Stalagmiten

Die Sophienhöhle zählt zu den schönsten Tropfsteinhöhlen Bayerns und ist eine Besichtigung wert. Sie überrascht mit bizarren Tropfsteinformationen von einzigartiger Vielfalt. Tagsüber lässt sie sich im Rahmen einer Führung besuchen (Ende März bis Anfang November, Dienstag–Sonntag & Feiertage 10.30, 12.30, 14.00 und 16.30 Uhr, Montag Ruhetag, www.burg-rabenstein.de).

Felslabyrinth Nach deren Besichtigung setzt sich unser Wanderweg weiter durch ein urwüchsiges Felsenlabyrinth fort. Über den Aussichtspunkt »Parasol« ist es nicht mehr weit zurück zur Burg Rabenstein, wo wir nun gemütlich im Biergarten einkehren können.

Wichtiges zur Tour

Tourencharakter

Rundtour auf überwiegend schmalen Wanderwegen mit einigen Besichtigungsmöglichkeiten. Rund um die Burg Rabenstein führt die Wanderung im steten Auf und Ab mit ca. 200 Höhenmetern durch den schattigen Wald. Abkürzung ab der Ludwigshöhle möglich

Ausgangs- und Endpunkt

Parkplatz vor Burg Rabenstein
GPS 49.82426, 11.36909

Höchster Punkt

Oberhalb von Kirchahorn, 439 m

Anfahrt

Bahn: Mit dem Bus 396 von Bayreuth bis zur Haltestelle Rabenstein (+ 1 km Fußweg). Am Wochenende und an Feiertagen: Bier-, Brotzeit- und Burgenexpress (VGN-Linie 343) bis zur Haltestelle Abzweigung Rabenstein
Auto: Auf der A 9, Ausfahrt Trockau, weiter über Poppendorf nach Kirchahorn und zur Burg Rabenstein. Großer Parkplatz neben der Straße

Einkehr

Direkt an der Burg Rabenstein gibt es die Gutsschenke von Mitte März bis Anfang November täglich außer Montag. In Kirchahorn lockt der Gasthof Fränkische Schweiz (Montag Ruhetag).

Informationen

www.ahorntal.de

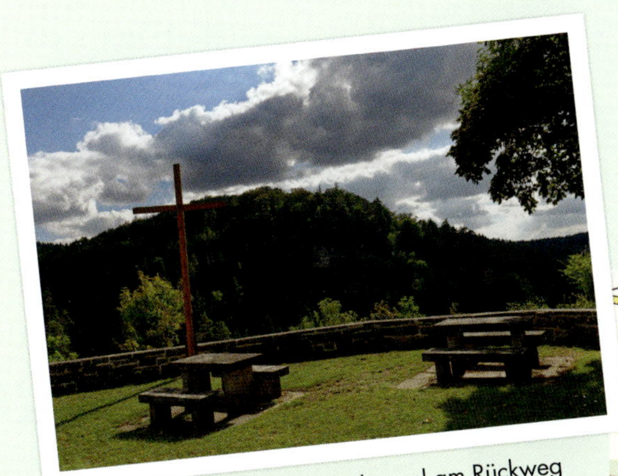

Der Rastplatz mit der Aussichtskanzel am Rückweg

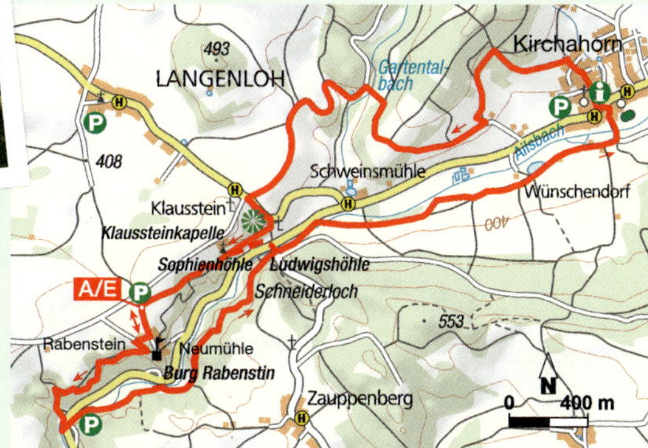

23 Um Waischenfeld

Zum Steinernen Beutel

leicht

2.30 Std.

170 Hm

8 km

Lang ausschlafen, ein gemütliches Frühstück und dann etwas wandern. Und wenn dann nach der Tour ein fränkisches Wirtshaus lockt, so schön und gut wie es im Buch steht, ist der Tag doch schon optimal gelaufen.

Ringelblumen blühen vor dem Fachwerkhaus in Heroldsberg.

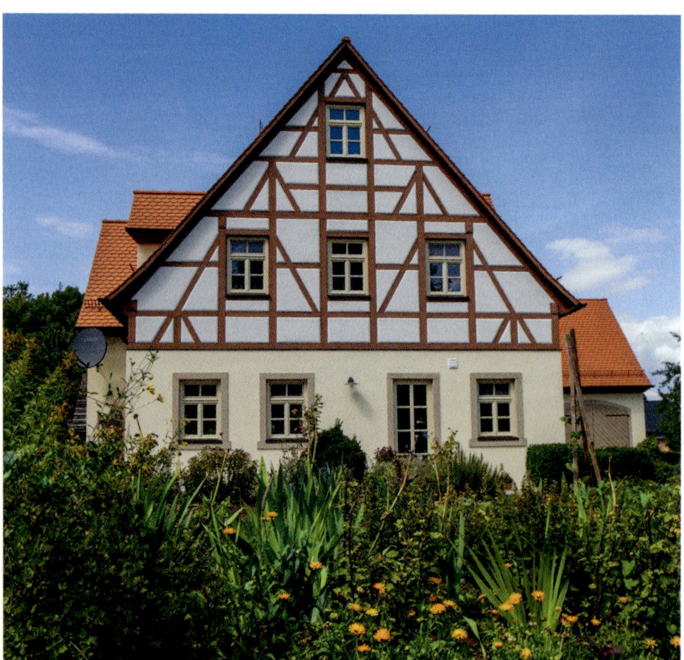

Nach Hubenberg Vom Parkplatz aus gehen wir, die Stadt Waischenfeld im Rücken, zu der nach links abzweigenden Straße. Hier biegen wir ein, nehmen nach wenigen Metern den kleineren rot und blau markierten Weg, der geradeaus weiterführt. Es ist ein zum Teil schattiger Weg durch den Wald, der bis nach Hubenberg leicht ansteigt. Alle Wegverzweigungen unterwegs beachten wir nicht. So erreichen wir den locker bebauten Ortsrand von Hubenberg. Unsere Straße bringt uns direkt in die Dorfmitte, etwa eine Stunde sind wir nun gewandert. Wer jetzt schon Hunger verspürt, kann gut im Gasthof Polster rasten und einkehren.

Zurück nach Waischenfeld Nach der Pause nehmen wir den Weg, der gegenüber vom Gasthaus nach Süden führt. Noch im Dorf verzweigt er sich, hier halten wir uns links und wandern auf den Wald vor uns zu. An einem Picknickplatz können wir noch einmal rasten, dann haben wir den

Wald erreicht. Wir gehen mehr oder weniger dicht am Waldrand entlang zu einer Wegkreuzung, an der wir links abbiegen. Über die Felder erreichen wir Heroldsberg. Auf der Hauptstraße durchqueren wir das Dorf und bewundern das hervorragend renovierte Fachwerkhaus auf der linken Straßenseite. Im Zentrum des Dorfes biegen wir links nach Waischenfeld ab und gehen am Gasthof Heroldsberg vorbei, wo einfache Brotzeiten sowie Kaffee und Kuchen angeboten werden. Der Wirt betreibt aber auch eine Biolandwirtschaft mit Schweineaufzucht. Sein Geräuchertes, das man mitnehmen kann, hat einen hervorragenden Ruf. Von Heroldsberg geht es über eine lockere Busch- und Wiesenlandschaft auf die Burg Waischenfeld zu, die hinter dem großen Parkplatz liegt.

Historisches Waischenfeld

In Waischenfeld ist ein historischer Rundweg ausgeschildert, der zu allen interessanten Punkten der Altstadt führt. Für diese Besichtigungstour sollte man etwa eine Stunde einplanen. Eine illustrierte Broschüre erhält man im Verkehrsamt, man kann sie aber auch unter www.waischenfeld.de herunterladen.

Blick von der Burg Waischenfeld auf den Ort

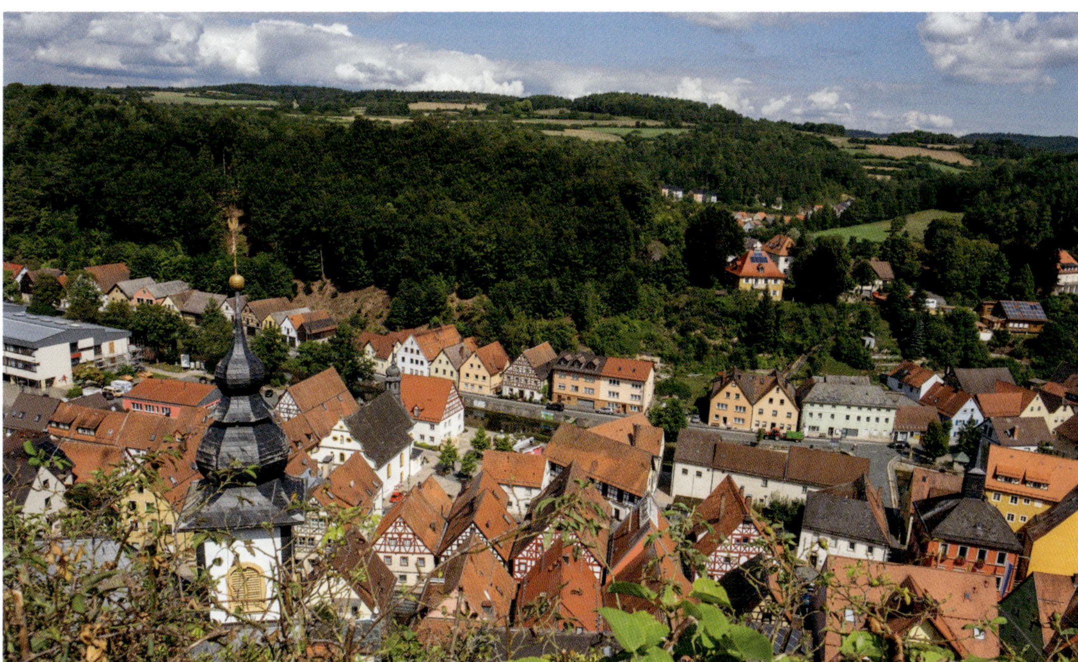

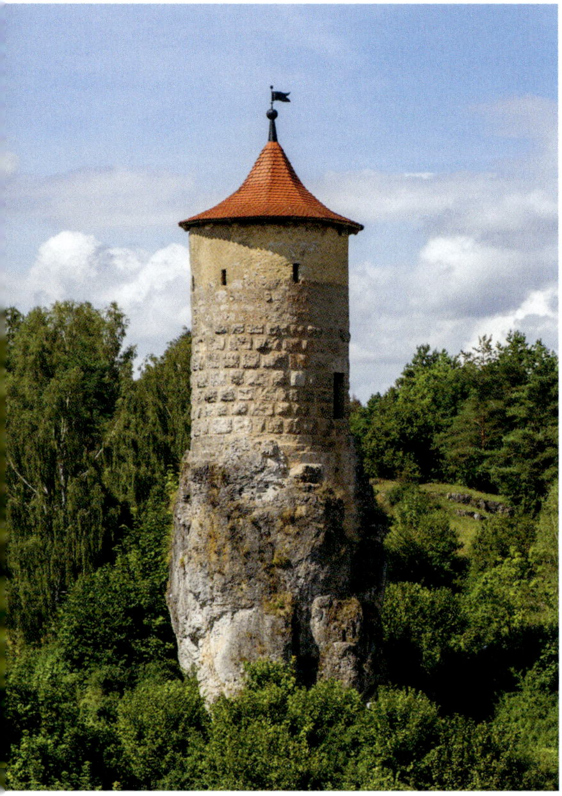

Der Steinerne Beutel ist ein Wehrturm auf der Burg Waischenfeld.

Burg und Steinerner Beutel Durch ein Tor kommen wir in den Innenhof, in dem Laubbäume Schatten spenden. Die Schlossschänke hat sich auf große Gruppen wie Hochzeiten oder Tagungen spezialisiert. Für eine Einkehr kommt sie deshalb nicht infrage. Der Innenhof ist trotzdem frei zugänglich, denn am Hauptbau entlang kann man über eine Treppe auf eine Schauterrasse steigen, die uns einen freien Blick über das Wiesenttal und auf die Stadt Waischenfeld gewährt. Unter uns steht die Pfarrkirche St. Johannes, die einst die Burgkirche gewesen ist. Links oben am Hang ist als Rest der einst mächtigen Burg der Turm »Steinerner Beutel« stehen geblieben. Dieser Wehrturm, der in die Burgmauern wohl als Eckturm integriert war, erinnert mit viel Fantasie an eine Bocksbeutelflasche. Die typische Flaschenform der Mainfränkischen Weine.

Bummel durch Waischenfeld Für die letzten Meter in die Stadt nehmen wir die Straße Schlossberg, die beim Parkplatz beginnt und steil abwärts zur Hauptstraße in Waischenfeld führt. Wir überqueren sie leicht links versetzt, um bei der nächsten Gelegenheit rechts abzubiegen. Nun schlendern wir noch durch Waischenfeld und erreichen so z.B. die Stadtkapelle St. Laurentius mit ihrem prunkvollen Hochaltar. Unmittelbar dahinter biegen wir links über den großen Platz zum Rathaus ab. Hier finden wir den Kiosk der Eismamsell, ein perfekter Ausklang der gemütlichen Tour.
Um zum Ausgangsort zurückzukommen, laufen wir dann auf dem Weg am Wiesentufer flussaufwärts entlang. Wir passieren die Grundschule und einige gewerblich genutzte Gebäude, um schließlich unter der Wiesentbrücke hindurchzuwandern. Ab hier folgt unser Weg als Fuß- und Fahrradweg der Hauptstraße und führt direkt zu unserem Parkplatz zurück.

Wichtiges zur Tour

Tourencharakter
Die Wanderung ist bestens ausgeschildert. Sie verläuft weitgehend über gute Feldwege und Fahrstraßen mit wenig Autoverkehr, die nur teilweise geteert sind.

Ausgangs- und Endpunkt
Waischenfeld, Wanderparkplatz im Norden von Waischenfeld
GPS 49.851427, 11.338727

Höchster Punkt
Hubenberg, 468 m

Anfahrt
Bus/Bahn: Mit der Bahn nach Gößweinstein oder Bayreuth und mit dem Bus 8446 nach Waischenfeld oder mit der Bahn nach Nürnberg und dem Bus 343 nach Waischenfeld. Wanderung dann in der Ortsmitte starten (siehe Ende der Beschreibung)
Auto: Von der A70, Ausfahrt Stadelhofen oder der A9, Ausfahrt Trockau/Waischenfeld. Parkplätze sind im Ort Mangelware, am sichersten ist unser Wanderparkplatz an der St2191 am Nordausgang von Waischenfeld.

Einkehr
Der Gasthof Polster in Hubenberg macht zwar außen nicht viel her, umso besser ist seine Küche. Der Gasthof Heroldsberg ist ein typisch fränkischer Kleingasthof, in dem man nur Brotzeiten sowie Kaffee und Kuchen bekommt, das jedoch mit einer unglaublichen Qualität. In Waischenfeld hat uns das Gasthaus zur Sonne in seinem prächtigen Fachwerkhaus gut gefallen. Die Eismamsell am Platz vor dem Rathaus ist als Ziel für Schleckermäuler unschlagbar, allerdings nur in der warmen Jahreszeit.

Informationen
www.waischenfeld.de

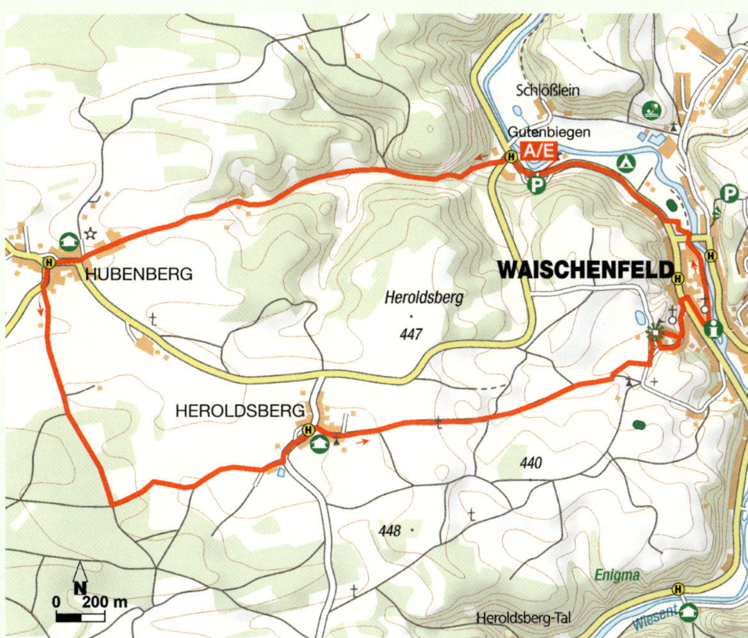

24 Von Buttenheim auf den Senftenberg

Blue Jeans und Georgskapelle

mittel

3.30 Std.

300 Hm

12 km

Jeans kennt man auf der ganzen Welt. Aber wer kennt Buttenheim? Den Zusammenhang erklärt das Levi-Strauss-Museum, das wir nach einer herrlichen Wanderung, die uns um den Ort zu einem Bergrücken führt, auf dem eine Wallfahrtskirche steht, besuchen.

Levi-Strauss-Museum Das Museum im Rücken wenden wir uns nach rechts und gehen auf der Marktstraße zur Kellerstraße und auf dieser aus dem Ort hinaus zum Kreisverkehr. Wir überqueren den Kreisel geradeaus und folgen der Teerstraße knapp 500 Meter zu einer Baumhecke auf der linken Seite. Hier biegen wir links in den gut ausgebauten Feldweg ein. Mit kaum merklicher Steigung führt er über die Felder. Nach knapp 750 Metern biegen wir links in die Feldstraße ein. Dieser neue Weg wendet sich nach rechts, führt über eine Kreuzung und zieht sich mehr oder weniger parallel an der Staatstraße entlang. Wir queren sie durch eine Unterführung und haben damit Dreuschendorf erreicht. Im Ortszentrum biegen wir nun auf der Hauptstraße rechts ab, um bei der Brauerei Meusel links die Ringstraße zu nehmen. Diese zieht

Das Museum erinnert an den Erfinder der Jeans: Levi Strauss.

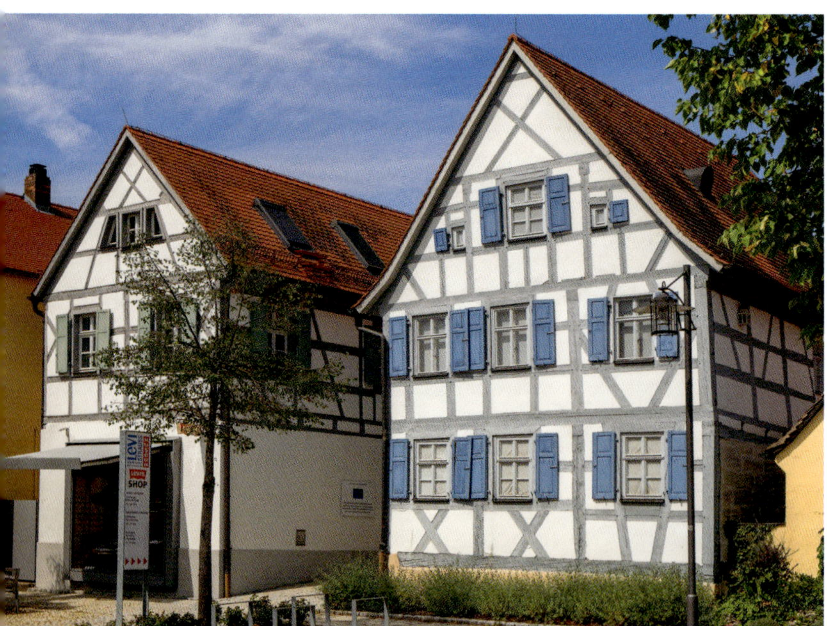

sich leicht den Hügel aufwärts. Oben verzweigt sie sich, wir gehen nach rechts und nehmen am Ortsrand die Straße links, die leicht abwärtsführt. Nach etwa 300 Metern biegen wir rechts ab und wandern an einem neuen Flurkreuz vorbei, das erst vor wenigen Jahren aufgestellt wurde. Am Waldrand gehen wir auf dem breiten Weg, der ein Stück nach links versetzt in den Wald führt. Ganz flach geht es aufwärts, dann lichtet sich der Wald und wir sehen vor uns bereits die Wallfahrtskapelle.

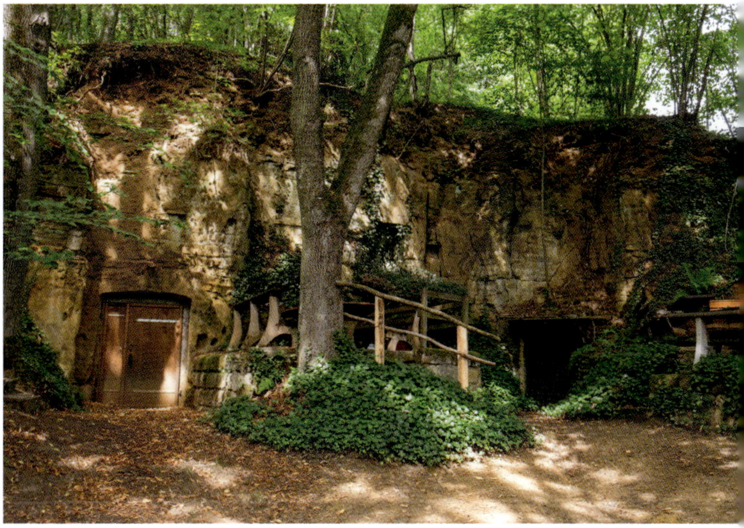

Der Senftenberger Bierkeller am Senftenberg bei Buttenheim hat leider nicht immer geöffnet.

St. Georg auf dem Senftenberg Über einen ersten Parkplatz gehen wir auf das Gotteshaus zu. Am oberen Ende des Parkplatzes teilt sich der Weg und bietet uns drei Möglichkeiten an. Ganz links geht es direkt zum Senftenberger Felsenkeller, der allerdings nur beschränkt geöffnet ist. Geradeaus führt der Weg steil am Kreuzweg entlang direkt zur Kapelle. Bequemer ist der rechte Weg, der zunächst zu zwei Häusern führt, von denen aus wir über einen Pfad die Kapelle erreichen. Leider ist sie außerhalb der Gottesdienstzeiten verschlossen. Eine große Mauer umschließt die Kapelle an mehr als zwei Seiten. Sie erinnert an den Ursprung der Kirche. Einst war sie die Burgkapelle der Burg Niedersenftenberg, von der heute aber fast nichts mehr übrig ist. Sie lag noch etwas höher auf dem Hügel. Für die Burgherren war es überlebenswichtig, möglichst weit

Levi-Strauss-Museum

Das Geburtshaus von Levi Strauss, in dem der Erfinder der Jeans die ersten 18 Jahre seines Lebens verbrachte, ist als sehenswertes Museum gestaltet (Dienstag/Donnerstag 14.00–18.00 Uhr, Wochenende/Feiertag 11.00–17.00 Uhr). Beginnt man mit der Wanderung am Vormittag, so bleibt ausreichend Zeit für einen Besuch.

in das Land hineinzuschauen. Nur so konnte man einen herannahenden Feind rechtzeitig erkennen. Wie gut das gelungen war, sehen wir, wenn wir vom Vorplatz der Kapelle heutzutage die Aussicht einfach genießen dürfen. Der Blick schweift vom Regnitztal im Westen über das Tal des Drechselbaches im Süden bis weit hinein ins Innere der Fränkischen Schweiz zur Wiesent bei Ebermannstadt. Nach der Schaurast gehen wir auf einem Trampelpfad in nördlicher Richtung an der Kapelle vorbei und treffen auf einen Fahrweg, dem wir nach links zum Felsenkeller folgen. Hat er geöffnet, ist das natürlich ein idealer Platz für eine ausgiebige Brotzeit unter schattigen Bäumen.

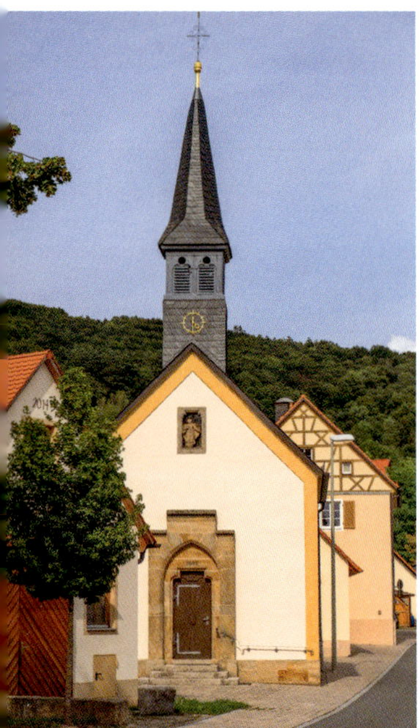

Die Dorfkapelle Herz Jesu von 1892/93 in Ketschendorf

Ketschenberg und Ketschendorf Unser Weiterweg beginnt als Pfad an der hintersten Ecke des Biergartens und führt zunächst durch den Wald auf eine große Lichtung. Wir durchqueren sie geradeaus und folgen dem fast ebenen Weg ein gutes Stück. Er wird immer breiter und führt uns zu einer Kreuzung im Wald. Hier biegen wir links ab und haben in knapp 15 Minuten die Dorfmitte von Ketschendorf erreicht. Hier steht der Gasthof Kramer, der weithin berühmt ist für seine fränkischen Brotzeiten.

Zurück nach Buttenheim Vom Gasthaus gehen wir zur Hauptstraße zurück und nehmen die Fahrstraße, die etwas rechts versetzt abzweigt. Stark ist der Verkehr nicht, und so können wir es uns leisten, hier etwa einen Kilometer entlangzuwandern. Die erste größere Feldstraße nach rechts lassen wir unberücksichtigt. Dann taucht die zweite große Feldstraße auf, in die wir rechts einbiegen. Sie gabelt sich nach etwa 150 Metern, hier halten wir uns links. Wir erreichen ein kleines Wäldchen mit einem Haus und einem Fischweiher und folgen in einer weiten Linkskurve immer dem Weg, den linker Hand ein Bächlein begleitet. Bei der zweiten Abzweigung geht es nach rechts, wir passieren den Reitstall Lessner und biegen unmittelbar nach dem Reitstall links in die Straße ein, die uns zuerst auf die Hauptstraße bringt, der wir dann ins Zentrum von Buttenheim folgen können.

Wichtiges zur Tour

Tourencharakter
Die Wanderung ist wenig ausgeschildert. Sie verläuft weitgehend über Feldwege und Wanderpfade, kurze Stücke führen auf wenig befahrene Autostraßen. Der Weg vom Ketschenberg nach Ketschendorf ist zwar breit, aber voller Steine und Geröll. Hier sind Teleskopstöcke hilfreich.

Ausgangs- und Endpunkt
Buttenheim, Marktstraße,
Levi-Strauss-Museum
GPS 49.802592, 11.033218

Höchster Punkt
Kapelle am Senftenberg, 499 m

Anfahrt
Bus/Bahn: Mit dem Zug nach Bamberg, weiter mit dem Regionalbus 978 nach Buttenheim

Auto: Buttenheim liegt an der A73. Parkplätze finden wir im Ort an der Marktstraße oder in der Hauptstraße.

Einkehr
In Buttenheim bietet sich der Löwenbräukeller, Eremitage 3 in der Nähe des Kreisverkehrs an. Der Senftenberger Felsenkeller bei der Georgskapelle am Senftenberg ist eine gute Kellerwirtschaft, vorher Öffnungszeiten erfragen (Tel. 095 45/706 93). Der Gasthof Kramer in Ketschendorf ist für seine guten Brotzeiten im Biergarten berühmt.

Informationen
www.buttenheim.de

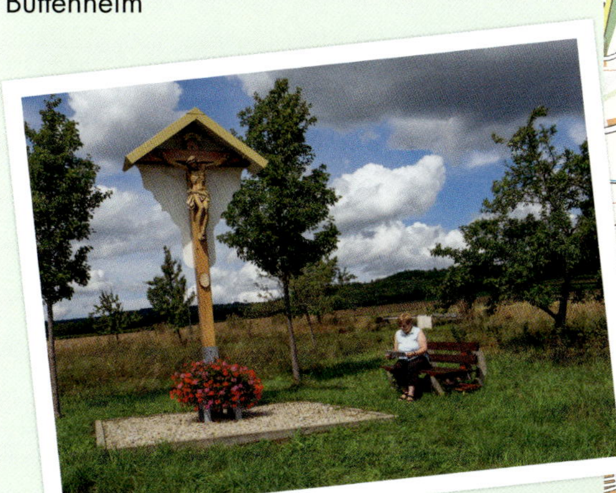

Wegkreuz an der Strecke

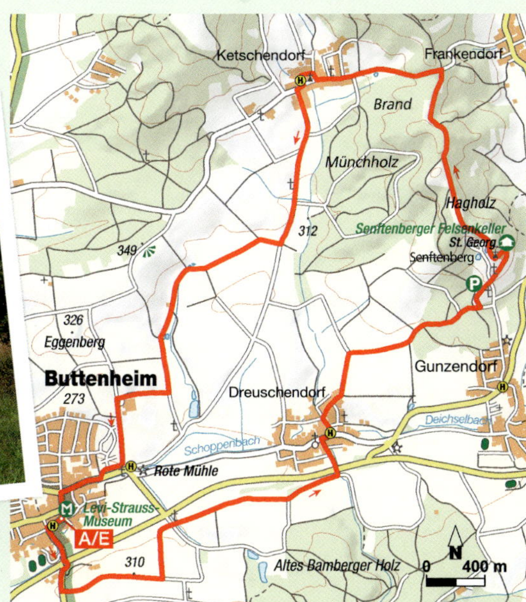

25 Bamberg

Die Stadt von Heinrich und Kunigunde

- leicht
- 2.15 Std.
- 50 Hm
- 7,5 km

Bamberg lebt von seiner Tradition und ist eine der wenigen großen deutschen Städte, die kaum Bombenschäden erlitten haben. Weil die Stadtväter in der Zeit nach dem Krieg wenig großzügig mit der Erteilung von Baugenehmigungen waren, so macht Bamberg heute noch – denkt man sich die Autos weg – den Eindruck einer mittelalterlichen Stadt.

Durch den Gemüsegarten zum berühmten Rathaus Es stimmt, das erste Ziel unserer Wanderung ist ein Gemüsegarten. Die Nutzgärten der Bamberger »Häcker«, so heißen hier die Gärtner, sind eine sehenswerte Besonderheit, die kaum

Kleinvenedig werden die Häuser am Ufer der Regnitz genannt.

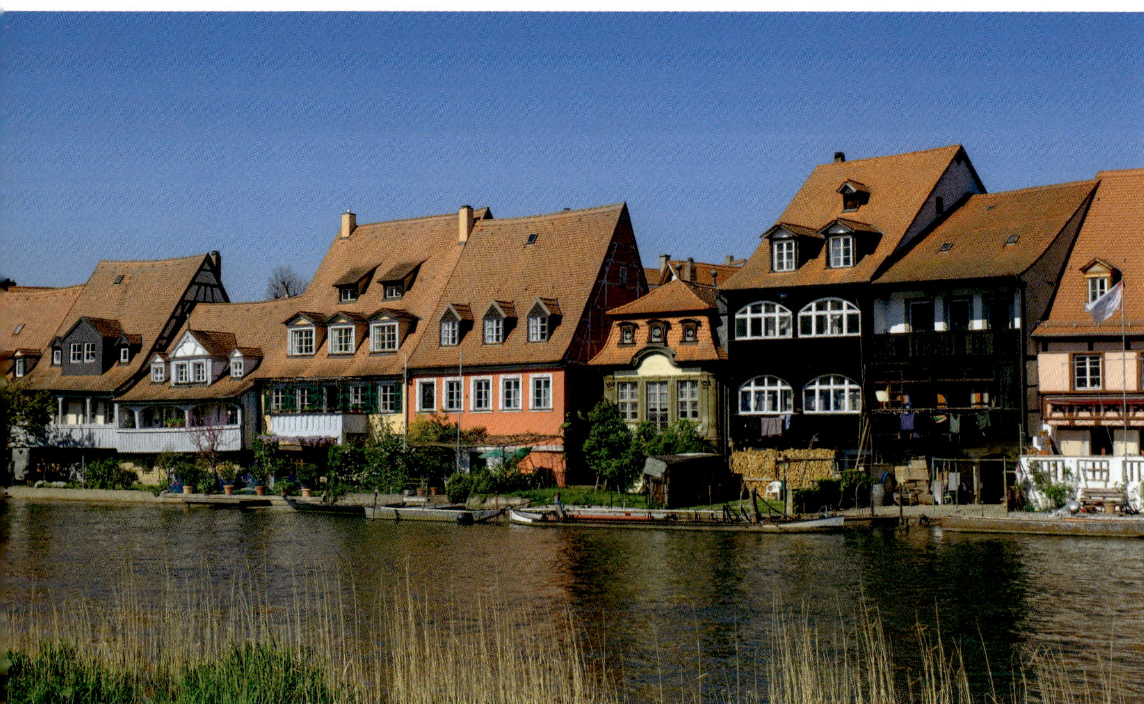

eine zweite Stadt aufzuweisen hat. In ihnen wird seit dem Mittelalter Obst und Gemüse angebaut. Wir beginnen also unseren Weg am Bahnhof von Bamberg und gehen, den Bahnhof im Rücken, nach rechts in die Ludwigstraße. Noch im Bahnhofsbereich biegen wir links in die Klosterstraße ab. Sie trifft auf die Heiliggrabstraße. Auf ihr gehen wir nach rechts bis zur Gärtnerei Böhmerwiese. Dort steht ein Aussichtsturm. Den ganzen Tag frei zugänglich gibt er einen schönen Überblick über die großen Nutzgartenanlagen. Nach der Besichtigung gehen wir noch etwa 100 Meter weiter zur Memmelsdorfer Straße. Auf ihr ein kurzes Stück nach links zu einem Straßendreieck. Hier biegen wir nochmals links in die Siechenstraße ab, von der gleich darauf links die Mittelstraße abzweigt. Sie führt uns an Gärtnereihäusern vorbei zum Gärtner- und Häckermuseum. Es informiert uns ausführlich über die Gartenbautradition von Bamberg. Natürlich hat das Museum auch einen Garten, den wir im Rahmen eines Museumsbesuches zu Gesicht bekommen. Direkt beim Museum zweigt die Letzengasse ab. Sie trifft beim Brauereigasthof Fässla auf die Obere Königstraße. Hier geht es kurz nach rechts und dann auf der Kettenbrücke über die Regnitz. Jetzt sind wir in der Hauptwachstraße und bewundern am Maximiliansplatz das mächtige neue Rathaus. Das war einst das Priesterseminar der Diözese Bamberg und wurde ab 1730

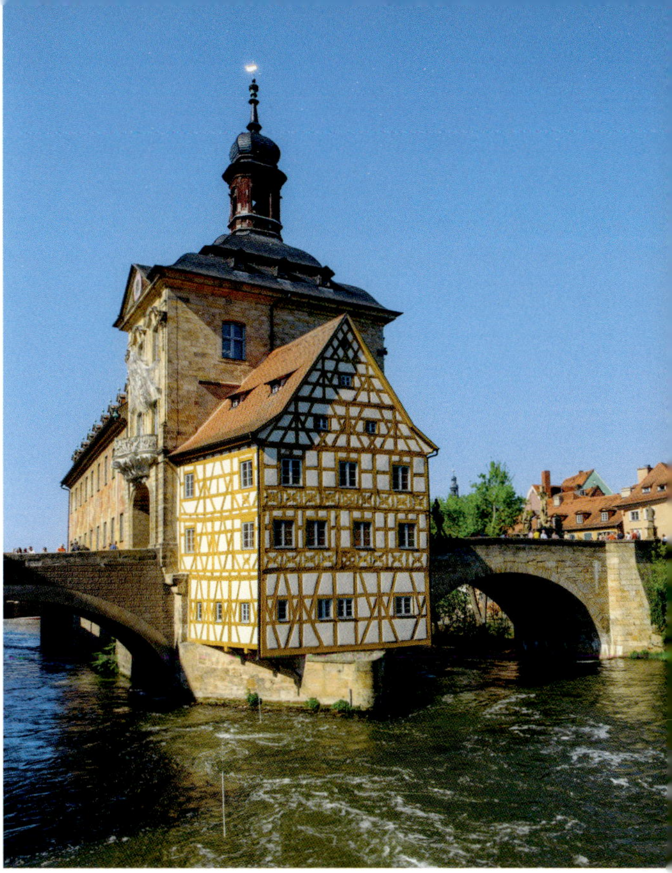

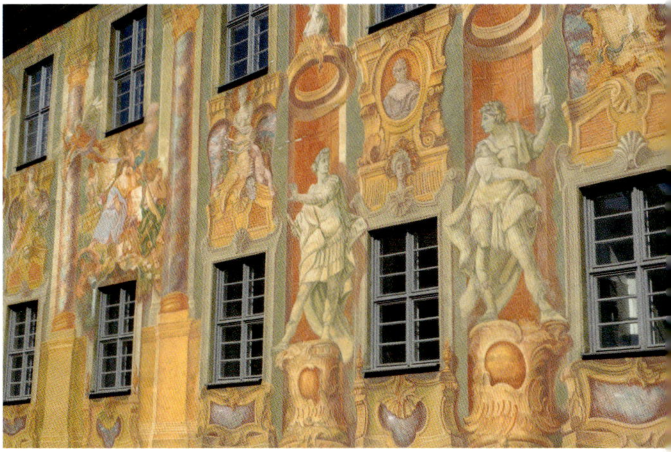

Ganz oben: Das Alte Rathaus und die Obere Brücke sind das Wahrzeichen von Bamberg.

Oben: Das Alte Rathaus ist reich verziert mit Fresken.

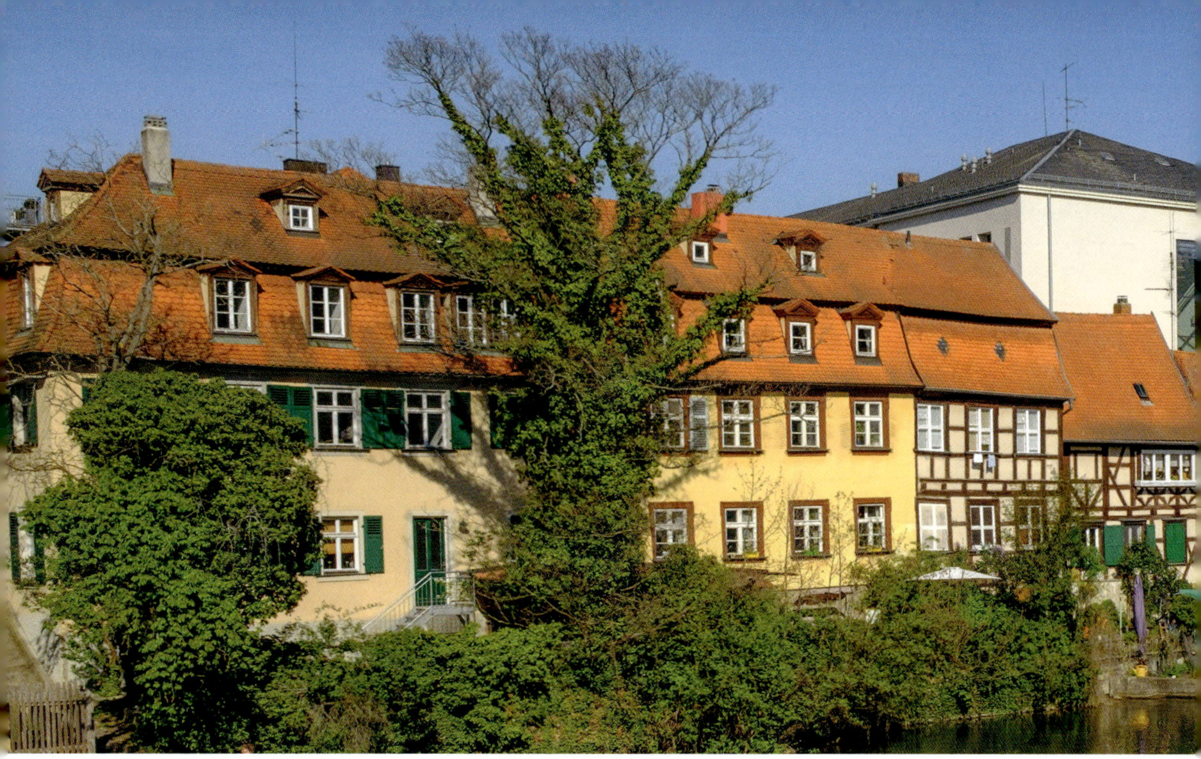

Kaiserin Kunigunde mit Krone und Zepter wacht über dem Fluss an der Unteren Brücke.

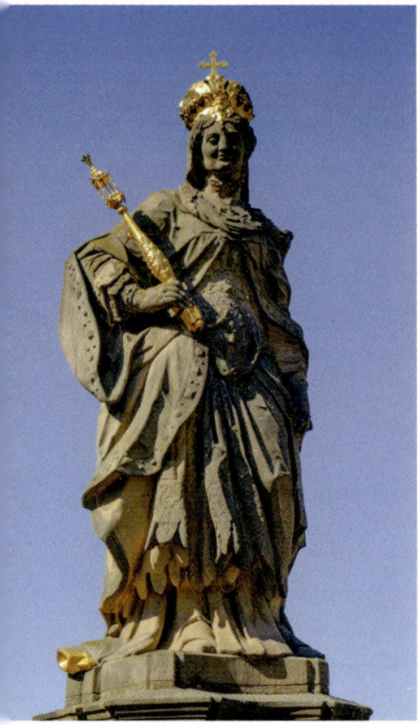

nach Plänen von Baltasar Neumann erbaut. Seit 1928 dient es der Stadt Bamberg als Rathaus. Über den Grünen Markt erreichen wir schließlich den linken Regnitzarm und damit das Alte Rathaus, das neben dem Kaiserdom wohl bekannteste Bauwerk der Stadt. Es steht auf einer kleinen Insel in der Regnitz und damit direkt auf der Grenze zwischen der bürgerlichen Stadt und dem Herrschaftsbereich der Fürstbischöfe. Nicht umsonst ist es so aufwendig dekoriert – die Bischöfe sollten nur sehen, wie reich die bürgerliche Stadt war. An der Unteren Brücke kommen wir zum ersten Mal mit der berühmten kaiserlichen Familie Heinrich und Kunigunde in Berührung. Hier steht eine fantastisch ausgearbeitete Sandsteinfigur der Hl. Kunigunde, die Peter Benkert 1744 bis 1745 geschaffen hat.

Durch die Bischofsstadt zum Dom Von der Brücke aus gehen wir zunächst durch die Dominikanerstraße, passieren die historische Rauchbierbrauerei Schlenkerla, die mit ihrem Gasthaus zu den großen gastronomischen Zielen der Stadt gehört, und biegen gleich darauf nach rechts in die Kasernenstraße ab. Wir kommen zur Regnitz und hier laufen sich die Kameras heiß. Wir schauen über den Fluss auf das

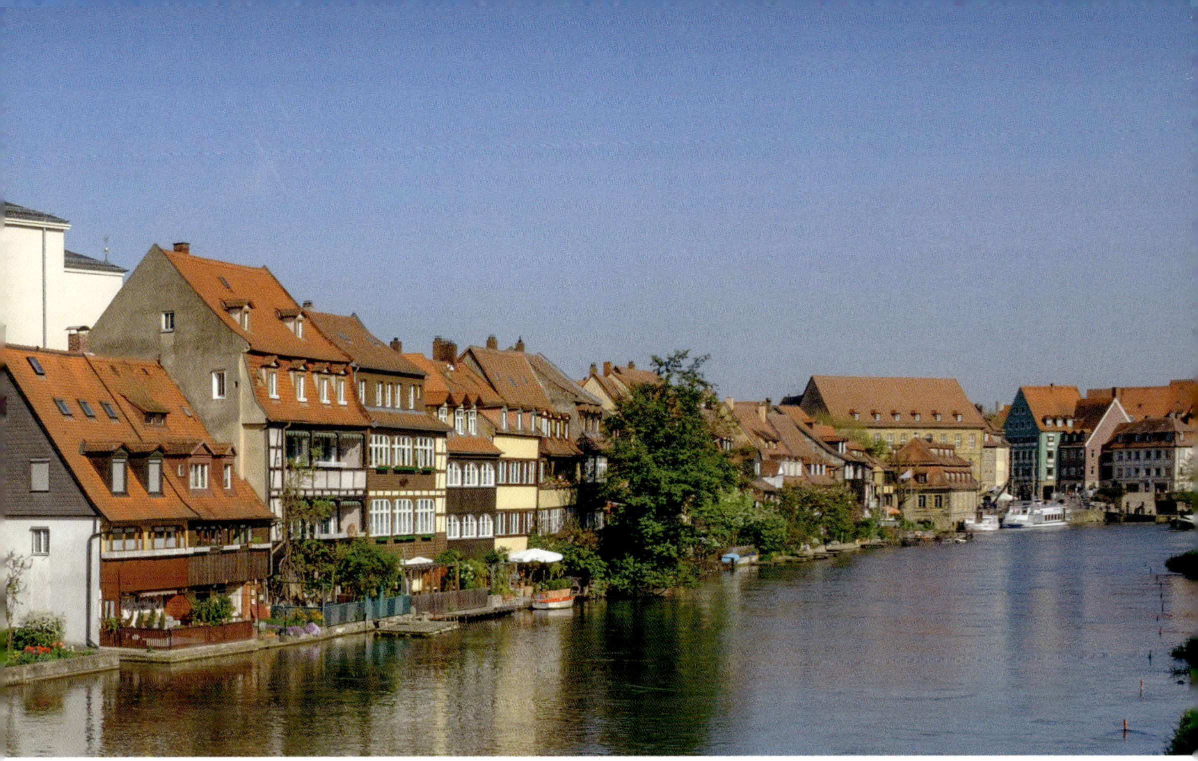

alte Fischerviertel der Bürgerstadt, das, weil so romantisch, im späten 19. Jahrhundert »Kleinvenedig« genannt wurde. Kein moderner Bau stört die Idylle und so ist das ständige »Klick-Klick« der Kameras kein Wunder. Wir spazieren ein wenig den Fluss entlang und biegen nach der wuchtigen Justizvollzugsanstalt links in die Elisabethenstraße ein, die unterhalb der Residenz in die Residenzstraße mündet. Sie öffnet sich zum Domplatz und jetzt stehen wir vor dem weltberühmten Kaiserdom St. Peter und St. Georg, der sich zum Weltkulturerbe zählen darf. Den zu besuchen gehört zum Pflichtprogramm in Bamberg. Um nicht zu ausführlich zu werden, wollen wir nur auf zwei Highlights in dem Gotteshaus hinweisen. Das eine ist ein vornehm gekleideter Reiter auf einem Pferd. Eine einfache Krone deutet auf seine hohe Stel-

Die weitgehend unversehrte Altstadt von Bamberg gehört seit 1993 zum UNESCO-Weltkulturerbe.

Rundfahrt auf der Regnitz

Eine Fahrt mit einem Ausflugsschiff auf der Regnitz hinaus bis zum großen Hafen am Main zeigt Bamberg aus einer ganz anderen Perspektive. Die Fahrt dauert etwa 80 Minuten und beginnt beim Kranen in der Nähe der Unteren Regnitzbrücke (Mitte April bis Mitte Oktober ab 11.00 Uhr stündlich bis 16.00 Uhr, Abfahrten in der Vor- und Nachsaison beim Kranen angeschrieben, Dezember, Januar und Februar kein Betrieb).

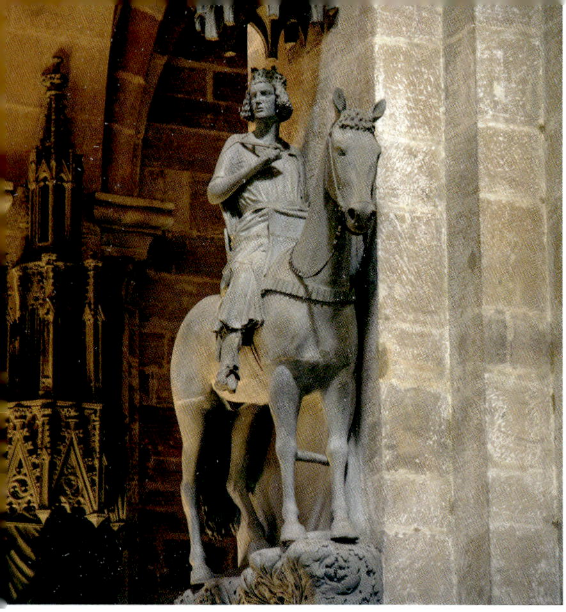

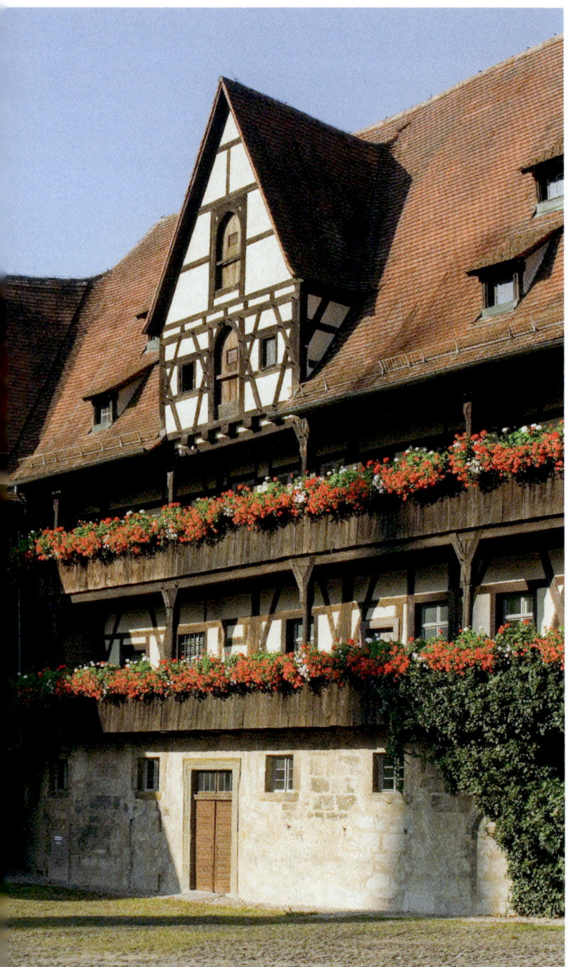

lung hin. Es wird viel diskutiert, wer das wohl sein könnte. Egal, wie diese Diskussionen mal ausgehen, sicher ist, dass wir vor einem einmaligen Werk der Weltkunst stehen. Das zweite Kunstwerk, das wir unbedingt beachten sollten, ist das Grab des kaiserlichen Ehepaares Heinrich und Kunigunde. Das Grabmal ist eine Arbeit von Tilman Riemenschneider und seiner Werkstatt und wurde zwischen 1499 und 1513 geschaffen. Oben auf der Deckplatte liegt das Kaiserpaar, die Seitenteile zeigen legendäre Szenen aus ihrem Leben. Wenn wir den Dom verlassen, blicken wir über den Domplatz auf die alte Hofhaltung links und auf die Neue Residenz. In der alten Hofhaltung ist heute das historische Museum Bambergs untergebracht. Hier residierten im Mittelalter die Fürstbischöfe. Als ihnen das zu unbequem wurde, bauten sie auf der gegenüberliegenden Seite eine neue Residenz. Außen relativ nüchtern prunkt sie im Inneren mit einer unglaublich aufwendigen barocken Ausstattung. Sie ist allerdings nur mit Führung zu besichtigen. Frei zugänglich ist dagegen der Hofgarten, ein Wunder aus Tausenden Rosenstöcken, über die im Hintergrund die Türme der ehemaligen Abtei St. Michael, unseres nächsten Zieles, herunterschauen.

Über St. Michael zurück zum Ausgangspunkt

Vom Domplatz aus gehen wir durch die Obere Karolinenstraße und biegen dann rechts in die St. Michaelsberger Straße ein. Wenn wir dabei nach rechts blicken, sehen wir tatsächlich einen Weinberg. Bamberg ist eher für sein gutes Bier bekannt, aber die Klimaerwärmung erlaubt offensichtlich auch hier einen Weinanbau. Der Wein vom Michaelsberg soll recht gut sein, so hat man es uns jedenfalls versichert. Wir betreten den großen Klosterhof von der Westseite her und stehen vor einer gewaltigen Klosterkirche mit einer breiten Freitreppe an der Schauseite. Das war eine Benediktinerabtei, die nach einem verheerenden Brand 1610 völlig neu aufgebaut wurde. Das Innere der Kirche birgt eine Überraschung: Das lichte Netzrippengewölbe ist mit knapp 600 Darstellungen von verschiedenen Blumen und Pflanzen dekoriert. Botaniker konnten die meisten von ihnen identifizieren. Seit der Säkularisation 1803 ist in den ehemaligen Klosterbauten ein Altenheim untergebracht.

Linke Seite oben: Der rätselhafte Bamberger Reiter

Linke Seite unten: Innenhof der Alten Hofhaltung

Die Abtei St. Michael über der Altstadt

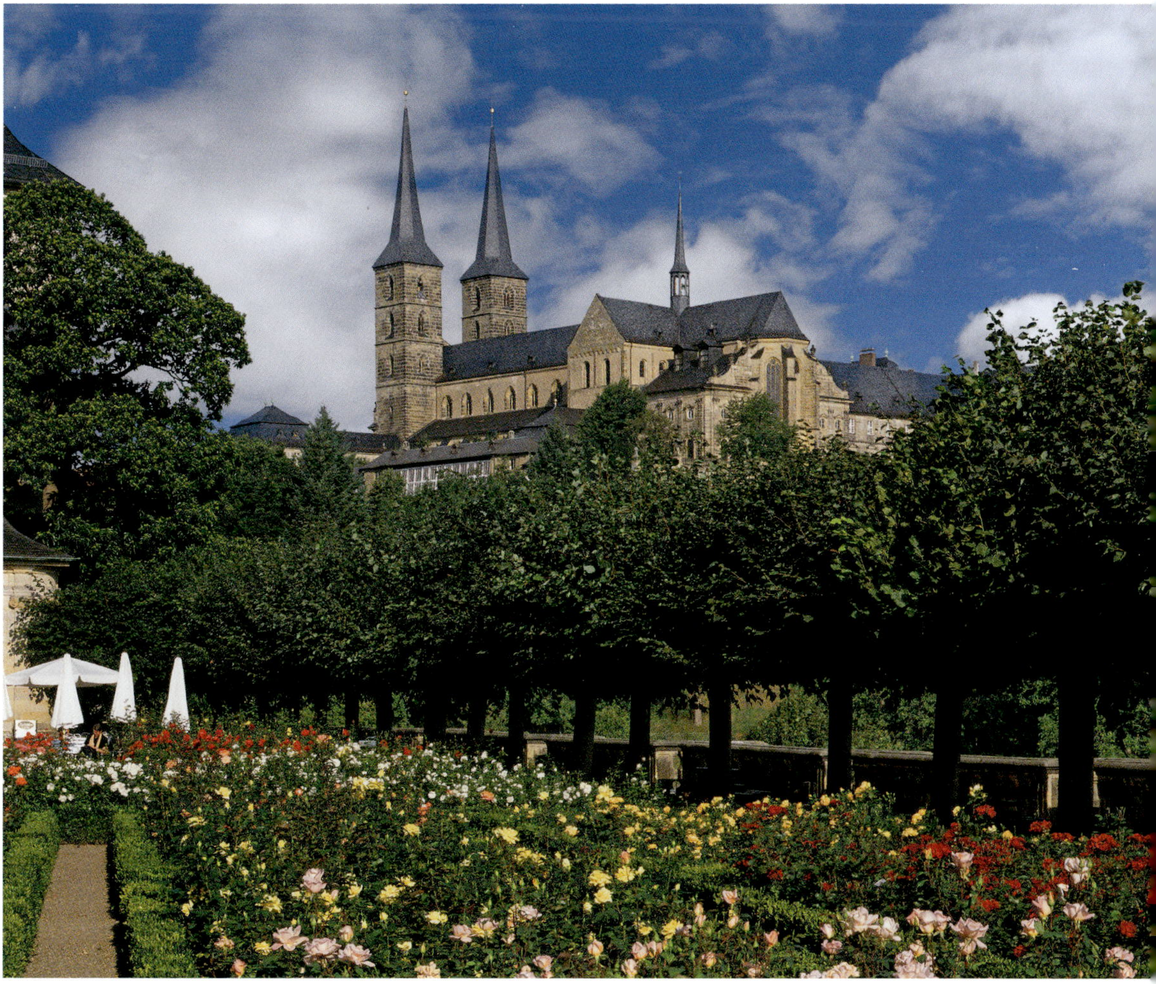

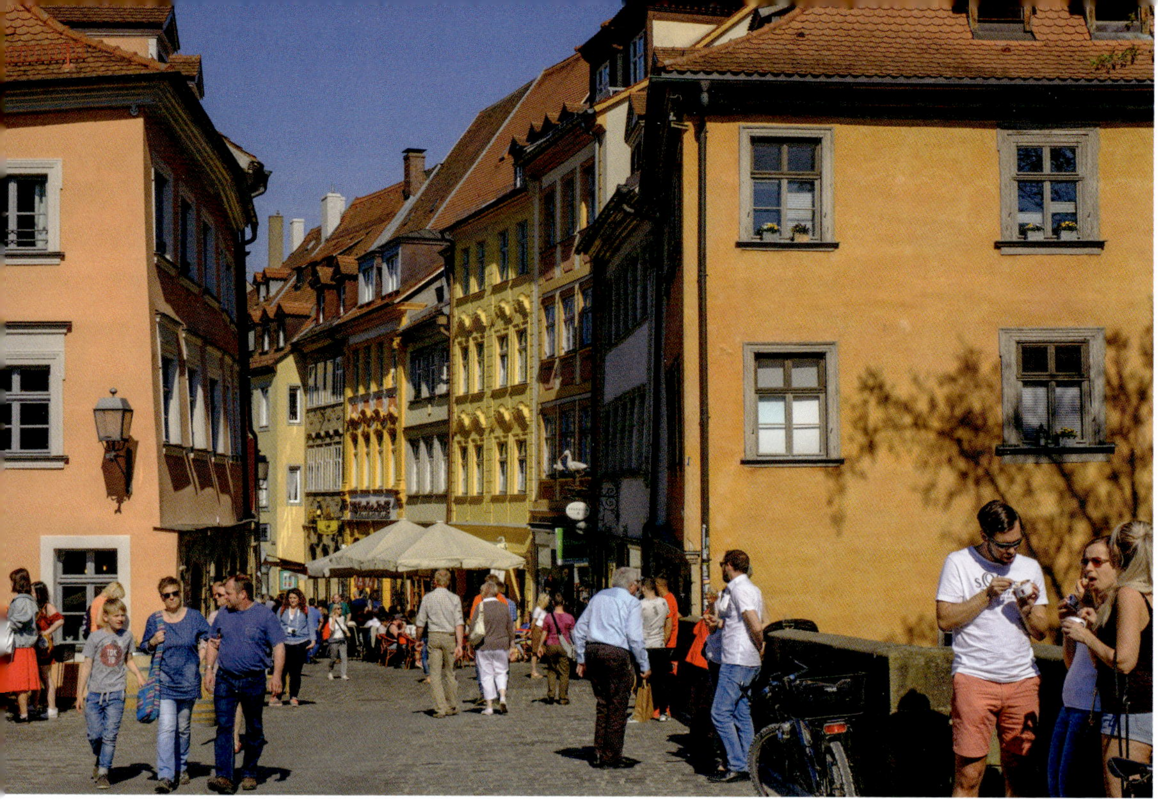

Viele Touristen bevölkern die malerischen Gassen.

Wir gehen außen auf der Maienbrunnenstraße um die Klostergebäude herum und treffen auf den Erthalweg, in den wir rechts einbiegen. Er wird zum Benediktinerweg und beschert uns eine wunderschöne Aussicht über Bamberg. Über die Aufseßstraße kommen wir zum Ottoplatz. Dort geht es links durch die Schrottenberggasse zur Unteren Sandstraße, auf der wir etwas links versetzt zur Markusbrücke über die Regnitz kommen. Durch die Markusstraße und dann, nach einer Verzweigung am Markusplatz über die Kleberstraße, erreichen wir wieder die schon bekannte Hauptwachstraße und auf ihr nach links die Kettenbrücke. Wir treffen auf die Obere Königsstraße und kommen rechts in die Luitpoldstraße, die uns direkt zum Bahnhof bringt.

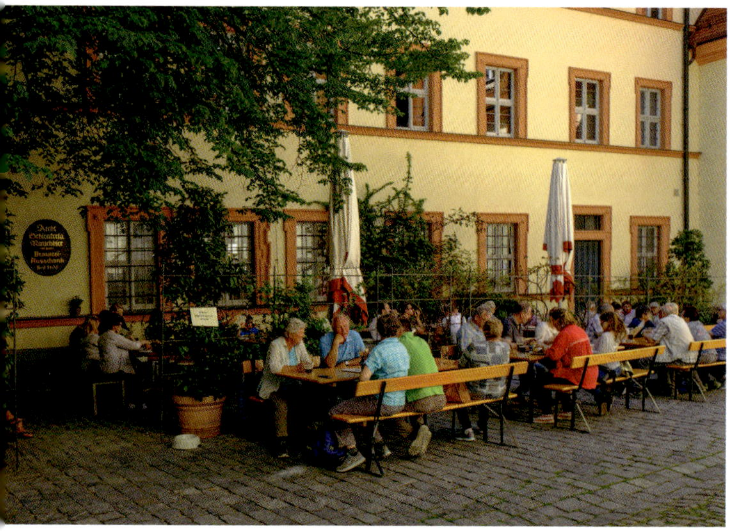

Will man der fränkischen Braukunst frönen, eignet sich dazu die historische Rauchbierbrauerei Schlenkerla.

Wichtiges zur Tour

Tourencharakter
Einfacher Weg durch die Straßen und Gassen von Bamberg. Trotzdem empfehlen wir kräftige Schuhe, denn die Wege sind nicht immer glatt geteert, außerdem muss man zum Domberg und zum Michaelsberg etwas aufsteigen. Ein Fernglas zeigt die Blumenbilder in St. Michael in ihrem ganzen Detailreichtum.

Ausgangs- und Endpunkt
Bahnhof Bamberg
GPS 49.900353, 10.898744

Höchster Punkt
Michaelsberg, 285 m

Anfahrt
Bus/Bahn: Der Zentrale Busbahnhof liegt an der Promenadenstraße in der Nähe des Maximiliansplatzes. Viele Busse fahren auch den Bahnhof an. Mit dem Zug von allen großen Städten Süddeutschlands

Auto: Von der A70 Ausfahrt 15, Hallstadt oder von der A73 Ausfahrt Bamberg-Ost jeweils ins Zentrum. Dort am besten in eines der Parkhäuser fahren

Einkehr
Typisch oberfränkisches Flair besitzt der Brauereigasthof Fässla in der Letzenstraße. 1649 gegründet bietet er fränkische Spezialitäten in bester Qualität. Weit über Frankens Grenzen hinaus ist das historische Gasthaus Schlenkerla in der Dominikanerstraße. Allerdings gibt es dort ausschließlich Rauchbier zum Essen, dessen ungewöhnlicher Rauchgeschmack manchen überrascht. Wer damit nicht glücklich ist, kehrt gegenüber beim »Domreiter« ein.

Informationen
www.bamberg.info

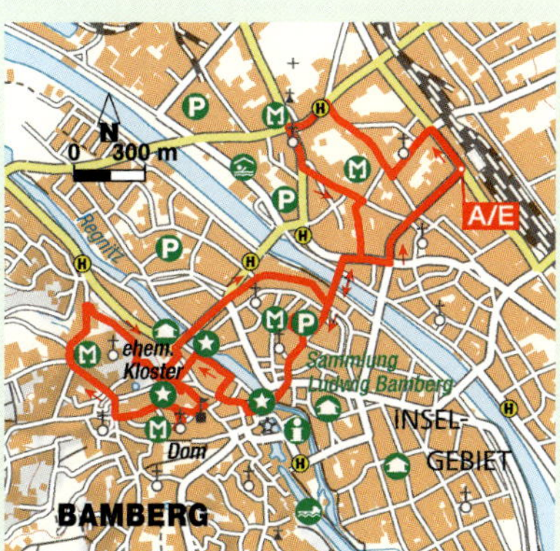

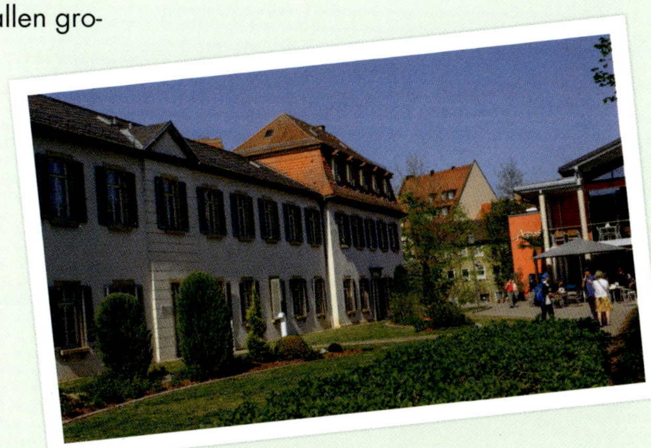

Am Rosengarten Geyerswörth

26 Besinnungsweg bei Lohndorf

Moderne Kunst in der Fränkischen Toskana

- leicht
- 1.30 Std.
- 100 Hm
- 4,5 km

Lohndorf und Litzendorf liegen im Tal des Ellernbaches, der leicht mäandernd die Landschaft prägt. Zusammen mit von Hecken begrenzten Feldern und umrahmt von dunklem Wald ist das eine liebliche Landschaft, in die sich die Plastiken des Künstlers Robert Hoffmann so gut einfügen, als seien sie schon immer da gewesen.

Der »Dreiklang« aus Eichenholz, Edelstahl und Stein

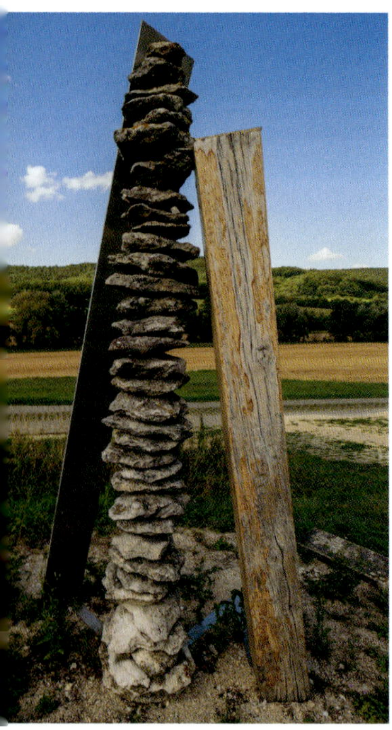

Sechzehn Kunstwerke Wir beginnen unsere Wanderung zu den Skulpturen am Parkplatz zwischen Litzendorf und Lohndorf, kurz vor der Ortseinfahrt von Lohndorf. Um es vorwegzunehmen – alle Plastiken, die wir auf unserer Wanderung sehen werden, bedürfen einer Erklärung. Denn sie zeigen zunächst etwas Vordergründiges, das man leicht erkennt, während sich einem die tiefere Bedeutung nicht sofort erschließt. Da sind zum Beispiel ein überdimensionierter Schlüssel, ein Mühlstein auf einer Säule oder eine Holztür auf einer Wiese. Dahinter verstecken sich tiefe philosophische Gedanken, die man erst durch eine Erklärung richtig versteht. Am einfachsten besorgt man sich vor der Wanderung das Büchlein »Kunst- und Besinnungsweg Litzendorf«, das man im Rathaus oder bei der Touristinfo Litzendorf kaufen kann. Oder man lädt sich über www.fraenkische-toskana.com eine kleinere Informationsbroschüre kostenfrei auf sein Smartphone. Wenn sich mehrere Personen zusammenschließen, ist auch der Künstler Robert Hoffmann (Tel. 09505/7349) gerne bereit, seine Plastiken zu erklären. Hier haben wir nur einige wenige Objekte beschrieben, die uns sehr gut gefallen haben.

Ein Schlüssel zur Wanderung Am Ausgangspunkt unserer Wanderung direkt beim Parkplatz steht die Skulptur »Der Schlüssel«. Er öffnet neue Räume, nicht nur in einem

Gebäude, sondern auch im übertragenen Sinn neue Räume der Erkenntnis. Vom Schlüssel aus wandern wir die Feldstraße parallel zum Ellernbach nach Westen. An der Stelle, an der ein Weg nach links abzweigt, steht der »Dreiklang«. Das ist eine Pyramide aus drei Säulen, geschaffen aus Eichenholz, Edelstahl und Stein. Jeder einzelne Baustein könnte allein bestehen, zusammen sind sie eine Einheit. »Körper, Geist und Seele« oder »Glaube, Hoffnung und Liebe« bilden solche Dreiklänge. Zur Skulptur Dreiklang werden wir übrigens zurückkommen.

Kunst und Kostbarkeiten

Die leicht hügelige Landschaft rund um Litzendorf wird auch gerne als Fränkische Toskana bezeichnet. Ein Stück Erde, wo sich viele Künstler wohlfühlen und ihrer Kreativität freien Lauf lassen. Deshalb gibt es zwischen Memmelsdorf, Litzendorf, Lohndorf und Tiefenellern gleich mehrere Kunstwege. Aber am dichtesten erleben wir die künstlerischen Kostbarkeiten auf dem Kunst- und Besinnungsweg.

Saatgut an der Marienkapelle Jetzt gehen wir geradeaus weiter und stoßen kurz vor der kleinen Marienkapelle auf die Skulptur »Das Saatgut«. Das Bildwerk vereint das Ei als Symbol für das Leben, mit der schützenden Hand, die das Leben sicher in die Zukunft führt. Es ist der Mensch, der Leben schenken kann und es auch schützen muss. Bei der Kapelle biegen wir links ab und folgen dem neuen Weg ganz leicht aufwärts. Wir passieren drei weitere Skulpturen, dann biegt unser Weg scharf links ab. Hier finden wir »Das Schiff«, als Symbol für das Schiff des Lebens, das uns durch das Leben trägt. Wir können es nach unserem Willen lenken, doch oft bringt es uns gegen unseren Willen in Gegenden, die für uns Gutes oder auch Böses bedeuten.

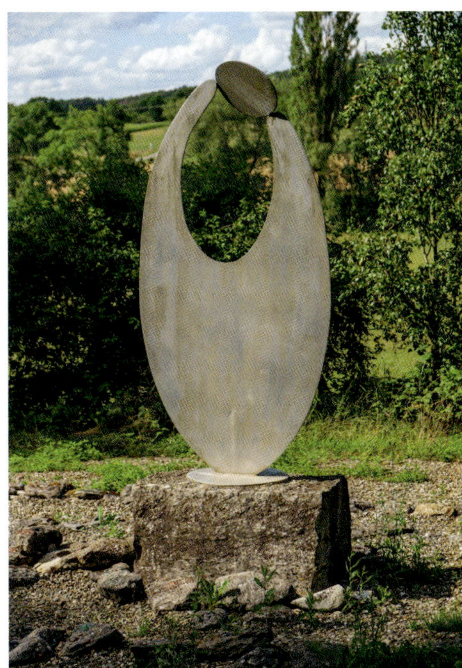

Die Skulptur »Saatgut« am Kunst- und Besinnungsweg von Lohndorf

Zukunftsvision Wir folgen dem Weg weiter und erreichen an einer Abzweigung »Die Vision«. Es ist die Vision einer besseren Zu-

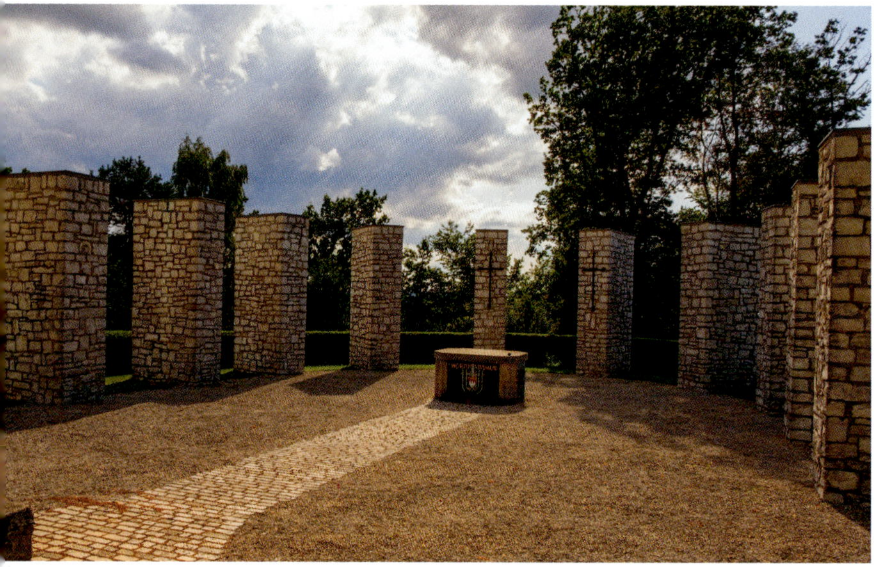

Das Sängerehrenmal ist beeindruckend.

kunft, der Pfeil des Bösen ist gebrochen. Jetzt weichen wir kurz von unserem ausgeschilderten Rundweg ab und biegen rechts ein, um gleich darauf links durch ein kleines Wäldchen das Sängerehrenmal zu erreichen. Es soll als ungewöhnliches Kriegerdenkmal an die vielen Mitglieder des fränkischen Sängerbundes erinnern, die in den beiden Weltkriegen ihr Leben lassen mussten. Im Halbrund stehen zwölf hohe Kalksteinpfeiler, die sich um einen Altar gruppieren. Ein wenig erinnern die hohen Pfeiler an die Megalithkreise der Steinzeit, vielleicht mit der vagen Hoffnung, dass auch dieses Denkmal in ein paar Tausend Jahren vom Leben, Glauben und Sterben unserer Zeit erzählt. Wir kehren zu unserem Rundweg zurück und folgen ihm nach Norden, passieren zwei weitere Figuren und treffen schließlich nach einem Wald auf eine Weggabel. Wir wählen den linken Zweig und kommen zu einem Tor, das überraschend mitten in der Landschaft steht. Es ist das »Tor der Menschlichkeit«, durch das die Menschheit in ihrer geistigen Entwicklung geschritten ist. Einige der großen Stufen dieses Prozesses sind als Jahreszahlen eingraviert. Das sind zum Beispiel die zehn Gebote, die Zeit der griechischen Philosophen, die Bergpredigt der Nächstenliebe oder auch die Französische Revolution, die zwar unglaublich grausam verlaufen ist, aber auch den berühmt gewordenen Gedanken von Freiheit, Gleichheit und Brüderlichkeit formuliert hat. Wir folgen dem Weg, der kurz darauf auf unseren Hinweg trifft, auf dem wir nach rund 200 Metern wieder unseren Ausgangspunkt erreichen.

Das »Tor der Menschlichkeit«

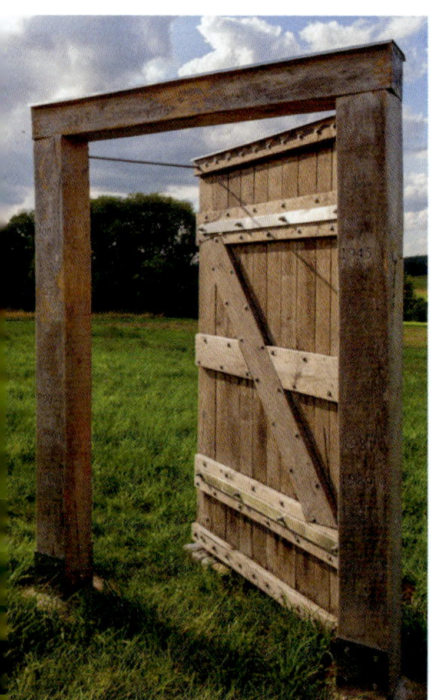

Wichtiges zur Tour

Tourencharakter
Die Wanderung ist gut ausgeschildert und führt ohne große Steigungen über breite Feldwege. Etwas steiler ist nur der Anstieg zum Sängerdenkmal. Wer auf Gehhilfen angewiesen ist, kann auch dieses Stück gut schaffen.

Ausgangs- und Endpunkt
Parkplatz bei Lohndorf
GPS 49.91452, 11.03711

Höchster Punkt
Sängerehrenmal, 413 m

Anfahrt
Bus/Bahn: Mit dem Zug nach Bamberg, weiter mit mehreren Regionalbusverbindungen nach Lohndorf. Die Buslinien 970, 972 und 975 halten am Ortseingang von Lohndorf, zum Startplatz gehen wir ca. 350 Meter zurück auf dem Weg neben der Straße.
Auto: Lohndorf ist von der A73 Ausfahrt Bamberg-Ost über Litzendorf gut zu erreichen. Der große Parkplatz, unser Ausgangspunkt, liegt kurz vor Lohndorf.

Einkehr
Der Biergarten der Brauerei Hölzelein in der Ellertalstraße ist täglich außer Dienstag und Mittwoch ab 16.00 Uhr geöffnet. Es gibt Brotzeiten und natürlich das hauseigene Bier. Wer auf eine »normale« Speisekarte Wert legt, wird in Litzendorf im Gasthof Krapp, Geisfelder Straße oder im Gasthof Haderlein, Bamberger Straße fündig.

Informationen
www.fraenkische-toskana.de

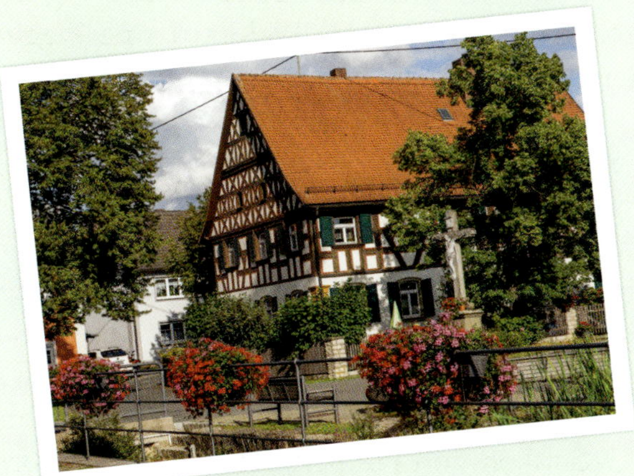

Fachwerkhaus am Ellernbach

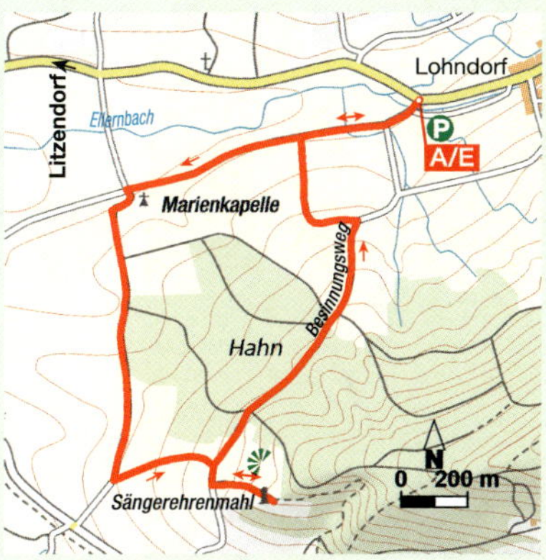

27 Von Scheßlitz auf den Gügel

Wallfahrtskirche und Burggasthaus

mittel

3.30 Std.

260 Hm

9,5 km

Daran darf man einfach nicht vorbeiwandern. Von den bewaldeten Scheßlitzer Hügeln schauen eine mächtige Burg und, mit etwas Abstand, eine Kirche zu uns herunter. Sie sind das Ziel unserer Wanderung, bei der wir auch die deftige fränkische Küche kennenlernen können.

Aus der Stadt in den Wald Wir beginnen unsere Wanderung in der Hauptstraße von Scheßlitz am Alten Rathaus. An der großen Marienkapelle mit ihrem Spitzturm, die eher einer Kirche gleicht, wandern wir vorbei und kommen zur Kreuzung. Dort biegen wir links in die Straße Altenbach ein. Ihr folgen wir zum Gügelweg, auf ihm geht es nach rechts. Erneut stoßen wir auf eine Kreuzung, hier biegen

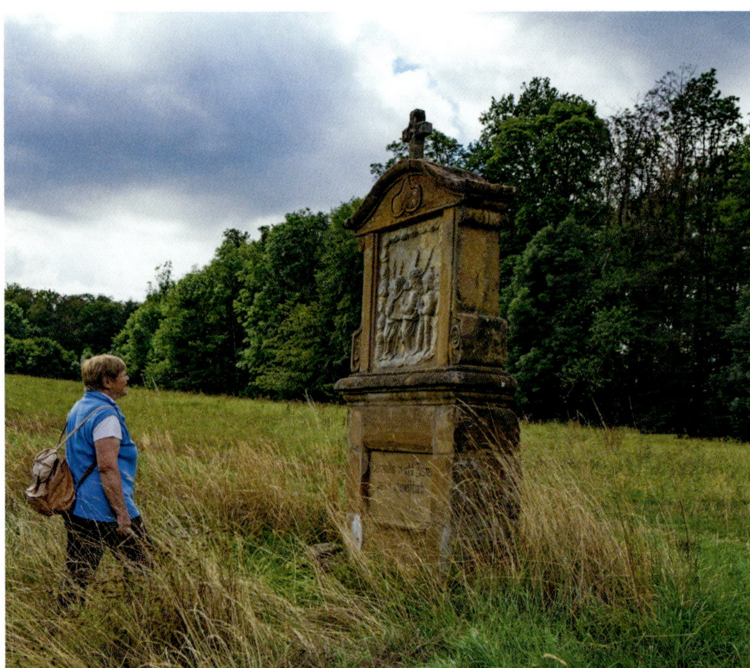

Am Pilgerweg zum Gügel kommen wir an Kreuzwegstationen vorbei.

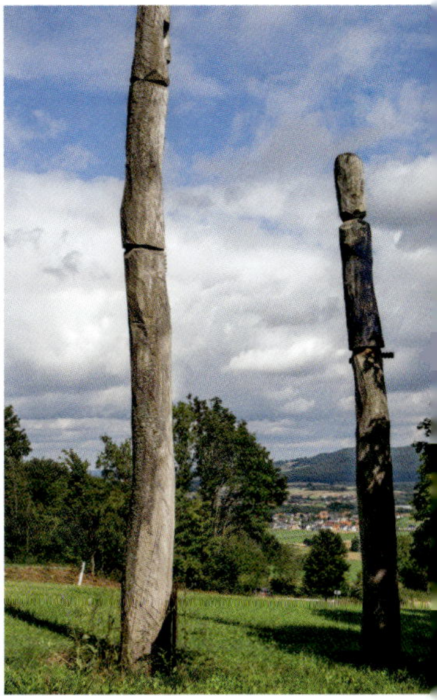

Die Skulptur »Zeitenraum« beeindruckt mit ihren hohen Holzstelen.

wir links in die Straße Am Kreuzschleifer ab. Nach etwa 50 Metern bringt uns rechts der Andechsweg zum Ortsrand. Auf einem von einer Baumreihe begrenzten Feldweg queren wir eine Feldstraße und können auf einer Bank neben der kleinen Marienkapelle eine erste Rast halten. Von diesem Ruheplätzchen aus sind unsere Ziele schon deutlich zu sehen. Jetzt wandern wir leicht abwärts zum Seierbach, überqueren ihn und kommen leicht ansteigend an eine breite Straße, der wir nach links folgen. Nach einem Strommasten, an dem wir später zurückkommen werden, biegen wir bei der ersten Gelegenheit rechts in den Wald hinein ab. Kurz bevor die Straße ansteigt, nehmen wir den Wanderweg nach links. Die vielen Wanderwegweiser bei der Abzweigung beweisen uns, dass dieser Weg auch unter Fernwanderern sehr beliebt ist. Durch lichten Laubwald kommen wir zu einer weiten Lichtung. Vor ihr biegen wir kurz links ab. Das Schild »Privatweg« irritiert etwas, gemeint ist wohl ein kaum sichtbarer Trampelpfad quer über die Lichtung. Nach wenigen Metern erreichen wir den großen Parkplatz der Giechburg. Wir durchqueren ihn und gehen zu den hohen Holzstelen, die der Künstler Franz Lambrecht »Zeitenraum« genannt hat.

Der Wallfahrtsweg Oberhalb der Stelen beginnt der alte Weg der Wallfahrer. Zuerst leicht ansteigend im Wald und dann über eine weite Wiese vereinigt er sich mit dem Weg zur Giechburg, den wir später gehen werden. Wieder treffen wir auf einen Wald, in dem sich der Weg verzweigt. Der steilere Ast führt an der Südseite der Kirche vorbei. Gemütlicher wird es, wenn wir dem breiten Weg nach links folgen, der uns zu dem großen freien Platz an der Ostseite der Kirche bringt. Hier steht auch die Gastwirtschaft Gügel, die wegen ihrer guten fränkischen Küche weithin gelobt wird.

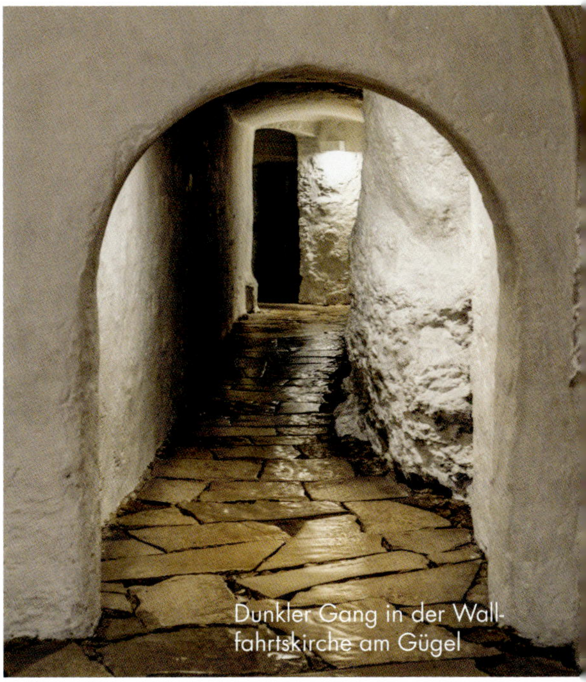

Dunkler Gang in der Wallfahrtskirche am Gügel

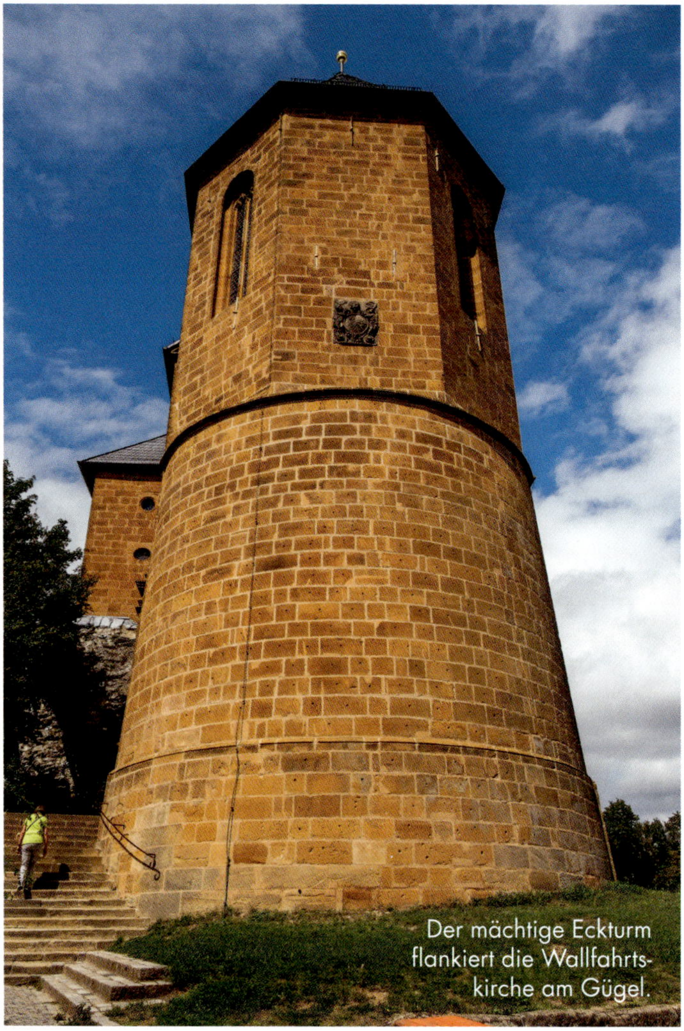

Der mächtige Eckturm flankiert die Wallfahrtskirche am Gügel.

Die Wallfahrtskirche Wer heraufgepilgert ist, möchte natürlich auch in die Kirche schauen. Dort erwartet uns eine Überraschung. Der Eingang liegt etwas versteckt bei einem großen Felsen an der Südseite. Wir kommen als Erstes in die Unterkirche, die als Lourdeskapelle gestaltet ist. Von ihr geht es über eine steile und schmale Treppe aufwärts in die eigentliche Wallfahrtskirche. Der frühbarocke Hochaltar erinnert noch deutlich an die Renaissance. Interessant ist vor allem der linke Seitenaltar, auf dem eine gekreuzigte Person zu sehen ist, die ein kostbares Gewand trägt. Es ist eine Wilgefortis, was so viel wie starke Jungfrau bedeutet. Im Mittelaltar waren diese Darstellungen sehr häufig, aber inzwischen sind sie zur Seltenheit geworden.

Wilgefortis

Die Legende der Wilgefortis – der starken Jungfrau – geht bis ins 14. Jahrhundert zurück. Die christlich gewordene Tochter eines heidnischen Königs weigerte sich gegen eine erzwungene Heirat. Sie bat Gott darum, sie zu entstellen, um ihrer Vermählung zu entgehen. Als ihr daraufhin ein Bart gewachsen war, ließ der erzürnte Vater sie ans Kreuz schlagen.

Zur Giechburg Nach dem Besuch der Kirche wollen wir auch die Giechburg genauer erkunden. Der bestens ausgeschilderte Weg führt uns zunächst an die Abzweigung zurück, an der wir von unten gekommen sind. Jetzt gehen wir geradeaus und erreichen in einer Schleife die Giechburg. Sie ist als frän-

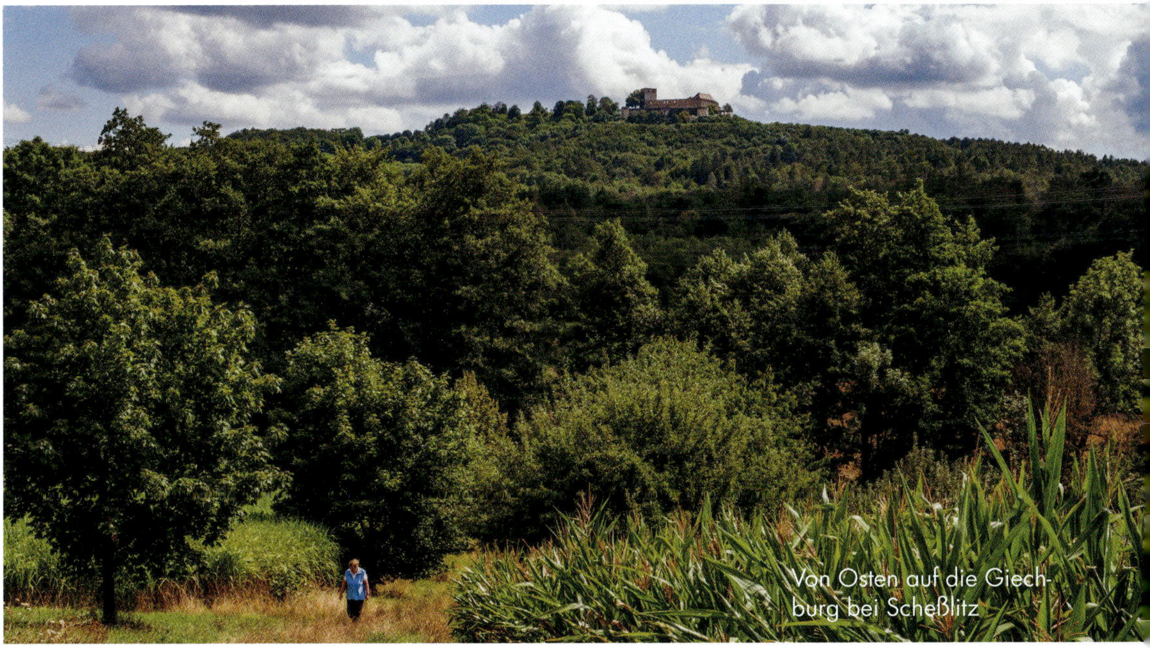

Von Osten auf die Giechburg bei Scheßlitz

kische Festung im frühen 12. Jahrhundert von den Grafen von Giech erbaut worden und dann in den Besitz der Fürstbischöfe von Bamberg gekommen. Eine steil ansteigende Straße führt uns zum Torhaus und in den Burghof. Den Platz beherrscht auf der Ostseite der mittelalterliche Bergfried, auf der Westseite die Gaststätte Giechburg, die ein hervorragendes Essen serviert. Von den Eckrondellen blicken wir weit über das Land. Nach Südosten hin steht unter zwei gewaltigen modernen Windrädern der recht bescheiden wirkende Turm der Wallfahrtskirche Gügel, entgegengesetzt liegt unter uns Scheßlitz und lässt bei gutem Licht das Maintal erahnen.

Der Giechburger Wehrturm ist noch gut erhalten.

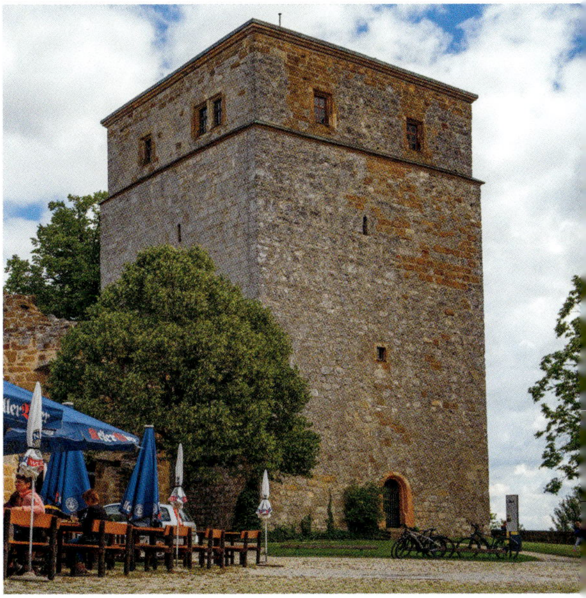

Zurück nach Scheßlitz Dann beginnt unser Rückweg. Wir verlassen die Burg zur Burgstraße und auf ihr abwärts zum Parkplatz Giechburg. Die Straße ist nicht sehr befahren, zuletzt gibt es noch einen

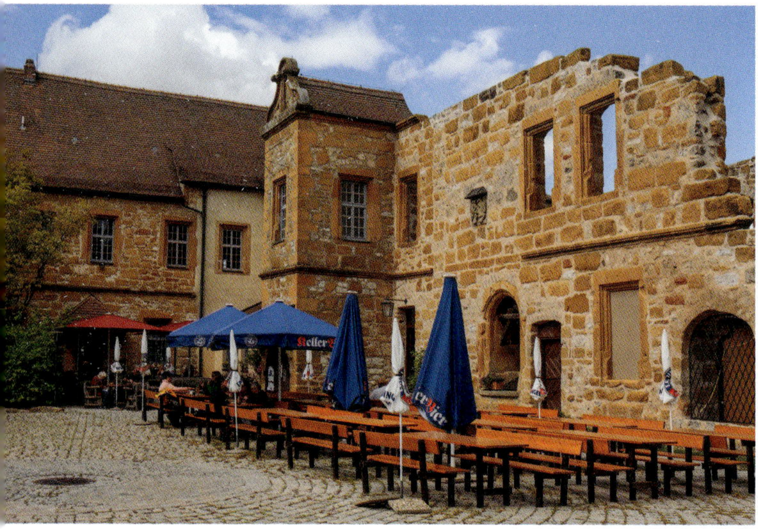

Fußweg neben der Fahrstraße, dann haben wir den Parkplatz Giechburg erreicht. Auf dem schon bekannten Weg geht es jetzt durch den Wald zurück zu der Fahrstraße, von der wir beim Hinweg abgebogen sind. Wir können sie überqueren und erreichen am großen Strommasten wieder unsere Straße mit der Abzweigung über den Seierbach. Die kleine Kapelle am Weg lässt uns ein letztes Mal den Wanderweg zurückverfolgen. Dann kehren wir entweder auf gleichem Weg zum Ausgangspunkt zurück oder wandern zur Abwechslung durch den Meranierweg und später durch die Wilhelm-Sprengler-Straße zurück.

Terrasse der Gaststätte mit der Giechburg

Fachwerkhaus in Scheßlitz

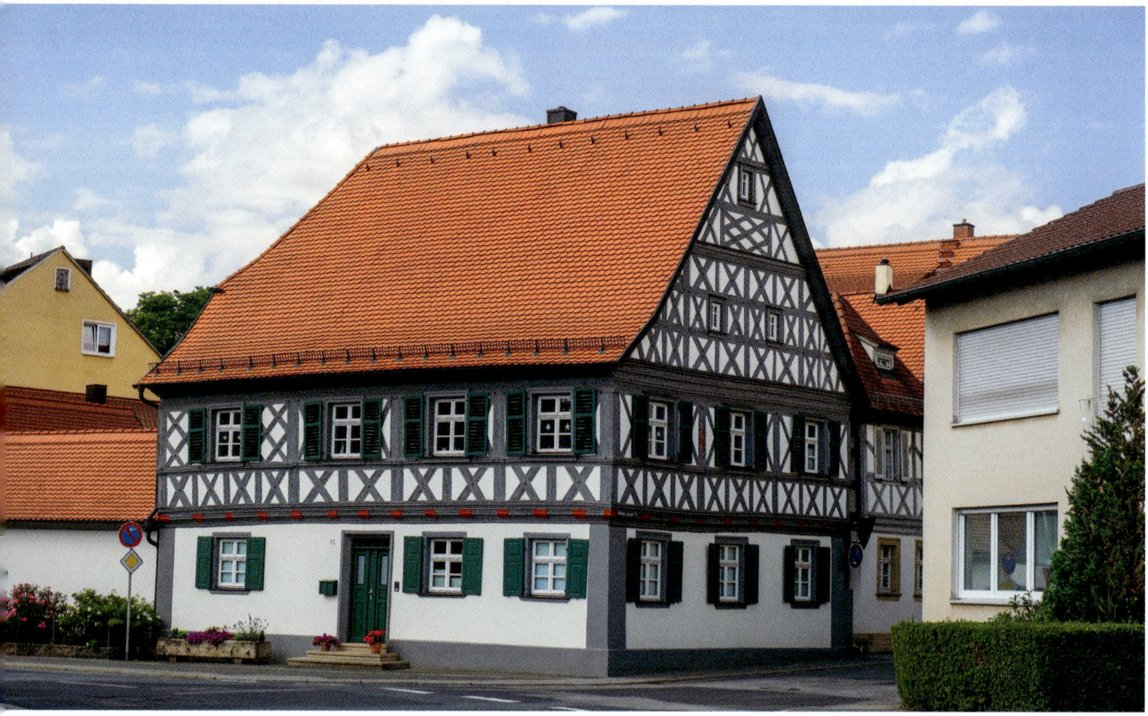

Wichtiges zur Tour

Tourencharakter

Die Wanderung ist gut ausgeschildert. Allerdings gibt es viele verschiedene Wege zum Ziel, sodass eine beratende Auswahl erforderlich ist. Wir wandern weitgehend über Feldwege und Wanderpfade mit viel Schatten. Den einzigen steileren Anstieg bei der Wallfahrtskirche könnten wir leicht umgehen.

Ausgangs- und Endpunkt

Scheßlitz, Altes Rathaus, Hauptstraße 26
GPS 49.976286, 11.033932

Höchster Punkt

Giechburg, 530 m

Anfahrt

Bus/Bahn: Mit dem Zug nach Bamberg, weiter mit den mehreren Regionalbusverbindungen nach Scheßlitz
Auto: Scheßlitz liegt an der A70. Parkplätze finden wir im Ort. Das Rathaus liegt in der Hauptstraße.

Einkehr

Die Gastwirtschaft Gügel neben der Wallfahrtskirche bietet beste fränkische Kost. Allerdings: Richtig aufgekocht wird nur am Wochenende. Unter der Woche werden Brotzeiten und natürlich Getränke angeboten. Wer im Freien auf den Bierbänken Platz genommen hat, holt sich Speisen und Getränke selbst, im Inneren der Gaststätte wird bedient. Dem allen steht die Gaststätte Giechburg nicht nach, ist aber etwas gehobener. In Scheßlitz haben wir mit dem Gasthof Goldener Anker beim alten Rathaus gute Erfahrungen gemacht.

Informationen

www.schesslitz.de

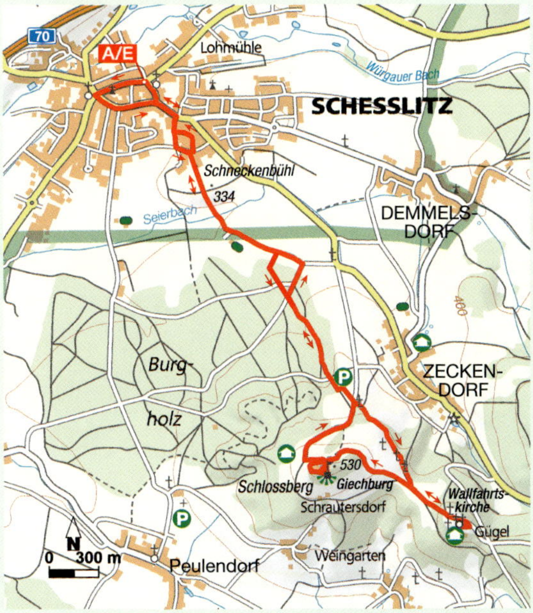

28 Von Aufseß zum Kathi-Bräu

Zwei Burgen und ein Biergarten

- mittel
- 2.30 Std.
- 100 Hm
- 7 km

Vorbei an Fachwerkhäuser, Felsen und Höhlen führt unser Weg durch die liebliche fränkische Landschaft zu zwei Schlössern. Als krönender Abschluss erwartet uns dann noch der Kathi-Bräu-Biergarten, ein Plätzchen fränkische Heimat, den man gesehen und genossen haben sollte.

Rechte Seite: Die ehemalige Poststation ist heute ein Geschäft für Kunsthandwerk.

Unteraufseß Die Herren von Aufseß gehören zu den ältesten Adelsgeschlechtern Frankens. Der Sage nach, die durchaus realen Hintergrund haben könnte, wird von ihnen schon 1007 erzählt. Die beiden Schlösser Unteraufseß und Oberaufseß sieht die Familie als ihren Stamm-

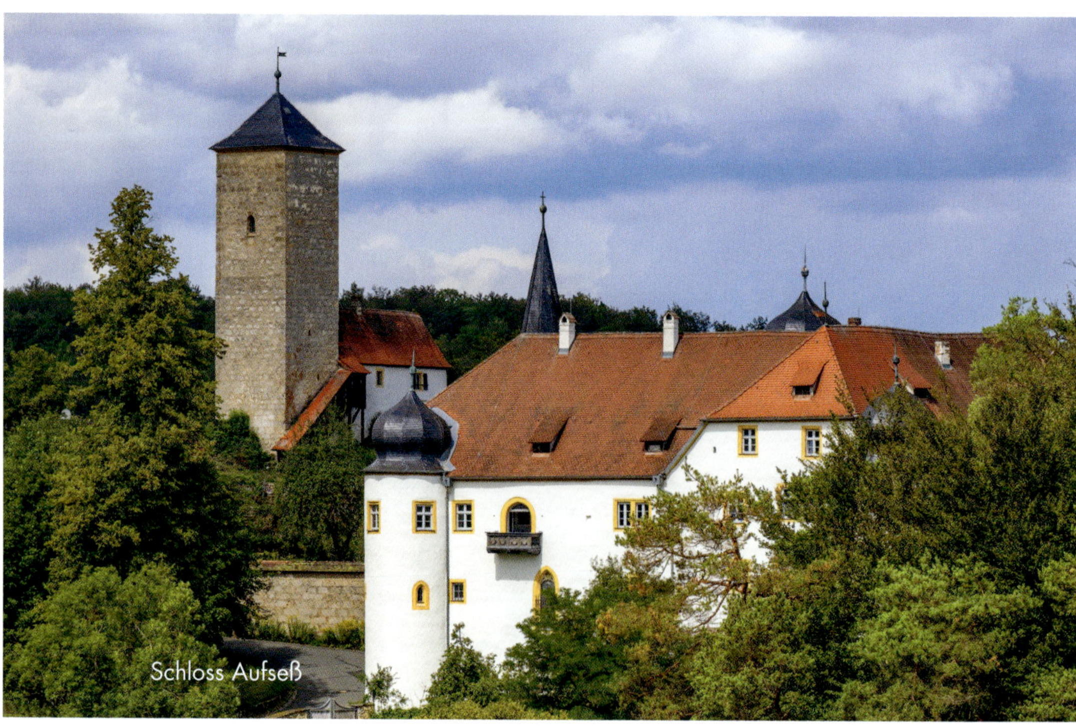

Schloss Aufseß

sitz an. Und so starten wir vom Wanderparkplatz, der unweit des Schlosses Unteraufseß liegt. Wir gehen dem Wegweiser »Oberaufseß« folgend auf der Straße Unterer Schloßberg leicht aufwärts und erreichen die Alte Posthalterei. Das markante Haus war früher in das Schloss integriert und diente als Kemenate, also als Wohnraum. Im 18. Jahrhundert übernahm es dann die Aufgabe der Posthalterei und bot damit Reisenden Gelegenheit zur Übernachtung und Verpflegung an. Überdies hielt die Posthalterei Pferde für den allfälligen Pferdewechsel bereit. Seit der jüngsten Sanierung ist das Gebäude zu einem Zentrum alter Handwerkskunst geworden (siehe Tipp). Nach der Posthalterei biegt unser Weg rechts ab und führt über den Fluss Aufseß. Jetzt wenden wir uns nach links und passieren den Gasthof Rothenbach mit seiner Brauerei. Wer unterwegs picknicken möchte, kann in der rechts abzweigenden Raiffeisenstraße beim Dorfladen noch eine Brotzeit kaufen. Ansonsten geht es weiter auf der Hauptstraße zur Kreuzung, wo wir links

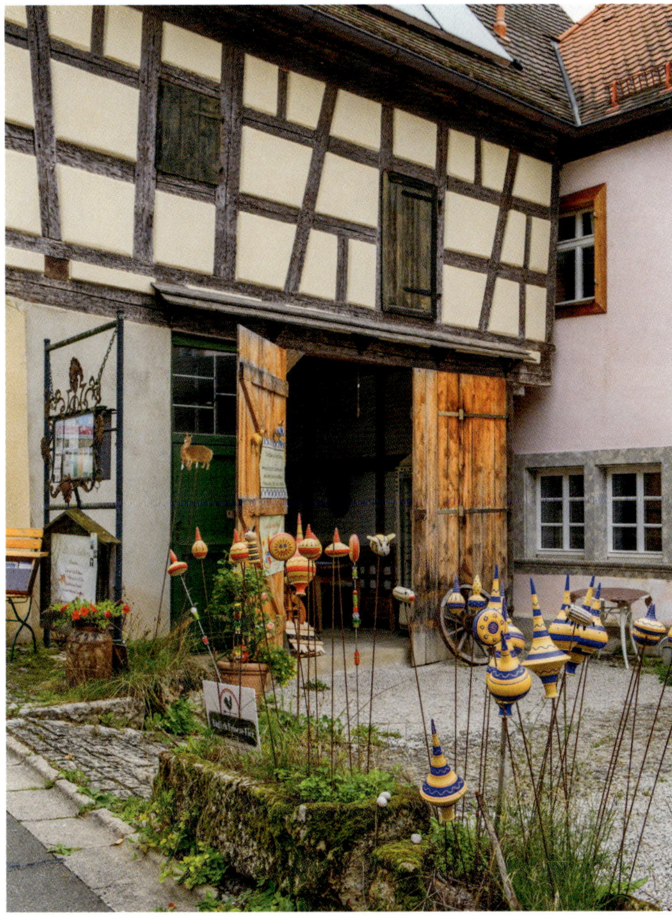

Alte Posthalterei

Ein ganz besonderes Schmankerl ist die Alte Posthalterei, die ein Zentrum für altes und fast vergessenes Handwerk ist. Hier bieten 25 Traditionshandwerker ihre Produkte an, die man vor Ort oder auch über das Internet (www.posthalterei-aufsess.de) erwerben kann. Dazu kann man alte Techniken lernen: Lederschneiderei, Filzblüten filzen oder mit Pflanzen färben sind nur Beispiele aus dem reichhaltigen Angebot. Eine Anmeldung über die Website ist jedoch unbedingt erforderlich.

Rechte Seite oben: Oberaufseß im Überblick

Rechte Seite unten: Eine Allee führt zum Schloss Oberaufseß.

abbiegen und die Aufseß queren. Danach folgen wir dem Straßenverlauf nach rechts. Jetzt führen uns die Wegweiser »Oberaufseß«. Es geht am Gasthof Stern vorbei, dann verzweigt sich die Straße. Wir nehmen den rechten Zweig und wählen bei der nächsten Verzweigung den linken Ast. Gleich darauf kommt noch eine Verzweigung, jetzt bleiben wir rechts auf dem breiteren Weg.

Die Schweizerhaushöhle kann auf eigene Faust erkundet werden.

Höhlen vor dem Schloss Oberaufseß Dieser Weg endet an einer breiten, völlig ebenen Fläche, die links von hohen überhängenden Felsen begrenzt ist. In den Felsen findet man die enge Öffnung zur Schweizerhaushöhle. Mit einer Taschenlampe ausgerüstet kann man hineinklettern, ob wir für diese sportliche Herausforderung geeignet sind, muss jeder selbst herausfinden. Die ebene Fläche unter den Felsen ist nicht natürlich entstanden. Hier stand ein Wohnhaus, das Schweizerhaus genannt wurde. 1927 wurde es abgerissen, aber der Name für die Felsen und für die Höhle ist geblieben. Der Weiterweg beginnt dort, wo wir auf die Felsen gestoßen sind. Hier zweigt bergauf ein Pfad ab, der

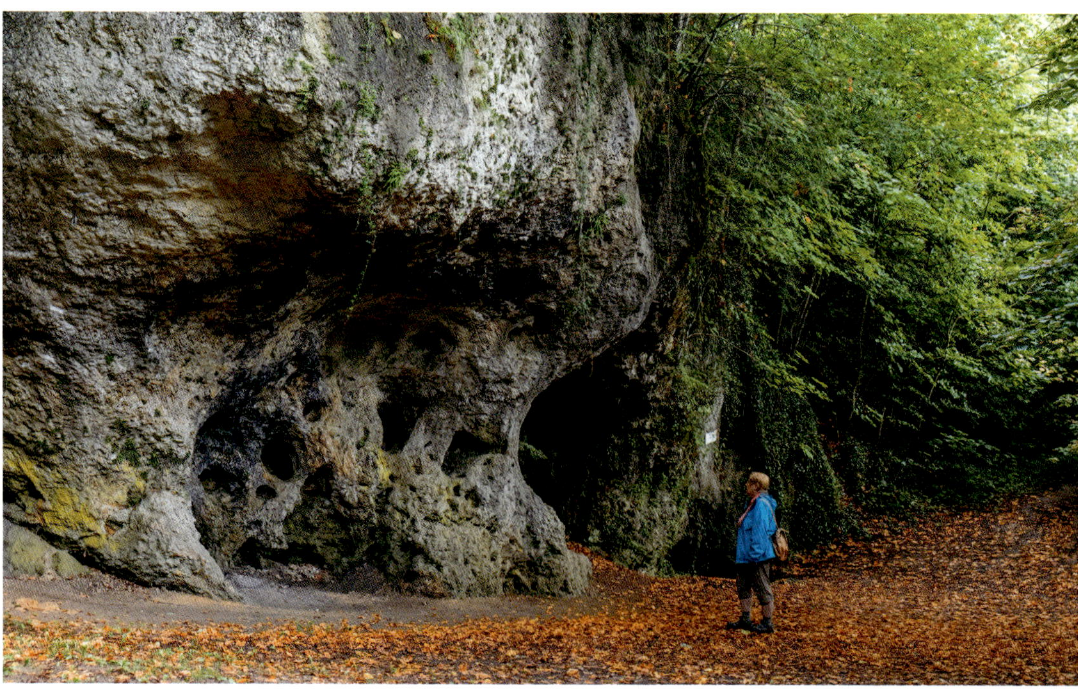

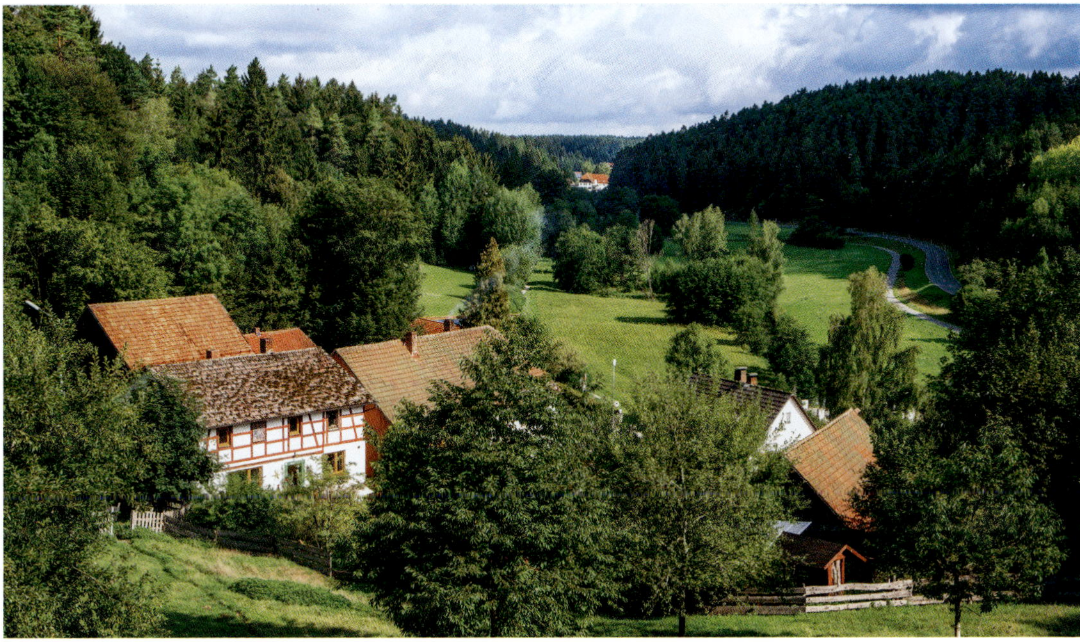

in einen zweiten mündet. Ihm folgen wir nach rechts, immer den Schildern »Galeriefelsen« nach. Wem das zu steil ist, geht zur letzten Abzweigung zurück und steigt in spitzem Winkel zurück sanfter aufwärts. Wir biegen nochmals rechts ab und erreichen den mit einem Geländer gesicherten Aussichtspunkt, der uns weit über das grüne Aufseßtal blicken lässt. Rechts steht, schon in einiger Entfernung, das Schloss Unteraufseß, links taucht das Schloss Oberaufseß auf, unser nächstes Ziel. Nach der Schaurast gehen wir ein Stück unseren Weg zurück und treffen auf einen breiteren Weg, der mit dem roten Signum des Fränkischen Gebirgsweges bezeichnet ist. Er bringt uns an den Waldrand und weiter nach rechts zu einer prächtigen Allee, die direkt zum Schloss Oberaufseß führt. Das Schloss ist in privatem Besitz, deshalb ist auch das Betreten des Hofes unerwünscht.

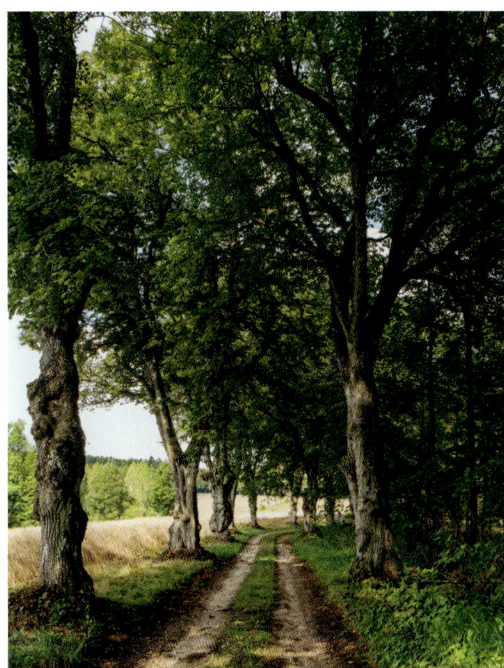

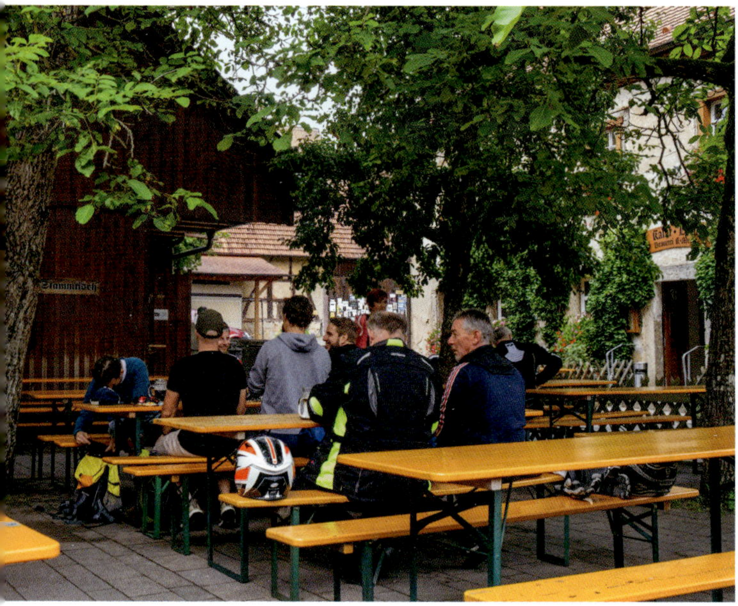

Am Kathi-Bräu warten die Biertische nicht lange auf die Gäste, am Wochenende wird es schnell voll.

Zum Kathi-Bräu Vom Schloss gehen wir die breite Zufahrtsstraße ins Tal, überqueren die Aufseß und die große Autostraße und folgen nun dem mit einem roten Dreieck markierten Weg. Die beiden Verzweigungen ignorieren wir und wandern nun durch einen lichten Mischwald. Schließlich am Waldrand entlang treffen wir auf eine größere Querstraße. Wir biegen rechts ab und nehmen bei der nächsten Verzweigung den linken Ast. Hier finden wir schon Schilder mit dem Hinweis nach Heckenhof. Das ist der Ort, in dem das Kathi-Bräu seine Pforten geöffnet hat. Wir passieren in einigem Abstand die Sportanlagen von Aufseß, queren die Staatsstraße und erreichen den Schildern folgend das Kathi-Bräu mit seinem schönen Biergarten. Gebraut wird noch heute – anders ist es in Oberfranken auch nicht denkbar. Der Name Kathi-Bräu stammt von der Wirtin Katharina Meyer, die nach dem Krieg das Gasthaus mit seinem Biergarten berühmt gemacht hat. Sie hat es verstanden, die Motorradfahrer anzulocken, und so ist das Kathi-Bräu heute noch beliebt bei fränkischen Bikern. Hier gibt es einfache Brotzeiten und im Sommer auch warme Gerichte. Das dunkle Lagerbier ist legendär.

Zurück nach Aufseß Vom Parkplatz am Kathi-Bräu gehen wir die Zufahrtsstraße etwa 100 Meter zurück und biegen dann links in den nach Unteraufseß bezeichneten Wanderweg ein. Am Waldrand entlang biegen wir dann in der Mitte der großen Wiese rechts ab. Immer weiter abwärts erreichen wir die ersten Häuser von Aufseß und treffen auf die große Fahrstraße, auf der wir nach links direkt unsern Ausgangpunkt erreichen.

Wichtiges zur Tour

Tourencharakter
Die gut ausgeschilderte Wanderung verläuft weitgehend über schmale Wanderpfade, Feldwege und landwirtschaftlich genutzte Nebenstraßen. Einige Wanderpfade können nach Nässe rutschig sein.

Ausgangs- und Endpunkt
Unteraufseß, Wanderparkplatz
GPS 49.88165, 11.22834

Höchster Punkt
Zwischen Oberaufseß und Kathi-Bräu, 474 m

Anfahrt
Bus/Bahn: Mit dem Zug nach Bamberg, Bayreuth oder Nürnberg, weiter mit dem Regionalbus nach Aufseß, Haltestelle Brücke
Auto: Auf der A 9 nach Trockau und über Waischenfeld nach Aufseß. Der Wanderparkplatz liegt am südlichen Ortsrand von Unteraufseß an der Bamberger Straße.

Einkehr
In Aufseß haben wir im Gasthof Rothenbach gut gegessen. Wer mittags erst loswandert, kann sich dann zum Ausklang der Wanderung im Kathi-Bräu eine gute Brotzeit gönnen (Mittwoch und Donnerstag Ruhetag).

Informationen
www.aufsess.de

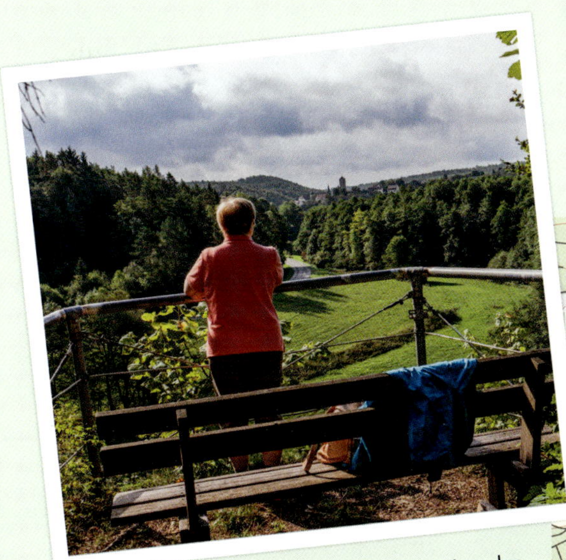

Vom Galeriefelsen schweift der Blick weit über das Tal der Aufseß.

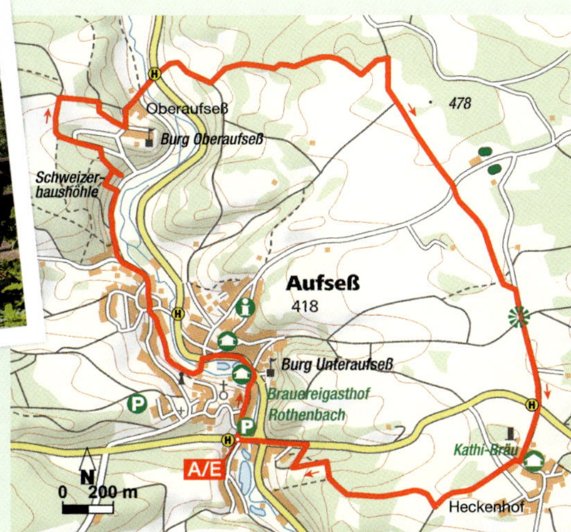

29 Von Hollfeld durch das Tal der Kainach

Auf dem Kurat-Hollfelder-Gedächtnisweg

- leicht
- 2 Std.
- 100 Hm
- 6 km

Rechte Seite oben: Die barocke Fassade der Pfarrkirche Maria Himmelfahrt von Hollfeld

Rechte Seite unten: Der alte Pumpbrunnen steht mitten auf der Straße in Kainach.

Der Kurat Adalbert Hollfelder wirkte viele Jahre als Pfarrer in Neuhaus und Drosendorf. Er empfand die göttliche Schöpfung als Ganzes: von der Religion über die Geschichte zu den Erkenntnissen der Naturwissenschaft. Ihm zu Ehren wurde ein Weg angelegt.

Entlang der Kainach Wir beginnen unsere Wanderung am Marienplatz von Hollfeld und gehen den Gangolfsberg abwärts zur Langgasse, der Bundesstraße B22. Auf ihr wenden wir uns nach links und überqueren die Kainach. Ein paar Meter nach der Brücke nehmen wir links die Straße Hirtenberg, von der wiederum nach wenigen Metern links die Badstraße abzweigt. Sie bringt uns, wie vom Namen versprochen, zu dem großen Freibad von Hollfeld. Wir passieren das Badgelände, am Parkplatz beginnt der Kurat-Hollfelder-Weg, der mit einem Porträt des Geistlichen bezeichnet ist. Dieses Signum wird uns auf dem ganzen Weg begleiten. In der Verlängerung der Straße wandern wir durch den lichten Wald weiter und erreichen ein offenes Feld, durch das sich die Kainach schlängelt. Hier knickt unser Weg nach rechts ab. Auf der Wiese an der Kainach sehen wir ein historisches Stauwehr. Früher war es von großer Bedeutung. Die Wiesen, durch die die Kainach fließt, sind trotz des Wassers im Sommer sehr schnell ausgetrocknet und brachten somit nur geringen Ertrag. Des-

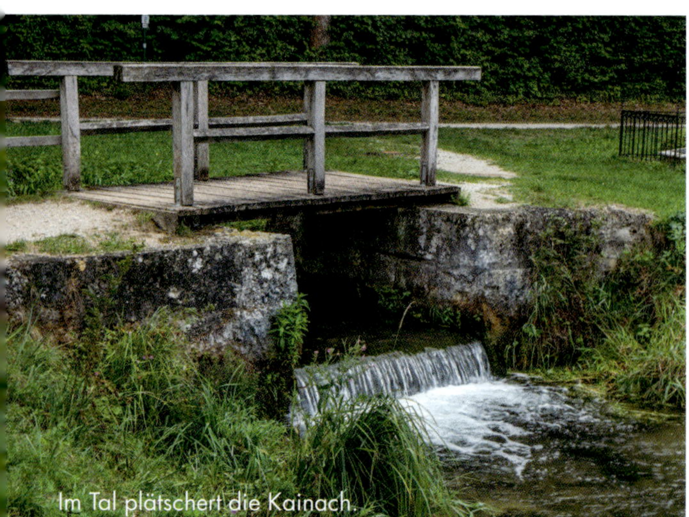

Im Tal plätschert die Kainach.

halb grub man links und rechts des Baches Stichkanäle, die sich, wenn die Schleuse am Wehr geschlossen wurde, mit Wasser füllten. So konnte man die Felder bewässern, und die Ernte war gesichert. Heute darf die Kainach fast völlig natürlich mäandern. Ruhe und Stille prägen die Landschaft, wobei auch Kinder ihre Freude an diesem Weg haben, denn gleichzeitig ist die verkürzte Variante unseres Weges ein Erlebnisweg. Aber wer sagt denn, dass nur Kinder Freude an einem Holzxylophon oder einem Mühlrad haben dürfen?

Wir wandern am Waldrand weiter die Kainach flussaufwärts und stoßen immer wieder auf die Reste der Bewässerungskanäle. Schließlich erreichen wir den Ort Kainach und die Autostraße nach Wonsees. Dort, wo wir auf die Straße stoßen, steht mitten auf der Kreuzung ein kleiner Pumpbrunnen, der ein gutes Stück tiefer liegt als das restliche Straßenniveau. Es handelt sich um den alten Brunnen des Ortes Kainach, an dem sich einst das ganze Dorf mit frischem Wasser versorgte. Man hat ihn erhalten, auch wenn der Neubau der Straße ein gutes Stück höher liegt. Damit man ihn benutzen kann, führt eine Treppe hinunter.

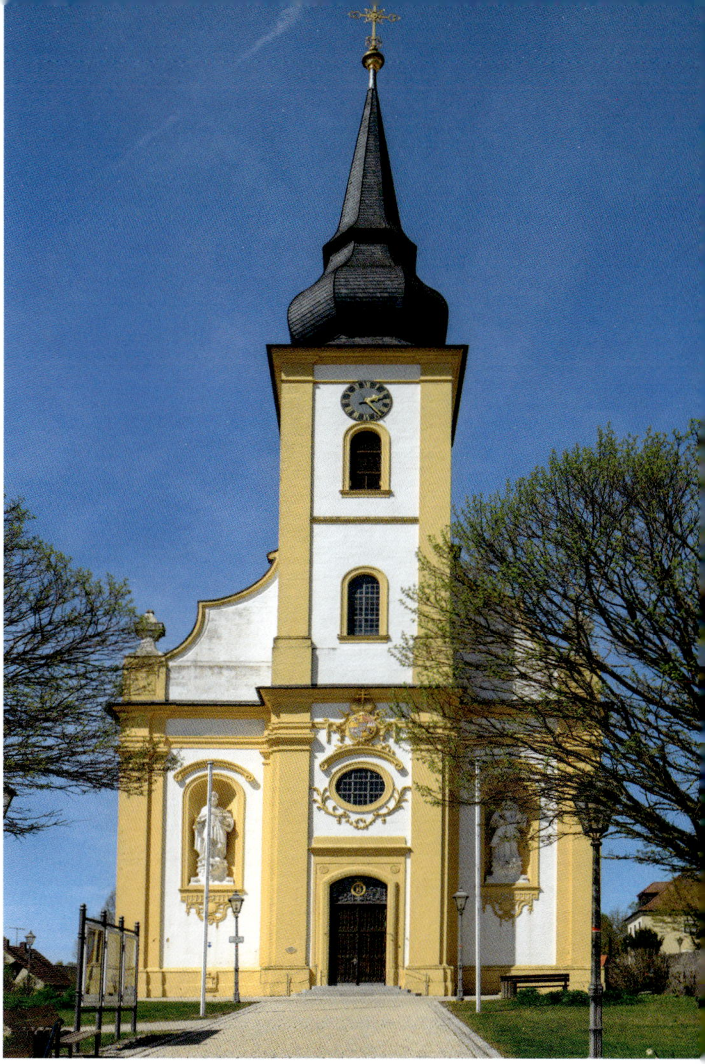

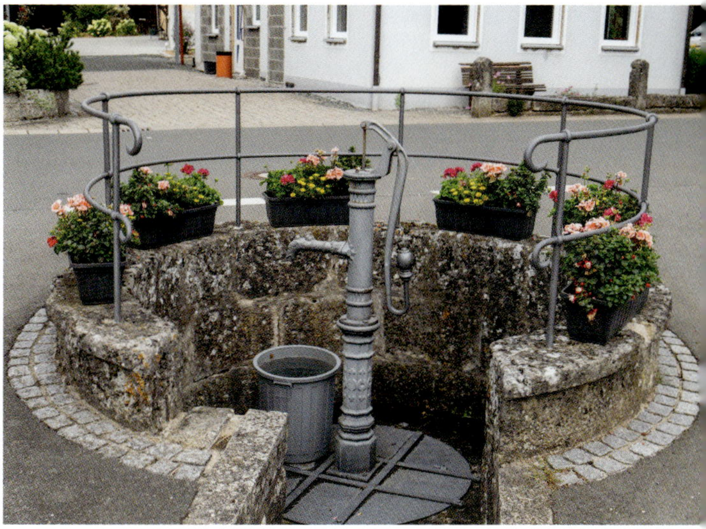

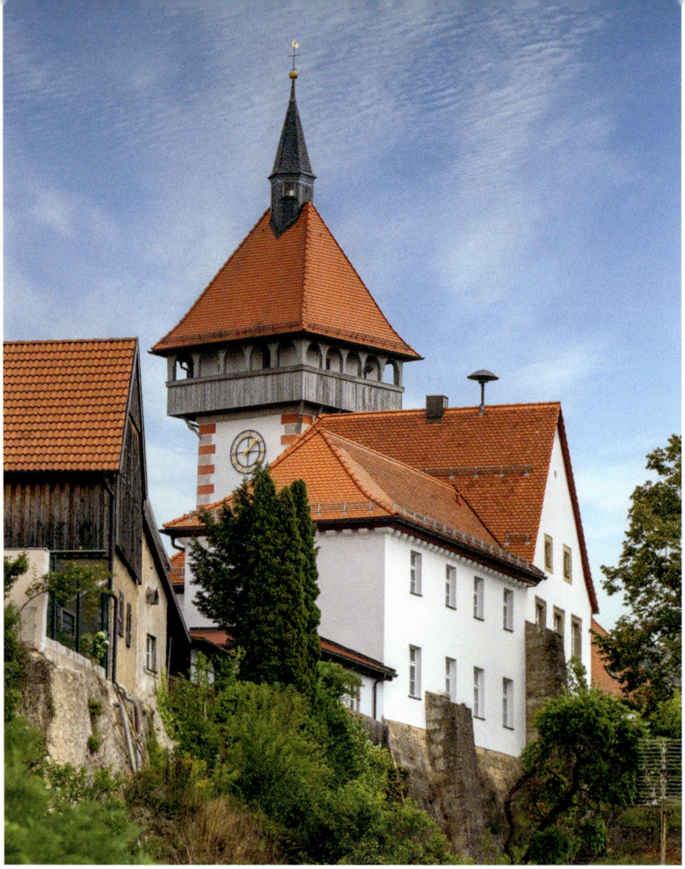

Der auffällige Gangolfsturm von Hollfeld

Zurück nach Hollfeld Vom Brunnen aus gehen wir auf der Fahrstraße nach links, passieren das Feuerwehrhaus und biegen, kurz ehe die Straße ansteigt, nach links auf den Weg ab, der am Hang entlangführt. Wir durchqueren ein kleines Waldstück und bleiben wie beim Hinweg zwischen Wald und Feldern. Wieder geht es durch das Kainachtal. Alle Abzweigungen ignorierend, kommen wir zu der Stelle, an der wir das Stauwehr gesehen haben. Kurz danach steigt der Weg relativ steil an. Oben angekommen gehen wir an der Schule von Hollfeld und am großen Kindergarten vorbei. Nach einem Rechtsbogen kommen wir auf eine Ortsstraße, die uns dann nach links zum Oberen Stadttor bringt. Durch das Tor sind es nur noch ein paar Meter und wir sind wieder am Marienplatz mit dem Rathaus, unserem Ausgangspunkt.

Das Rathaus von Hollfeld

Gangolfsturm

Zum Abschluss unserer Wanderung könnten wir noch den Gangolfsturm in Hollfeld besuchen. Unübersehbar steht er am Rand der Altstadt und bietet eine einmalige Aussicht auf das Tal der Kainach. Bis 1972 lebte auf dem Turm noch die Familie eines Türmers, um zur vorgeschriebenen Zeit die Glocken zu läuten. Die winzige Wohnung der fünfköpfigen Familie kann man noch besichtigen. Den Schlüssel dafür erhält man im Rathaus.

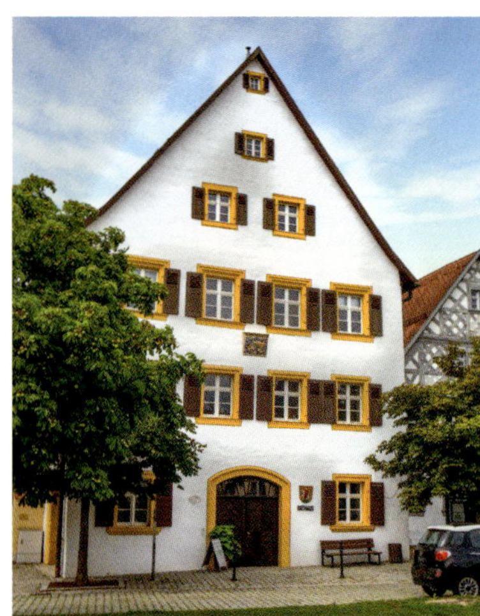

Wichtiges zur Tour

Tourencharakter
Die gut ausgeschilderte Wanderung verläuft weitgehend über Feldwege. Der Hinweg ist gut mit Rollatoren oder mit Rollstühlen zu befahren, wer darauf angewiesen ist, sollte am Hinweg auch zurückwandern. Der Rückweg ist teilweise in schlechtem Zustand und führt über einige Buckel mit Steigungen.

Ausgangs- und Endpunkt
Hollfeld, Marienplatz vor dem Rathaus
GPS 49.93872, 11.29174

Höchster Punkt
Oberes Stadttor, 415 m

Anfahrt
Bus/Bahn: Mit dem Regionalbus 376 von Bayreuth oder Regionalbus 969 von Bamberg
Auto: Hollfeld erreicht man über die A70 Ausfahrt Stadelhofen.

Einkehr
Unterwegs keine Möglichkeit. Zur Einkehr in Hollfeld gibt es mehrere Gaststätten. Gut gegessen haben wir im Hollfelder Hotel Wittelsbacher Hof in der Langgasse.

Informationen
www.hollfeld.de

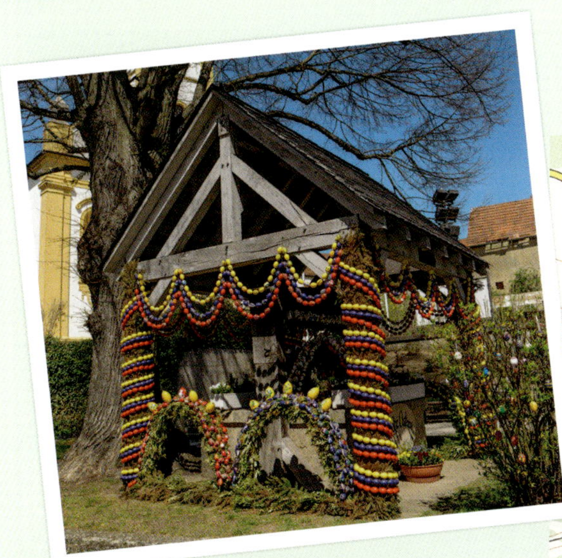

Reich verzierter Osterbrunnen in Hollfeld

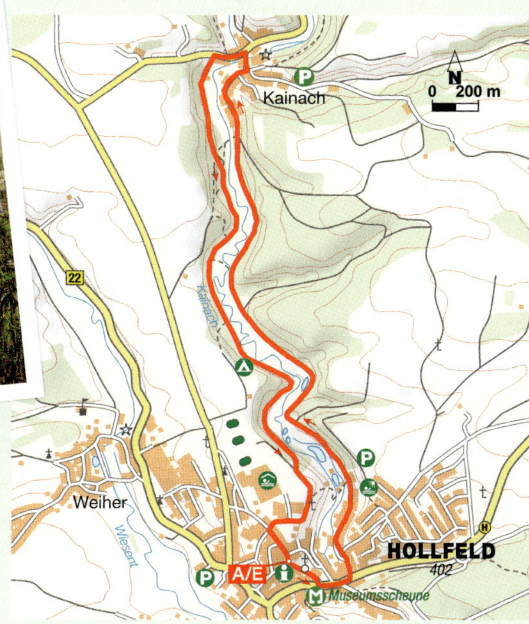

30 Bayreuth

Nicht nur Richard Wagner

leicht

1.15 Std.

10 Hm

4 km

Der Name Bayreuth lässt Richard-Wagner-Fans in Verzückung geraten. Dabei hat die Stadt sehr viel mehr zu bieten. Bayreuth ist eine uralte Handelsstadt, die schon zu karolingischer Zeit an die ersten Fernstraßen angebunden war. Ihren Höhepunkt erlebte die Stadt unter Markgraf Friedrich III. und seiner Frau Wilhelmine von Preußen.

Der Grüne Hügel Am nördlichen Stadtrand von Bayreuth steht auf dem Grünen Hügel das Festspielhaus, in dem seit 1876 die Wagner-Festspiele stattfinden. Hier starten wir zur

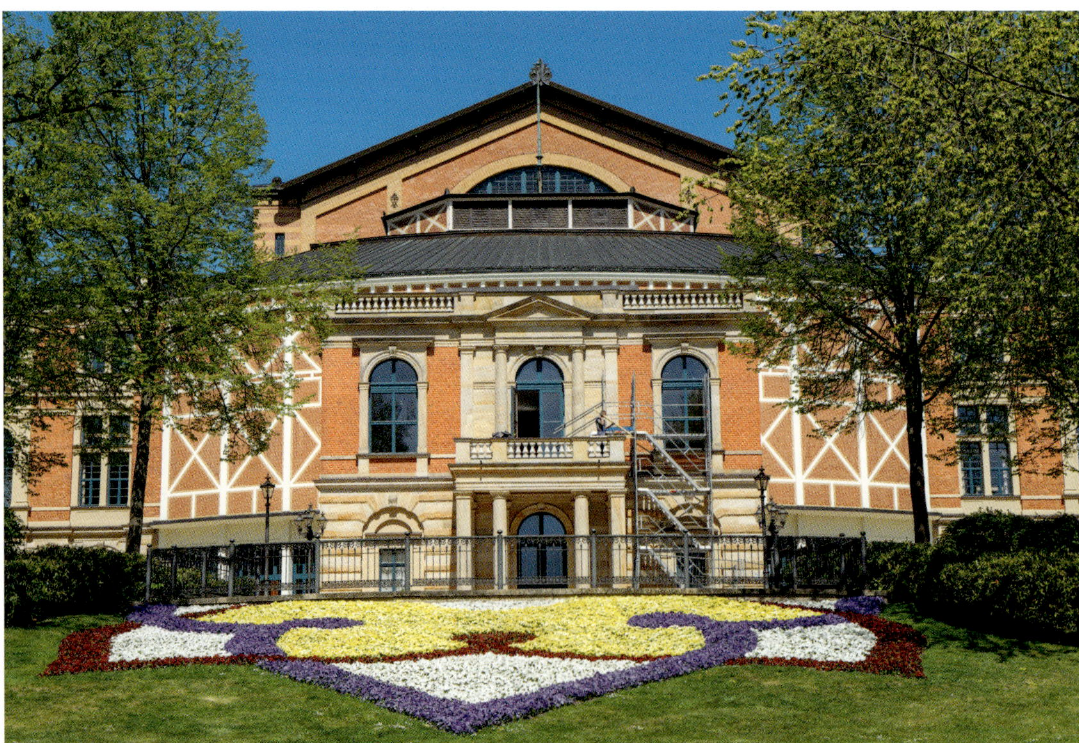

Das berühmte Bayreuther Festspielhaus

Besichtigungstour. Zunächst schauen wir uns das Festspielhaus selbst an und wandern auf seine Südseite. Dort erleben wir den berühmten Blick über das Blumenbeet auf den Theaterbau. Wer möchte, kann das Festspielhaus besichtigen (Führungen September/Oktober täglich 10.00, 11.00, 14.00 Uhr, November bis März täglich 14.00 Uhr und Sonntag zusätzlich 11.00 Uhr). Wir spazieren noch durch die Parkanlagen rund um das Festspielhaus und treffen auf die Bronzebüsten von Cosima Wagner, ihrem Mann Richard Wagner und Franz Liszt, der 1886 in Bayreuth gestorben ist.

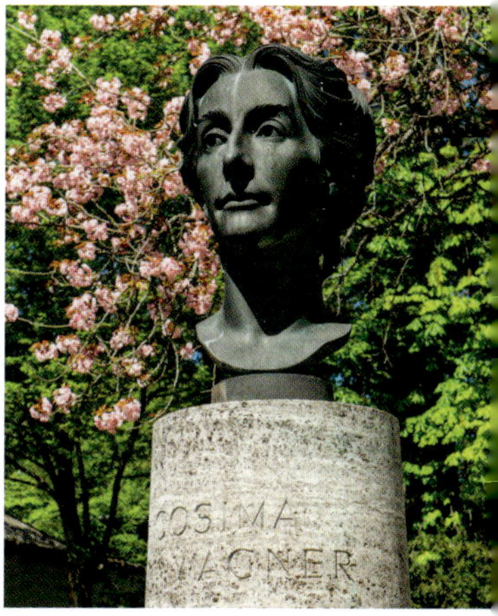

Cosima Wagner

Bus-Intermezzo Auf der Südseite des Parkes finden wir am Ende der Siegfried-Wagner-Allee eine Bushaltestelle, wo uns die Linie 305 in die Innenstadt bringen wird. Der Bus fährt zum zentralen Busbahnhof am Hohenzollernplatz, von dem aus wir durch die Kanalstraße und durch die Opernstraße zum Opernhaus kommen, dem Ausgangspunkt unseres Spazierganges durch die Innenstadt.

Der Wittelsbacher Brunnen steht vor der Schlosskirche am Opernplatz.

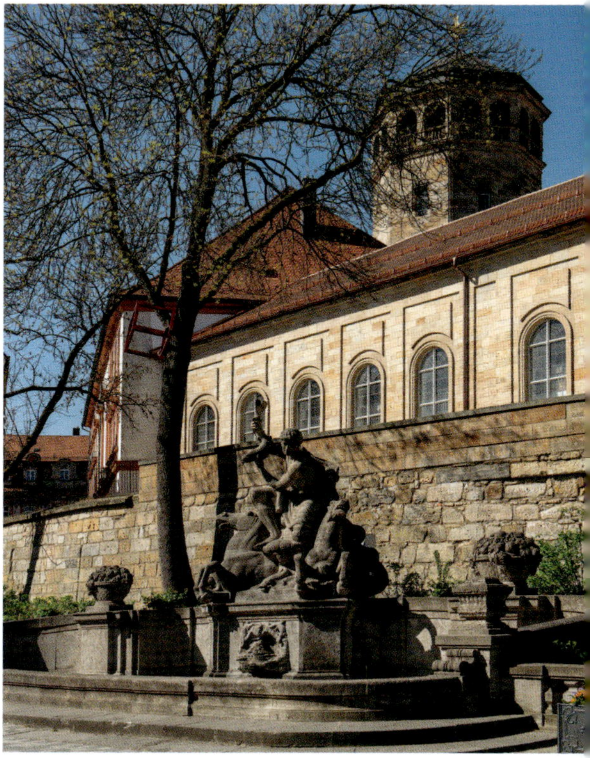

Das Opernhaus der Wilhelmine Von außen sieht das Haus fast unscheinbar aus. Aber innen erschlägt den Besucher die Pracht des Rokokos. Das Theater wurde in nur drei Jahren erbaut, es musste 1748 zur Hochzeit der Tochter der Markgrafen, Elisabeth Friederike Sophie mit dem Herzog Carl Eugen von Württemberg, fertig sein. War das Theater damals nur den Adeligen zugänglich, so kann heute jedermann dort Konzerte und Opern in höchster Qualität erleben. Auch Führungen werden angeboten (www.bayreuth-wilhelmine.de).

Zur Residenz Vom Opernhaus flanieren wir zum Sternplatz und biegen rechts in die Maximilianstraße ein. Hier fällt das riesige Alte Schloss auf, bis 1753 die Residenz der Markgrafen. Der große

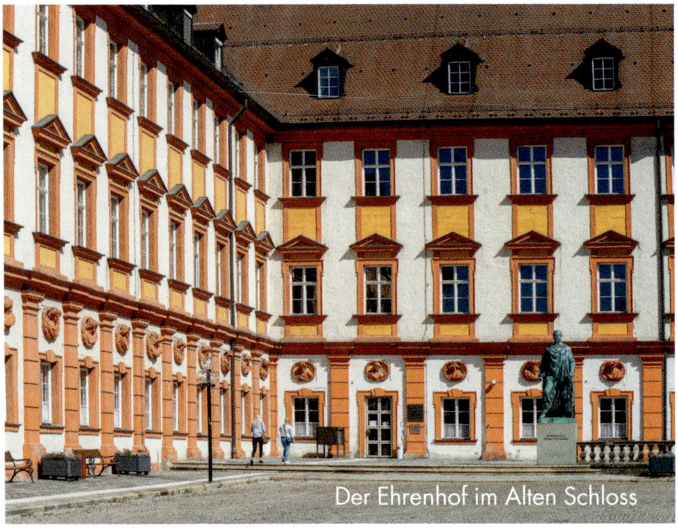

Der Ehrenhof im Alten Schloss

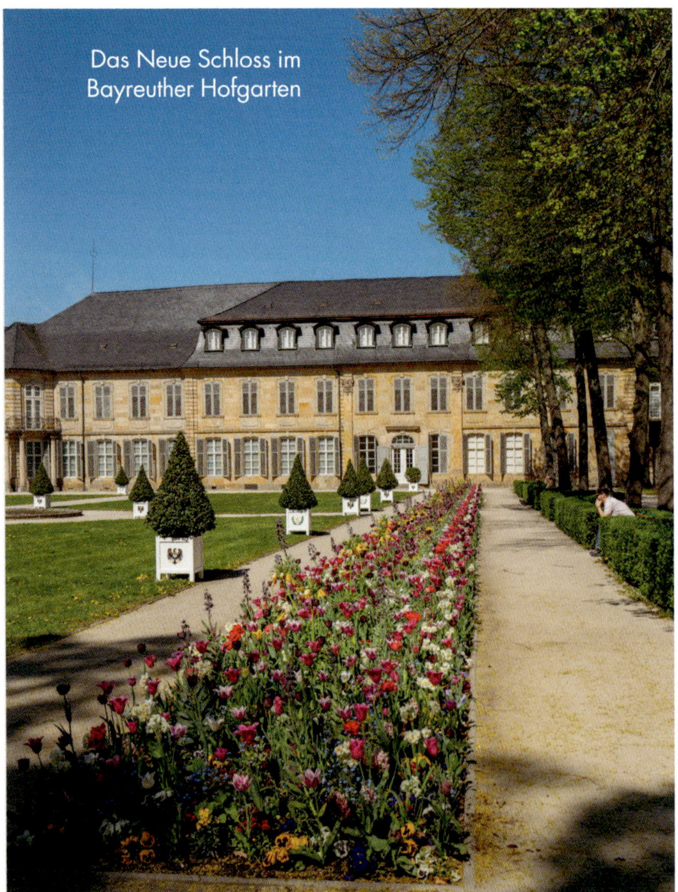

Das Neue Schloss im Bayreuther Hofgarten

Ehrenhof zeigt, dass man es verstand, fürstlich zu repräsentieren. Vom Ehrenhof erreichen wir nach rechts die Schlosskirche mit der Gruft von Wilhelmine. Wir kehren zum Ehrenhof zurück und wandern gegenüber in die Kanzleistraße, die uns zur protestantischen Stadtkirche Heilig Dreifaltigkeit bringt. Sie stammt im Wesentlichen aus dem 15. Jahrhundert. Innen sticht der frühbarocke Hochaltar hervor, der noch leicht an die Renaissance erinnert. Unmittelbar hinter der Kirche steht das Historische Museum, das sich der Stadtgeschichte widmet. Vom Kirchplatz gehen wir auf die Kanzleistraße zurück, um gleich darauf links in die Friedrichstraße abzubiegen.

Residenzplatz Ein weiteres Mal links erreichen wir über die Ludwigstraße den Residenzplatz zwischen der Regierung von Oberfranken, der ehemaligen Markgräflichen Kanzlei und dem Neuen Schloss. Das wurde noch unter der Ägide von Wilhelmine nach 1753 erbaut, als das Alte Schloss durch einen Brand unbewohnbar war. Das Neue Schloss kann man ebenfalls besichtigen. Es ist

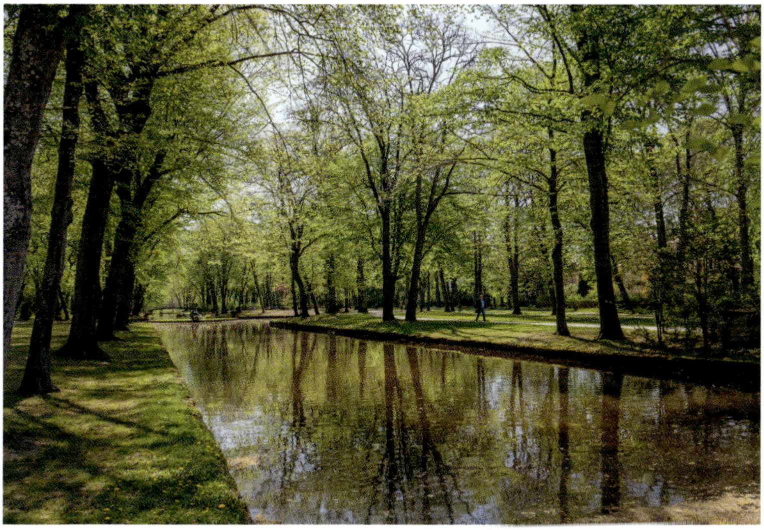

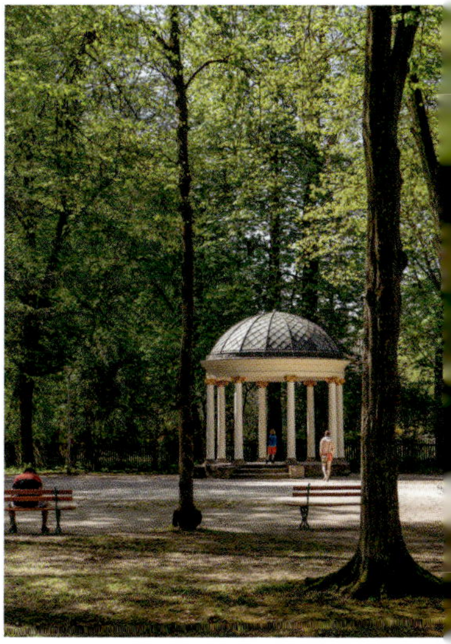

ein herrliches Beispiel für die Weiterentwicklung vom Rokoko hin zum Klassizismus. Hinter dem Schloss erstreckt sich ein weiter Hofgarten mit künstlichen Kanälen, kleinen Inseln, einem Sonnentempel und sogar einem Obstgarten. Mitten in der Stadt eine herrliche grüne Oase, perfekt zum

Wir wandern am Kanal durch den Hofgarten (links) zum Sonnentempel (rechts) …

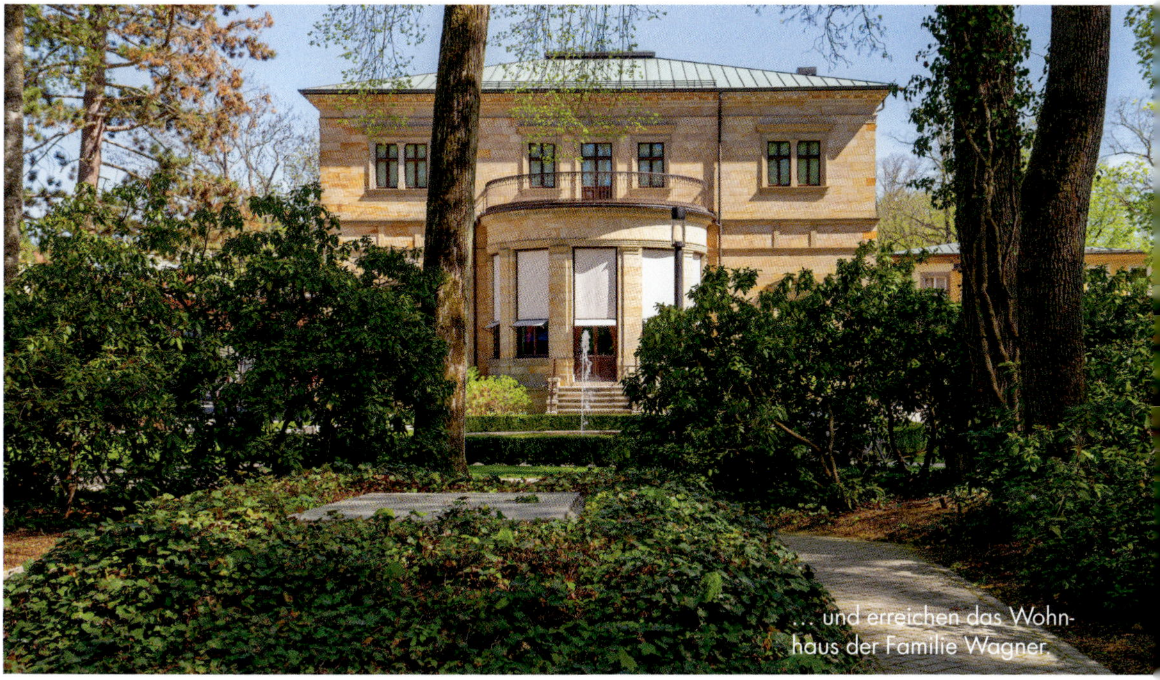

… und erreichen das Wohnhaus der Familie Wagner.

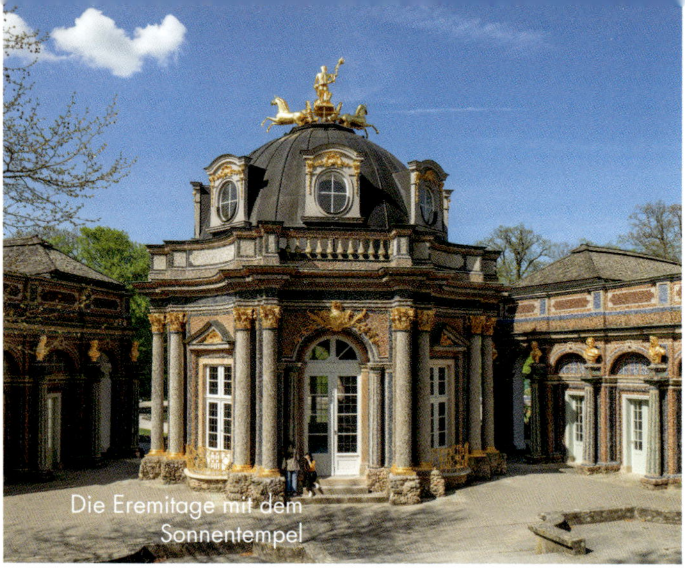

Die Eremitage mit dem Sonnentempel

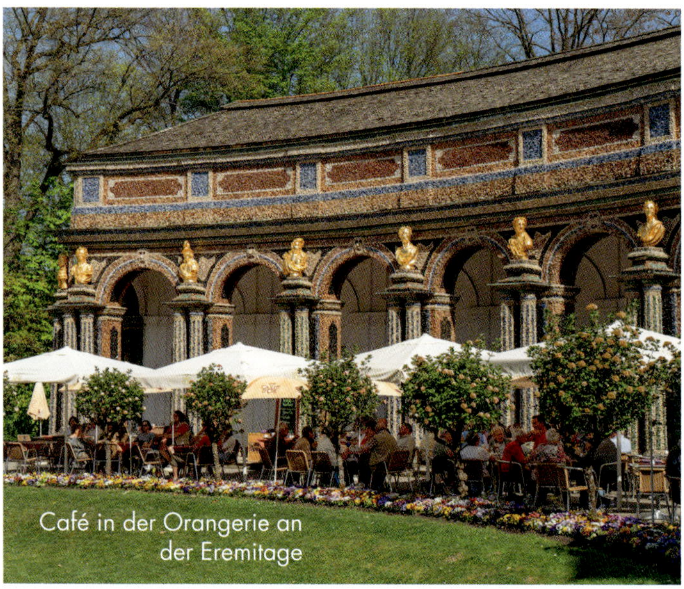

Café in der Orangerie an der Eremitage

Eremitage

Wer einen weiteren Bayreuther Höhepunkt kennenlernen möchte, knüpft noch eine Busfahrt zur Eremitage an. Die Busse 302 oder 303 befördern uns in knappen 20 Minuten dorthin. Die barocke Schlossanlage mit ihrem großen Garten stammt ebenfalls aus der Zeit der Markgräfin Wilhelmine. Übrigens können wir im Neuen Schloss einen Kaffee genießen.

Wandern und entspannten Verweilen geeignet.

Die Familie Wagner An der Nordseite des Parkes liegt das ehemalige Wohnhaus von Richard Wagner, das Haus Wahnfried, in dem heute das Richard-Wagner-Museum mit drei Dauerausstellungen untergebracht ist. Im Haus Wahnfried spüren wir seinem Leben nach, in einem Neubau informieren wir uns über die Festspiele und im Siegfried-Wagner-Haus wird das Verhältnis der Familie zur NS-Diktatur beleuchtet. Im gleichen Ensemble sind noch ein Franz-Liszt-Museum und ein Jean-Paul-Museum untergebracht. Von den Museen treten wir hinaus auf die Richard-Wagner-Straße, die uns nach links zum Sternplatz zurückbringt. Jetzt bummeln wir nochmals durch die Maximilianstraße, die als Fußgängerzone mit ihren Geschäften zur guten Stube der Stadt geworden ist. An ihrem Ende biegen wir rechts in die Schulstraße ab, die direkt zum Hohenzollernplatz führt. Jetzt können wir mit »unserem« Bus 305 zurück zum grünen Hügel fahren.

Wichtiges zur Tour

Tourencharakter
Ein ausgedehnter Stadtspaziergang, der auch mit Gehhilfen problemlos zu bewältigen ist. Weil der berühmte Grüne Hügel mit dem Festspielhaus weit außerhalb des Zentrums liegt, empfehlen wir die Stadtbusse mit einem Tagesticket zu nutzen.

Ausgangs- und Endpunkt
Bayreuth, Grüner Hügel
GPS 49.96143, 11.57845

Höchster Punkt
Grüner Hügel, 379 m

Anfahrt
Bus/Bahn: Mit dem Zug nach Bayreuth Hauptbahnhof, von dort mit dem Bus entweder direkt in die Altstadt oder auch auf den Grünen Hügel
Auto: Bayreuth liegt an der A9 ins Zentrum. Wir empfehlen auf dem großen Parkplatz beim Festspielhaus zu parken und nach der ersten Besichtigung mit dem Bus 305 in die Innenstadt zu fahren.

Einkehr
Es gibt so unglaublich viele Gaststätten und Cafés in Bayreuth, ein objektiver Vorschlag fällt schwer. Zwei Ziele haben wir erprobt: Am Ende der Maximilianstraße die Brauereischänke am Markt und für den Nachmittag das Café im Neuen Schloss der Eremitage.

Informationen
www.bayreuth-tourismus.de

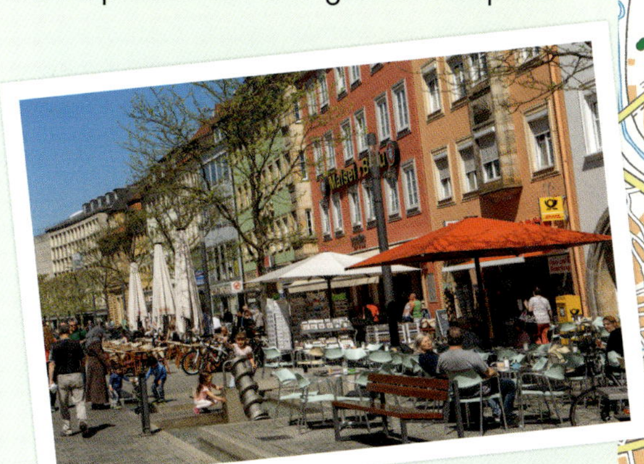

In der Maximilianstrasse, auch Maxstraße, finden wir viele Möglichkeiten für eine Einkehr.

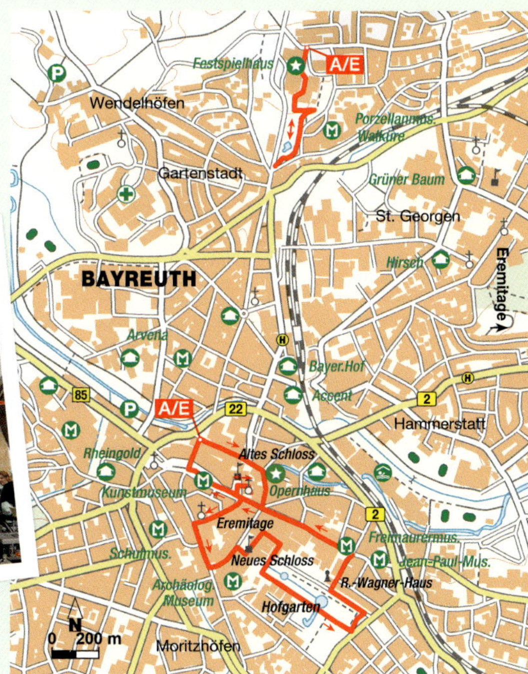

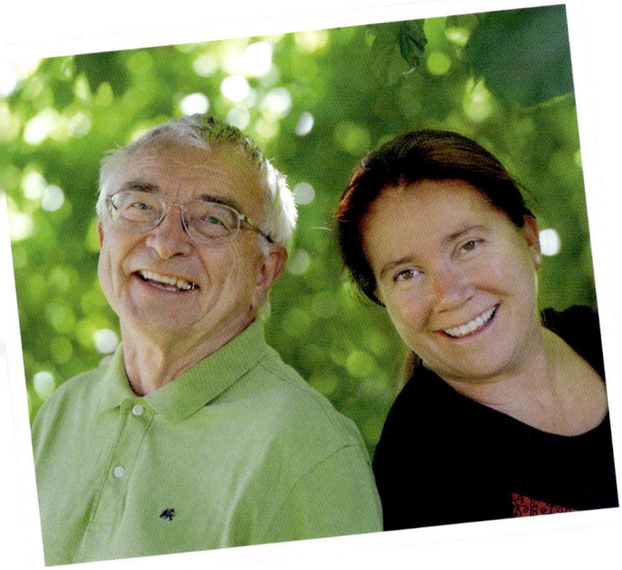

Lisa und Wilfried Bahnmüller sind gerne gemeinsam unterwegs.

Zugabe

Das Alter…

Wir geben es gerne zu, einer von uns beiden hat den Termin der Pensionierung schon längst überschritten. Mit dem Fortschreiten der Jahre musste »er« feststellen, dass ihn plötzlich Wanderungen, die früher ein reines Vergnügen waren, an die Grenze seiner Leistungsfähigkeit brachten. Aber nur zu Hause zu sitzen ist keine gute Lösung, wir wollen ja immer noch etwas erleben und dabei, so gut es eben geht, fit bleiben. Nachdem es mehr Menschen jenseits der 60 gibt, die trotz dieses Best-Ager-Alters nicht mehr die Kondition der Jüngeren haben, stellten wir für dieses Buch 30 Wandervorschläge zusammen.

Die Touren…

…haben wir so gewählt, dass sie an einem halben Tag zu schaffen sind. Manche sind eher ein Spaziergang, andere dauern nur wenige Stunden. Als Ziele haben wir Aussichtspunkte, Burgen, Ruinen oder Schlösser, interessante Täler oder auch einfach schöne Landschaften ausgewählt. Wenn möglich, haben wir nicht vergessen, dass auch eine schöne Rast, ein Mittagessen oder eine Brotzeit eine Wanderung erst so richtig perfekt machen.

Erlaubt, ja sinnvoll …

… ist deshalb natürlich das Einkehren in einem der vielen fränkischen Gasthäuser und den Brauereien. Um Franken kennenzulernen, ist das unabdingbar. Wir sind sehr dankbar, bei den Recherchen für dieses Buch auf so manche offene Wirtshaustür gestoßen zu sein. Jetzt wissen wir, was fränkische Gastlichkeit bedeutet, und das möchten wir nicht mehr missen. Eines ist klar: Liebes Frankenland, wir kommen gerne wieder!

Viel Spaß beim Wandern wünschen

Lisa und Wilfried Bahnmüller

Register

In gleicher Reihe erschienen ...

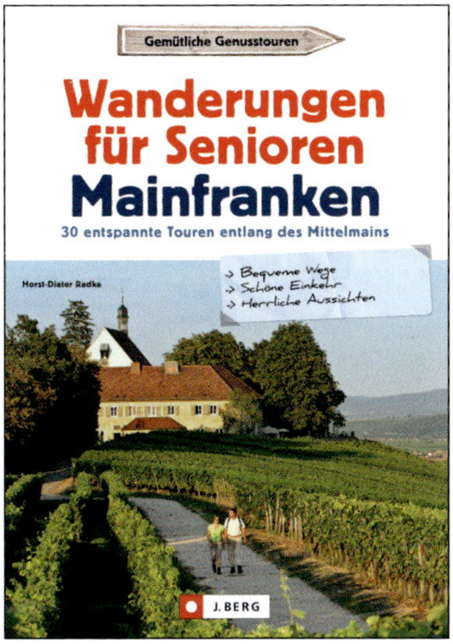

ISBN 978-3-86246-687-0

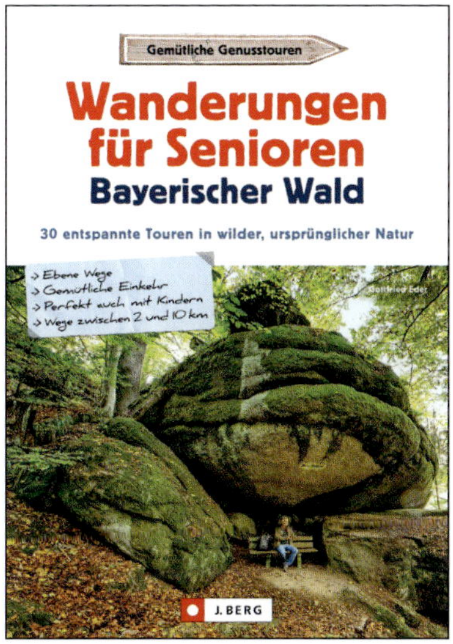

ISBN 978-3-86246-523-1

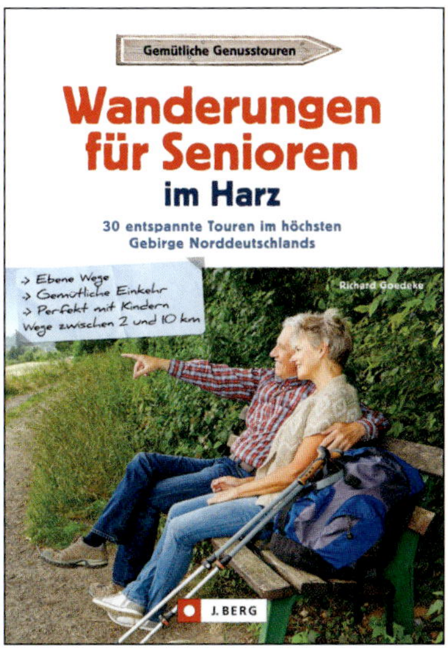

ISBN 978-3-86246-032-8

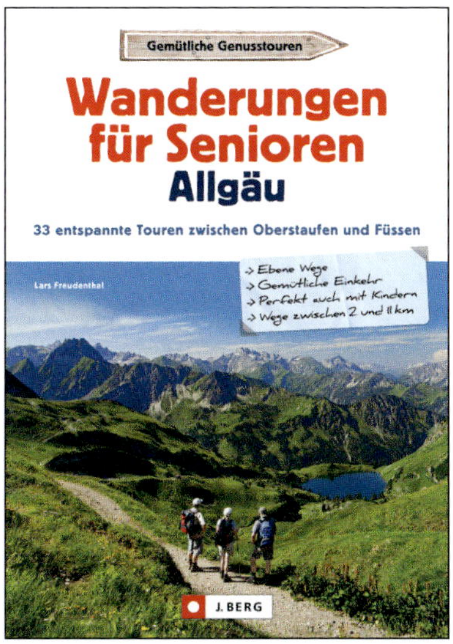

ISBN 978-3-86246-522-4

J. BERG

www.j-berg-verlag.de

Impressum

Verantwortlich: Sabine Klingan
Redaktion und Layout: mcp concept GmbH, Kolbermoor
Repro: Cromika
Kartografie: Bruckmann Verlag GmbH, Heidi Schmalfuß
Herstellung: Barbara Uhlig
Printed in Slovenia by Florjancic

★★★★★

Sind Sie mit diesem Titel zufrieden? Dann würden wir uns über Ihre Weiterempfehlung freuen. Erzählen Sie es im Freundeskreis, berichten Sie Ihrem Buchhändler, oder bewerten Sie bei Onlinekauf. Und wenn Sie Kritik, Korrekturen, Aktualisierungen haben, freuen wir uns über Ihre Nachricht an Bruckmann Verlag, Postfach 40 02 09, D-80702 München oder per E-Mail an lektorat@verlagshaus.de.

Unser komplettes Programm finden Sie unter www.j-berg-verlag.de

In diesem Buch wird aus Gründen der besseren Lesbarkeit das generische Maskulinum verwendet. Weibliche und anderweitige Geschlechteridentitäten werden dabei ausdrücklich mitgemeint, soweit es für die Aussage erforderlich ist.

Empfehlung der Redaktion
Sie sind auf der Suche nach weiterführender Literatur? Dann empfehlen wir Ihnen den Titel »Meine Lieblingsausflüge Franken« von Armin Scheider. Oder Sie werfen einen Blick in die Zeitschrift »Bergsteiger«. Hier werden Sie bestimmt fündig.

Bildnachweis: Alle Aufnahmen im Innenteil und auf der Umschlagrückseite stammen von den Autoren.
Umschlagvorderseite: Abstieg vom Walberla (Tour 14)
Umschlagrückseite: Oberaufseß (Tour 28)

Die Deutsche Nationalbibliothek verzeichnet diese Publikation in der Deutschen Nationalbibliografie; detaillierte bibliografische Daten sind im Internet über http://dnb.d-nb.de abrufbar.

Infanteriestraße 11a
80797 München

ISBN 978-3-86246-685-6